앞으로 모든 산업은 플랫폼과 콘텐츠로 융합된다!
디지털 미디어 인사이트 2023

앞으로 모든 산업은 플랫폼과 콘텐츠로 융합된다!

디지털 미디어 인사이트 2023

DIGITAL MEDIA INSIGHT

미디어 이용자 행태 변화부터
소셜 미디어 트렌드, 유튜브 동영상 트렌드
OTT 트렌드, 그리고
게임과 콘텐츠 IP 산업 전망까지!

김경달 황성연
강정수 한정훈
임상훈 이성민
지음

PROLOGUE

디지털 미디어 기반과 산업군이 접목되는
융합 현상, 어떤 시각으로 풀어야 할까?

이 책을 정리하면서 염두에 둔 핵심 질문은 두 가지였습니다.
"우린 지금 어떤 변화의 흐름 속에 있는가?"
"앞으로 어떤 변화가 이어질 것인가?"
그렇습니다.
변화가 많은 시기, 우리의 관심은 현황 진단과 미래 전망을 향하게 되죠.

어려운 부분은 가까운 미래 전망입니다.

차라리 먼 미래를 예측하는 것은 다소 자유롭죠. 누가 어떻게 상상력을 펼치는가에 따라 다양한 그림이 나옵니다. 최근 매킨지에서 'Next Normal'이라는 제목으로 펴낸 2030년 생활상을 전망한 리포트를 흥미롭게 읽었습니다. 우주 가운데 상업적 소유 공간이 생기고 관광객이 늘면서 우주가 붐빌 것이라는 얘기부터 eVTOL('이비톨'로 발음, 전기 수직 이착륙 비행기)이 우리 사회의 표준적 교통수단이 될 것이라는 전망, 센서가 달린 스마트 병이나 먹을 수 있는 상자 등 진화된 일상 풍경, 콘텐츠를 보는 것과 직접 해보는 것의 경계가 무너지는 극강의 몰입감을 주는 시청 환경까지. 상상력을 자극하는 얘기들이 즐겁게 다가오더군요.

그런데 좀 더 가까운 미래, 즉 2023년은 어떨까요?

그 전망은 참으로 조심스럽고 어렵습니다.

이 책은 바로 그 부분에 초점을 맞춰 조금이나마 도움이 되는 내용을 담고자 노력했습니다.

구체적으로는 두 가지 접근 방식을 채택했습니다.

먼저 폭을 좁혔습니다. 디지털을 기반으로 한 미디어 지형도 변화에 중점을 뒀습니다. 요즘 대부분의 산업군에서 디지털 미디어와 접목하는 융합 현상을 경험하고 있습니다. 이처럼 뉴미디어 기반의 일상은 발 빠른 기술의 진보와 함께 사회 전반의 풍경을 변화시키기에, 관심을 두고 따라잡아야 합니다. 특히 우리 일상에 스며든 플랫폼과 콘텐츠의 중요성, 이용자 행태 변화 등에 주목했습니다.

그런 이유로 책에는 이와 관련된 내용을 담았습니다. 가장 먼저 미디어 이용자 행태 변화를 짚고, 유튜브 트렌드와 함께 소셜 미디어 지형도 변화와 웹3.0(Web3) 논의의 맥락을 살펴봤습니다. OTT의 각축전이 치열한 스트리밍 전쟁과 게임 영역에서의 NFT 현황을 들여다보았으며, 마지막으로 콘텐츠 산업에서 핵심 이슈로 떠오른 IP를 짚었습니다.

그리고 협력적 방식의 토론과 집필 방식으로 접근해, 전문가들과 머리를 맞대고 의논하며 정리해보았습니다. 각기 전문 분야 주제를 집필하는 동시에 함께 모여 집담회도 진행했습니다. 밀도 높은 대화를 통해 많은 통찰과 지혜를 얻을 수 있었습니다.

이 책을 읽을 때 가급적 첫 챕터의 집담회 부분을 먼저 읽어보시길 권합니다. 옆에 앉아서 듣는 느낌이 들게끔 정리해보았는데, 여러 이야기 가운데 흥미로운 대목이 있다면 해당 챕터를 찾아 좀 더 자세한 내용을 읽어볼 수 있습니다.

코로나19 팬데믹이 닥치기 직전,《유튜브 트렌드 2020》을 펴내며 유튜브에 발을 딛고 서서 '미디어 판'의 변화상을 짚은 바 있습니다. 이후 이은북 황윤정 대표와 매년 1권씩 3권의 책을 만들었습니다. 코로나의 안개가 걷혀가고 뉴노멀(new normal)을 맞이한 시점에서, 올해는 기획을 바꿔 '디지털 미디어 인사이트'로 새 출발합니다. 유튜브 트렌드는 한 챕터에 포함시키고, 전체적인 시야를 넓혀봤습니다.

강정수 박사를 필두로 공동 필자로 참여해주신 황성연, 한정훈, 임상훈, 이상민 님 등 전문가분들이 많이 공들이며 애써주셨습니다. 황 대표를 비롯해 이은북의 황세정, 박보은 에디터 등 많은 분의 조력 또한 큰 힘이 되었습니다. 그리고 매년 원고를 집필할 때마다 아내와 지오, 호준 등 가족의 아낌없는 응원 덕분에 작업을 무사히 끝낼 수 있었습니다. 모두에게 감사의 마음을 표합니다.

다수의 필자가 쓴 글을 묶은 만큼 다소 매끄럽지 않은 부분이 있을 수 있습니다. 그 또한 읽는 맛으로 생각해주시길 바랍니다. 무엇보다 2023년의 새로운 일상이 모두에게 즐거운 변화로 이어지길 소망합니다.

김경달

CONTENT

프롤로그 디지털미디어 기반과 산업군이 접목되는 융합 현상, 어떤 시각으로 풀어야 할까? **004**

PART 01

디지털 미디어 인사이트 2023 지상 집담회 **014**

김경달 황성연 강정수 한정훈 임상훈 이성민

- 미디어 이용자 행태 변화
- 유튜브를 중심으로 살펴본 미디어 시장의 변화
- 2023년 소셜 미디어의 지각변동
- OTT의 'TV화'와 방송 시장의 변화
- 게임과 NFT, 변화의 흐름
- 콘텐츠 IP 시대, 트렌드 읽기

PART 02

미디어 이용자 행태 변화 **황성연** **050**
알고 있지만 알지 못한 것들

- 젊은 세대, 젊은 노인, 그리고 젊음 공동체
- 여가 시간, 미디어 이용 시간, 그리고 상대적 불변의 발견
  TV 시청 행태 변화 / 스마트폰 / PC
- 용어의 엄밀성과 데이터 리터러시
- 알고 있는 것을 잊지 않으려면

보너스 페이지 〈이상한 변호사 우영우〉가 알려준 드라마 시청 습관의 변화

PART 03

유튜브, 지금이 전성기다! 김경달
유튜브를 통해 살펴본 동영상 미디어 시장 변화

- 유튜브 전성기와 틱톡의 공세
- No! 유튜브는 지금 압도적이며 계속 성장 중이다
- 유튜브 문법의 대중화, 유튜브스러운 방식의 확산

  1) 상호작용 창의성(interactive creativity)

  2) 라이브 창의성(live creativity)

  3) 쇼츠 창의성(shorts creativity)

  4) 멀티포맷 창의성(multi-format creativtity)

  5) 하우투 창의성(how-to creativity)

  6) 인덱싱 창의성(indexing creativity)

  7) 몰입감을 주는 창의성(immersive creativity)

- 한국 유튜브 분야별 현황 살펴보기: 카테고리별 Top 10 채널

  1) 게임 2) 음악 3) 푸드/먹방 4) ASMR 5) Vlog/일상 6) 뷰티

  7) 패션 8) 엔터테인먼트 9) 여행 10) 펫/동물

  11) 영화/애니 12) FUN 13) 경제 14) IT/과학기술 15) 스포츠

  16) 키즈 17) 자동차 18) 뉴스 19) 시사/정치 20) 지식/정보

PART 04

2023 소셜 미디어 지각변동 강정수
소셜 미디어의 분화, 커머스와 사회적 신분제로 발전하다

- 2023년, 소셜 미디어 지각변동이 구체화된다
- 페이스북과 인스타그램의 변화로 본 소셜과 미디어의 분화
- 페이스북과 인스타그램이 위험을 감내하는 이유
- 메타버스 전략에 차질을 빚고 있는 메타
- 숏폼이 대세! 틱톡의 새로운 추천 알고리듬과 성장 방향
- 콘텐츠 그래프부터 광고 집행 비용까지, 틱톡의 성장 요인 분석
- 검색의 변화와 온라인 활동의 사회적 신분화 현상
- 소셜과 커머스를 연결하다! 링크 인 바이오 서비스의 확장
- 메타버스의 새로운 진화, 웹 3.0 메타버스의 다양한 확장
- 사회적 신분 상징으로서의 NFT
- 브랜드들의 메타버스 프로젝트 사례
- 웹3.0 메타버스 전략 실현을 위해 브랜드에 필요한 것

PART 05

OTT의 'TV'화와 방송 시장의 변화 한정훈
2023년, OTT가 새로운 TV를 만드는 원년

- 팬데믹 이후 글로벌 스트리밍 시장의 변화
- 넷플릭스, 광고시장 진출로 돌파구 모색
- 디즈니, 미디어 기업과 애드 테크 기업의 결합으로 시너지 예상
- 스트리밍이 바꾸는 TV 광고 시장
- 무료 스트리밍 시장의 성장 방향은?
- 2022년 미국 OTT 시장에 나타난 주목할 만한 이슈 두 가지
- 2023년은 '한국 콘텐츠의 해'

PART 06

게임과 NFT, 변화의 흐름 임상훈
라이브 게임, 게임 IP, 신흥 게임시장의 확장과 NFT,
2023년의 새로운 성장 방향

- 게임 산업의 겨울, 모바일 게임의 확장과 다른 게임 영역의 축소
- 글로벌 기업의 인수·합병, 게임 구독 전쟁
- 중국 게임 굴기, 게임에서도 미국과 양강을 겨룬다
- 인기 라이브 서비스 게임은 계속 잘나간다
- 클래스는 영원하다! IP 기반 비즈니스는 멈추지 않는다
- 서브컬처, 이제 대중문화 빅 마켓을 노린다
- 리니지라이크, 변주는 있더라도 '그들만의 리그'는 계속된다
- 부익부 빈익빈은 더 가속화, 돌파구 찾기 노력은 계속된다
- 인도, 튀르키예 등 신흥 게임 시장이 떠오른다
- NFT 게임, 변곡점일까 거품일까? 판단의 시간이 온다

PART 07

콘텐츠 IP 시대, 트렌드 읽기 이성민
매체 환경의 변화 속에서 콘텐츠 IP 시대가 열리다

298

- 콘텐츠 IP 시대의 시작, 혼란 속에서 길 찾기
- 흐름 읽기: 2022년, 콘텐츠 IP 활용의 확장이 일어나다

  웹툰-웹소설 활용 영상화의 확대 / 영상IP의 확장(시즌제, 스핀오프, 포맷) / 콘텐츠 IP를 활용한 / 커머스 시장의 확대 / IP 소비의 세대 확장(잔망루피, 포켓몬)

- 구조 변화: 콘텐츠 IP 비즈니스에 영향을 주는 요인

  원천 IP의 권리화 / 이야기 IP 가치 사슬(스튜디오 시스템의 확대) / 라이선싱 IP 가치 사슬(팬덤-커머스 플랫폼의 성장)

- 변화 읽기: 콘텐츠 IP 산업의 변화 방향

  글로벌 슈퍼 IP 확장의 본격화 / 마이크로 IP의 성장에 대한 기대 / 콘텐츠 IP 권리에 대한 민감성 확대

- 나가며: 디지털 전환이 가져온 콘텐츠 IP 중심의 변화에 올라타기 위하여

PART 01

Executive Summary with Group Discussion

디지털 미디어 인사이트 2023
지상 집담회

우선 각 트렌드를 분석하기에 앞서 독자 여러분을 집담회 현장으로 초대한다. 집담회는 이 책의 저자 6인이 한창 집필 작업을 진행하던 중에 마련되었다. 참가자는 챕터별 핵심 내용을 압축·요약해 발제하고, 서로 질의응답을 나누며 의견을 개진하면서 토론을 이어갔다. 시간 여유가 없다면 이 챕터만 읽어도 전체적인 요점을 파악하는 데 무리가 없을 것이다. 다만, 다소 생략되고 압축된 면이 있으므로 궁금한 점이 있으면 후반부의 해당 챕터에서 좀 더 구체적인 내용을 확인하면 좋을 것이다.

디지털 미디어 인사이트 집담회 모습.

김경달 변화가 많고 빠른 시기다. 그 변화상을 읽어내는 데 도움이 됐으면 하는 바람에서 '디지털 미디어 인사이트'라는 주제로 책을 기획했고, 미디어 산업 내 각 분야의 전문가분들을 모셨다. 각 필자분과 챕터별 방향을 상의해 집필하고 있지만, 다 같이 모여 의견을 나누면 보다 넓은 시각으로 집필이 이루어질 것이라고 생각한다. 바쁜 와중에 모두 참석해주셔서 감사드린다. 오늘 집담회는 브레인스토밍하듯 편하게 진행하려고 한다. 챕터 순서대로 간단히 정리한 내용을 발제하고, 그에 대해 자유롭게 토론하면서 2023년을 조망해보자. 먼저 미디어 이용자 행태 변화와 관련해서 황성연 박사께서 얘기를 꺼내주시면 좋겠다.

미디어 이용자 행태 변화

황성연

황성연 이용자들이 미디어를 이용하는 행태와 관련한 전반적 변화에 대해 간단히 발제를 해보겠다. 우선, 우리나라 인구구조의 변화를 살펴볼 필요가 있다. 현재 인구 절벽은 무척 심각해지고 있다. 비율상 젊은 세대가 줄어듦에 따라 노년층이 급격히 늘어난 것이다. 수도권으로 인구가 집중되는 것 또한 미디어에는 좋지 않은 상황이다. 현재 우리가 인식하는 MZ 세대(1980년대 초~2000년대 초 출생)는 5년 안에 전체 인구 비율에서 10%대로 떨어질 것으로 예측된다. 아직도 베이비붐 세대인 단카이 세대(1947~1953년 출생)를 중심으로 운영하는 일본의 미디어 모델을 살펴보면 좋은 참고가 될 수 있다.

그런데 현재 국내 미디어들은 인구구조 변화에 표피적 접근에 그칠 뿐 제대로 감지하지 못하고 있는 것으로 보인다.

유튜브와 틱톡에 대한 얘기가 많은데, 여기서도 인구구조 변화가 영향을 미친다. 요즘 유튜브에서 가장 많은 비중을 차지하는 이용자는 60대인 듯하다.

틱톡이 주목받은 이유 역시 유튜브에 노년층이 많이 모여 있기 때문에 반대급부의 측면이 있다고 할 수 있다. 유튜브에 노년층이 몰리는 이유는 인구구조 변화에 의한 현상으로 설명할 수 있다. 돈과 시간이 많은 세대가 즐길 수 있는 여가 매체가 많지 않다 보니 생겨난 현상으로 보인다.

임상훈 게임 산업에서도 중·장년 세대가 '핵과금러'[1]인 경우가 많다.

한정훈 앞의 이야기에 많이 공감이 된다. 그런데 이 현상은 한국적 환경의 특수성도 영향을 미치지 않나 싶다. 한국에선 뉴스를 유튜브로 보는 게 쉽고 편리하다. 그렇다 보니 시장 불균형이 생겨나는 것으로 보인다.

강정수 수익 구조의 이슈도 연관이 있다. 케이블 방송에서 얻는 수익 이상을 유튜브에서 얻을 수 있다 보니 결국 유튜브가 주목받게 된 것으로 보인다.

황성연 인구구조의 변화와 맞물려 마케팅에 대한 이야기도 잠시 생각해볼 대목이 있다. MZ 세대를 타깃으로 마케팅하는 사람들의 이야기를 들어보면 "도달하기 어려운 세대를 목표로 잡아서 어느 정도 성과를 내면, 이후에 나머지 세대는 자연스럽게 도달할 수 있다"라고 말한다. 그런데 젊은 세대는 한 채널에 머무르지 않고 다양한 채널을 오가기 때문에 쉽게 고정층이 되지 않는다. 새로운 고객을 확보하기 위해 젊은 세대에 집

---

1. 게임에 고액을 지불하는 이용자.

중하는 것이 과연 합리적일까? 그것보다 노년층을 설득하면서 아래 연령대로 내려가는 방식이 더 빠르고 효율적인 전략이 될 수도 있다.

강정수 노년층의 경우 소비 패턴이 굳었기 때문에 이용하는 브랜드를 쉽게 바꾸지 않는다. 그 때문에 기업이 마케팅 대상으로 삼기에는 적합하지 않다는 점도 영향이 있을 것이다.

황성연 노년층을 먼저 설득하고 아래로 내려가보자는 주장은 현재 통상적인 마케팅 방식과는 거꾸로 접근해보자는 이야기가 될 것 같다. 그런데 앞서 얘기한 대로 '인구구조의 변화'와 맞물려 충분히 검토해볼 만하다고 생각한다. 이와 관련해 TV 데이터를 중심으로 본문에서 좀 더 자세히 다루었다.

김경달 장기간에 걸친 팬데믹 상황 때문에 미디어 이용 행태가 크게 변화했다는 지적이 많다. 이에 대해 닐슨에서는 여러 차례 분석 리포트를 내놓기도 했는데, 특기할 만한 점은 어떤 것인가.

황성연 전체적으로 미디어 이용 시간이 증가한 것은 주지의 사실이다. 그런데 흥미로운 점은 TV와 PC, 모바일 디바이스를 사용하는 시간의 비중, 즉 구성 비율은 이전과 비교해 전혀 달라지지 않았다는 점이다. 전체 미디어 사용 시간은 늘어났지만, 어느 매체가 더하고 어느 매체는 덜한 것이 아니어서 성장 비율 자체는 큰 차이가 없었다.

이걸 조금 다른 각도에서 보면, '사람들은 자신이 쓸 수 있는 여가 시간 안에서 미디어 이용 시간을 배분해둔다'고 할 수 있다. 팬데믹이 한창일 때 TV 시청 시간이 대폭 증가했다가 이후 국면이 전환되고 야외 활동이 증가하면서 시청 시간이 줄었는데, PC 모바일과 동영상 이용 시간 역시 줄어든 것이 확인되었다. 결국 정해진 여가 시간을 어떻게 배분할 것인가 하는 문제가 더 중요한 셈이다. 특정 매체가 이용 시간을 더 많이 확보하려면 사람들의 여가 시간이 더 늘어나야 한다.

매체 구분 시 엄밀성 필요!

황성연 마지막으로 '디지털 미디어'에 대한 개념 규정과 구체적 매체 구분 등이 명확하지 않아 혼동이 생기고 있다는 점을 지적하고 싶다. 다시 말해, 흔히 TV는 레거시 미디어이고 모바일은 디지털 미디어라 말하는데, 이런 구분이 적절한가 하는 문제다. 이제는 TV에서 VOD는 물론 유튜브도 볼 수 있다. 그래서 용어에 대한 오해가 생길 수 있다.

김경달 '혼동'이라고 지적한 부분에 대해 좀 더 구체적인 설명을 부탁한다.

황성연 예를 들어 현재로서는 유튜브를 TV로 보는 사람들의 수를 파악하기 어렵다는 점을 생각해보자. 비실시간 콘텐츠의 소비는 확연히 늘었지만, 그중 유튜브가 차지하는 비율은 확실하지 않은 것이 현실이다. 커넥티드TV가 시장에 자리 잡으면서 레거시 미디어와 디지털 미디어를 넘나들고 있다. 종전에 보편적 기준에 따른 매체 구분이 요즘은 디지털 매체로 통합되어가고 있는데, 여전히 레거시와 디지털 매체를 단선적으로 구분하는 것은 문제라고 생각된다.

임상훈 게임은 상황이 다르지만, 구분의 고민은 비슷하다. 보통 콘텐츠, 특히 방송 콘텐츠는 사업자도 많아지고 기호도 다양해져 다채널화되고 있다. 하지만 게임은 반대다. 하나의 타이틀을 여러 플랫폼에서 즐기는 멀티 플랫폼, 크로스 플랫폼이 대세가 되어가는 추세다. 다른 분야처럼 모바일 이용자가 늘고 모바일이 주류 플랫폼이 됐지만, 주요 업체가 모바일 버전 외에도 PC와 콘솔 버전으로 게임을 출시하는 경향이 있다. 서로 다른 플랫폼으로 접속한 유저들이 하나의 게임을 즐기는 상황에서 고전적 플랫폼 구분의 유효성이 약해지고 있다.

김경달 이러한 변화 속에서 지표나 수치가 복잡해진다는 점이 문제겠다. 그로 인해 예산 집행이나 가격 책정에 문제가 생기는 것은 아닐까?

황성연 미국 닐슨 본사의 경우, 패널 기반 데이터를 준거(準據)로 갖추고 있으며, 각 사에서 데이터를 받아 준거를 통해 추정하면 통합된 지표를 세대별로 나누는 데 필요한 지표를 얻을 수 있다. 이렇게 정보 수집과 분석 방식이 개선되어갈 것으로 생각한다.

유튜브를 중심으로 살펴본 미디어 시장의 변화
김경달

김경달 현재 유튜브 트렌드를 세 가지 측면에서 정리해보았다. 첫째는 현재 유튜브의 운영 상황과 전망에 대한 부분이다. 두 번째는 새롭게 부상하는 '크리에이티브 양식'을 통해 유튜브 플랫폼 내에서의 트렌드 변화를 살펴보았다. 세 번째로 한국 유튜브 현황을 스케치해보고자 20여 개의 카테고리별로 톱 10 채널 현황을 살펴보았다.

먼저 유튜브는 '의외로' 현재 전성기를 구가하고 있다. 굳이 '의외'라고 덧붙인 이유는 요즘 워낙 틱톡을 넥스트 유튜브(next Youtube)로 거론하면서 유튜브가 한풀 꺾인 것 아니냐는 얘기가 많아지고 있기 때문이다. 실제로는 그렇지 않다는 의미다.

유튜브는 여전히 '압도적'이며 꾸준히 성장하고 있다. 2022년

8월에 나온 퓨(PEW) 리서치 센터[2] 자료에 따르면 현재 미국의 10대 청소년 중 95%가량이 유튜브를 이용하고 있다. 상승 추세인 틱톡과 인스타그램의 이용률이 60%대이고, 페이스북이 30%대로 하락세인 것과 비교해볼 때 '압도적'이다. 또 한국 미디어 시장의 2021년 연간 광고 집행 총액이 14조 원에 약간 못 미치는데, 유튜브 단일 서비스 플랫폼의 같은 기간 광고 수익 총액은 37조5,000억 원에 달할 정도로 '압도적'이다.

한동안 기업들은 페이스북 페이지 개설을 당연시했다가 알고리듬 변화와 함께 유튜브 채널 개설을 고민했다. 하지만 이제 '1사 1채널' 분위기가 만연하고 웬만한 기업은 '유튜브 예산'을 따로 책정하고 있다. 일상에서도 유튜브스러운 콘텐츠 작법과 소비 방식이 보편화되고 있다. 입력과 출력 양면에서 유용한 스마트폰의 장점 덕분에 생산과 소비 측면에서 누구나 영상을 쉽게 접근하고 다루는 풍경이 확산되고 있다.

유튜브 영상 트렌드의 변화 - 일곱 가지 창의성(creativities)

앞서 언급한 '유튜브스러운 작법'이 유튜브 내 주요 트렌드와 맞물리는 대목이다. 일곱 가지 창의성 유형(creativity)으로 요약해보았다.

구독자가 원하는 대로 일상의 결정을 하면서 영상을 제작하는 'You Decide' 포맷 등 상호작용성을 중시하는 상호작용 창의성(interactive creativity)을 비롯, 라이브(live),[3] 쇼츠(shorts),[4] 멀티포맷

(multi-format),[5] 하우투(how-to),[6] 인덱싱(indexing),[7] 몰입감을 주는 창의성(immersive creativity)[8] 등이다.

임상훈 인덱싱 창의성(indexing creativity)의 의미가 궁금하다. 챕터(chapter) 기능은 구체적으로 어떤 것인가.

김경달 요즘 유튜브에서 영상을 보다 보면 영상 타임라인이 구간별로 나뉘어 있는 걸 자주 접할 것이다. 또한 설명글이나 댓글에도 '몇 분 몇 초'로 숫자를 적고 그 옆에 해당 내용의 제목을 적은 걸 봤을 텐데, 그것이 바로 '챕터'다. 이용자들이 영상 중 원하는 구간을 쉽게 찾아볼 수 있게 도와주는 기능이다. '직선적인(linear)' 영상의 특성 때문에 불가피했던 영상 시청의 불편함을 개선하는 효과가 있다. 더불어 이를 인덱싱 창의성이라 칭한 것은 이 기능이 검색 관점에서 영상을 구조적으로 분할하고 재구성하는 역할을 하기 때문이다. 조금 더 부연하자면, 통상 검색엔진의 세 가지 핵심적 기능을 '수집

---

2. 1990년에 설립된 미국의 비영리 조사 연구 단체. 미국과 세계의 사회문제, 인구통계, 여론, 종교인구통계, 동향을 광범위하게 조사·연구한다. www.pewresearch.org
3. 실시간 스트리밍에 가중치를 두는 등 중시하는 경향.
4. 숏폼 비디오가 대세.
5. 다양한 포맷과 타입으로 제작 및 소비.
6. 검색 최적화와 관련성 있고, 영상 중심 학습 문화가 정착되는 분위기.
7. 검색 가능성과 시청 편의성을 제고하기 위해 챕터(chapter) 기능 신설 및 확산 분위기.
8. 쇼핑을 포함, 몰입감 있는 콘텐츠에 대한 고민 증가.

(aggregation)-분류(indexing)-제공(presentation)'으로 설명한다. 유튜브 또한 세계 2위의 검색엔진이고 서비스의 UI(User Interface)가 검색 중심이라는 점에서 분류를 쉽게 하는 기능의 개발과 적용은 자연스러운 변화의 흐름이라 할 수 있다.

끝으로, 유튜브 트렌드를 짚어보기 위해 20여 개에 가까운 카테고리별로 톱 10 채널을 살펴보았다. 세부 내용은 본문을 참고하면 되겠다. 전체적으로 보면 한국에서 유튜브가 활성화되기 시작한 건 2007년 무렵부터다. 유튜브가 광고 수익을 채널 운영자, 즉 크리에이터에게 분배해주는 유튜브 파트너 프로그램(YPP)을 내놓은 것이 주요한 계기가 됐다. 주로 키즈·게임·음악 분야 채널이 초기 성장을 견인했다. 이번에 채널을 분석하면서 유튜브 서비스 시작 후 15년가량 개인 유튜버들이 다양한 카테고리에서 특색 있는 미디어를 운영하면서 성장해왔음을 확인할 수 있었다. 일부는 팀이나 회사 단위로 틀이 바뀌어가기도 했다. 하지만 무엇보다 중요한 대목은 요즘 주목받는 '크리에이터 경제(Creator Economy)'를 이끌어나갈 주체적인 개인들의 힘이 오롯하게 빛나는 점이며, 그 흐름은 더 강해질 것으로 전망된다.

2023년 소셜 미디어의 지각변동
강정수

강정수 소셜과 미디어가 분리되기 시작했다. 페이스북과 인스타그램이 지금까지 틱톡의 콘텐츠 포맷을 모방했다면 이제는 콘텐츠의 소비 방식을 모방하고 있다. 추천 피드(for you)에서 보듯 틱톡은 소셜 그래프를(social graph)를 완전히 무시하고 콘텐츠 그래프를 사용해 사용자들에게 콘텐츠를 추천하고 있는데, AI가 콘텐츠를 구별해 이용자가 좋아하는지 아닌지를 구별하고 추천하는 방식이다.

그리고 그 방식을 페이스북도 적용하겠다고 밝혔다. 물론 페이스북의 정체성은 소셜 그래프이기 때문에 100% 콘텐츠 그래프를 사용할 수는 없겠지만 단계적으로 넓혀가겠다는 것으로 보인다. 하지만 파라미터(parameter, 매개변수)가 많아질수록 추천의 정교함이 늘어나다 보니 곤란한 점이 생겼다. 영상에는 200여 개의 파라미터를 붙일 수 있어 추천을 고도화하기 좋지만, 사진의 경우 그것이 쉽지 않다는 사실이다. 결국 페이스북에서 추천 콘텐츠 비율을 높이는 전략 자체는 영상 중심이 아닌 이미지 중심의 플랫폼이어서 어렵지 않다. 하지만 추천의 고도화를 위해서는 영상 중심으로의 전환이 필요하고 그 중요성이 커졌다. 이것이 기업 '메타'에서 풀어야 할 과제라고 볼 수 있다.

김경달 '소셜 그래프의 종말 혹은 약화'와 '페이스북의 틱톡 따라잡기' 등은 시사하는 바가 큰 듯하다.

강정수 그렇다. 기업 메타의 사회적 의미는 크다. 소셜 그래프를 적용한 인스타그램과 페이스북의 장악력은 매우 컸다. 페이스북이 조그마한 소셜 네트워킹 기업에서 대형 광고 기업으로 변화할 수 있었던 데는 타기팅 광고의 영향이 컸는데, 바로 소셜 그래프 덕분에 가능했던 것이다. 하지만 현재는 그것이 무너져버렸다. 애플의 정책 변경에 경기 침체 등이 겹친 탓이다.

미국에서 타깃 마케팅은 스타트업과 중소기업이 적은 예산으로 신규 고객을 확보할 수 있는 통로였지만, 현재는 광고할 데가 사라져버린 셈이다. 과거 광고를 통해 세일즈 깔때기 상위(top of funnel)를 장악해 구매 전환이 가능했던 것이 불가능해지면서 인플루언서와 크리에이터가 힘을 받게 되었다. 전 세계적으로 인플루언서 마케팅은 증가하고 있으며 해외의 경우 인플루언서가 세일즈 깔때기의 상위가 되는 방식을 통해 장악력을 키우는 마케팅 전략을 실시하고 있다.

콘텐츠 광고에서 중요한 점은 '단순화하지 말아야 한다'는 것이다. 광고의 창의성과 독창성이 조금 더 정교해져야 한다. 아울러 콘텐츠 광고 상품은 내년부터 세대적 특징이나 제품의 특성, 시간대에 따라 노출되는 횟수를 달리하는 등 유연함과 다양성이 커지며 이런 요소들을 효과적으로 연동하는 것이 본격화될 것으로 보인다.

김경달 '틱톡화'의 추세는 결국 '창의성'의 중요성을 증가시킬 것이라는 전망으로 이해된다. 흥미로운 대목이다. 그리고 '메타'를 거론하면서 '메타버스' 이야기를 빼놓을 수는 없을 것 같다. 2023년, 메타버스에 대해서는 어떻게 전망할 수 있을까.

강정수 메타버스의 열기는 다소 주춤하면서 감소할 것으로 예상된다. 웹2.0에 근거한 제페토 같은 메타버스도 있지만, 좀 더 본래적인 메타버스는 웹3.0에 기초해 NFT[9]와 결합된 것이고, 그것이 진화의 방향이라고 생각한다. 현재 페이스북에서 VR 중심의 메타버스를 지탱하기 위해서는 탄탄한 매출 구조가 받쳐주어야 하는데, 그게 만만치 않은 것이 현실이다. 실제로 페이스북에서 그들이 원하는 메타버스를 구현해내기 위해서는 7~8년 정도는 R&D에 시간을 투자해야 하는데, 그 자금 역시 고갈되고 있다. 타기팅 광고가 안 되고 있기 때문이다. 기업 메타는 R&D, M&A에 마음껏 돈을 투자할 수 없는 상황이다. 그렇다 보니 메타버스를 주도하는 기업 메타의 전략적 동력이 상실될 가능성이 높아지고 있다. NFT 웹과 뉴 트렌드의 흐름은 이어지겠지만, 시장은 다소 축소될 것으로 보인다.

---

9. Non Fungible Token. 대체 불가능 토큰.

미디어의 분리 현상은 결국 이용자의 움직임이 그렇다는 것을 말한다. Z 세대는 SNS에 댓글을 달지도 않고 구글에서 검색을 하지도 않는다. 이제는 인스타그램과 틱톡을 검색창으로 활용하고 있다. 이에 맞춰 틱톡은 검색엔진 고도화 작업을 진행 중이다.

스포티파이의 조사에서도 톱 클릭 100에 들어갔던 곡의 24%는 틱톡에서 유명해진 곡인 것으로 밝혀졌다. 이는 곧 Z 세대가 형성하는 새로운 라이프스타일, 새로운 트렌드가 다른 곳으로 이동했다는 것이다. 특히 틱톡에서 만들어지고 있는 문화적 트렌드가 강세이며[10] 이런 이유로 틱톡을 주목할 필요가 있다.

임상훈 애플의 정책 변화로 게임계 역시 큰 변화를 맞았다. 퍼포먼스 마케팅을 통해 유저를 모집하는 효율이 줄고 비용이 커지면서 유튜브에 대한 수요가 늘어나고 있다. 하지만 유튜버 생태계 또한 변하고 있는데, 과거에는 셀럽이나 구독자 많은 유튜브 채널을 많이 활용했지만, 성과가 없다는 것을 알게 되면서 핵심 오피니언 리더(Key Opinion Leader, KOL)가 중요해졌다. 유튜브 콘텐츠는 쉽게 만들 수 있어 콘텐츠가 계속 늘어나고 있다. 그렇다 보니 이용자들에게는 콘텐츠에 대한 변별력이

---

10. 물론 유튜브와 인스타그램도 공존할 것이다.

생겨 일명 '찐'의 영향력이 강해졌다.

황성연 미국에서는 핵심 오피니언 리더를 찾아낼 때, 그가 지닌 영향력의 전체 크기와 콘텐츠 종류를 모두 분석한다. 우리나라에 적용하기에는 상당히 큰 비용이지만 미국과 유럽, 동남아에서도 사용하는 방식이다.

이러한 분석은 굉장히 정교하지만 가격이 비싸기 때문에 그만큼 효과에 대한 집착이 생기게 된다. 퍼포먼스 마케팅을 통해 투자 수익에 민감해지면서 인플루언서를 분류하고 프로파일링하는 것도 점점 고도화되고 있다. 분석에 따르면 해당 인플루언서가 유사 브랜드 혹은 유사 제품의 광고를 한 적이 있는지, 그 인플루언서로 인해 브랜드의 이미지에 타격을 입지 않았는지, 그가 했던 포스팅 효과가 어떠했는지 등이 모두 분석되며 브랜드와의 페어링까지 확인할 수 있다고 한다. 그런 종합적인 분석을 통해 인플루언서를 선별한다

임상훈 클라이언트의 콘텐츠, 제품, 브랜드 등이 범용적인지 집중적인지도 구별해야 한다. 또 한국의 경우 브랜드 콘텐츠를 만들 때 하나의 콘텐츠에 올인하는 방식을 사용하지만 서구 시장은 프리롤(pre roll)이나 미드롤(mid roll) 같은 결합(integration) 방식을 사용하고 있어 접근성이 좋은 편이다.

황성연 중요한 포인트다. 인플루언서 마케팅을 할 때 광고 집행하는 사람들이 가장 우려하는 부분은 크리에이터가 정말 그 콘텐츠를 제대로 잘 만들지, 효과가 있을지 하는 부분이다. 그런데 이제는 제작에 간섭하지 않는 것이 가장 효율적이라는 사실을 광고주들도 깨닫고 있다. 크리에이터가 이전에 제작한 사례 등 포트폴리오를 보고 광고를 요청하거나 결정하기 때문에 예전처럼 광고 방식을 지시하면서 간섭하는 경우는 많이 줄고 있다.

김경달 현장에서 많이 동감하는 부분이다. 크리에이터의 '크리에이티브'를 존중하지 않으면 협업 프로젝트는 실패할 확률이 높아진다. 당연한 말 같지만, 현실에서 몇 년째 시행착오가 이어지고 있는 부분이다. 더불어 협업 매칭을 플랫폼화해서 자동화하려는 시도는 꾸준히 이루어지는데, 갈 길이 멀다. 시장이 표준화되지 못하다 보니, 아직은 소모적인 커뮤니케이션 비용(communication cost)을 많이 들여야 하는 게 현실이며 시간이 좀 더 걸릴 것으로 보인다.

OTT의 'TV화'와 방송 시장의 변화

한정훈

한정훈 OTT의 경우 미국 사업자들의 영향력이 강하다 보니 불가피하게 글로벌 시장 얘기부터 시작해 국내 상황을 살펴보려 한다. 현재 OTT 시장의 큰 이슈는 '스트리밍 OTT가 점점 TV가 되고 있다'는 점이다. 넷플릭스와 디즈니에서 광고 편성에 대한 이야기가 나왔는데, 광고의 양은 유지하되 시청 불편을 최소화하겠다고 밝혔다. 하지만 보통 1시간에 5~7분 정도 광고가 편성되는 걸 감안하면 넷플릭스나 디즈니의 광고 매출을 보수적으로 추정해도 연간 1조 원, 많게는 3조 원까지 예상해볼 수 있다. 미국의 풋볼 프로 미식축구(NFL) 경기 중계 광고 정도의 효과를 내는 셈이다.

이 같은 성장이 이뤄질 수 있었던 것은 커넥티드 TV의 영향인 것으로 보인다. 아까 황성연 박사께서 언급했듯, 하나의 TV를 통해 여러 콘텐츠를 같이 소비하면서 멀티 플랫폼처럼 이용하기 때문이다.

Z 세대 마케팅에 대해 덧붙이자면, 단기간 매출을 올리기 위해서는 Z 세대에게 집중하지 않는 게 맞지만 시청 패턴이 변하는 것에 대한 우려가 있다. 인구 감소 등의 패턴 변화를 끊임없이 고민해야 할 것이다.

또 〈킹덤〉이나 〈오징어 게임〉, 〈기생충〉 등 콘텐츠의 수요는 극대화되고 있지만, 그것을 공급하는 국내 서비스 사업자에 대한 이슈는 없다는 점[11]도 짚어볼 대목이다. 국내 OTT의 경우 실제 가입자가 얼마나 되는지 알 수 없는데, 월간 활성 이용자 수(Monthly Active Users, MAU)를 고려해보면 우리나라 사람 거의 대부분이 OTT를 이용하는 셈이기 때문에 사실상 시장을 확대할 수 없을 것으로 보인다. 국내 OTT 플랫폼 시장은 경쟁이 의미없다고 보이지만, 콘텐츠 시장은 활황이며 해외에서 인기를 끌고 있기 때문에 2023년의 결과는 예상하기가 쉽지 않다. 하지만 콘텐츠만으로 오랫동안 성장하기 어렵다는 점이 우려된다.

황성연 과거에는 방송사가 콘텐츠를 만드는 장인 역할을 했지만 지금은 유통을 잘해야 한다. 하지만 문제는 방송사 내부에 유통을 제대로 끌고 갈 전문가가 부족하다.

임상훈 미국의 주요 유통 플랫폼들은 AT&T나 마스터 카드 등 다른 서비스와 연결되어 무료로 이용할 수 있는 이점이 있다. 그런데 이에 대한 지표나 규모가 알려지지 않아 그것이 실제 구독으로 이어지는지는 알 수 없다. 이것이 한국에도 적용되어 SKT를 사용하면 웨이브(Wavve)를 시청할 수 있는데, 이것을

---

11. 상관성이 별로 없다는 점.

파악하면 시장의 규모를 이해하는 데 도움이 될 것이다.

황성연 이와 관련해 2022년 대부분의 OTT가 주춤하거나 하락하는 상황에서 쿠팡플레이(coupang play)가 성장한 대목도 있다. 이건 번들링 방식으로 서비스한 것이 주효했던 것으로 보인다. 하지만 그에 비해 쿠팡플레이 이용자의 활성화 지수는 약하다. 아마존 프라임도 마찬가지인데, 쇼핑이 주목적이기 때문에 이용자 수는 많지만 활성화는 되지 않은 것이다.

강정수 나라마다 차이가 있다. 넷플릭스의 경우 사람들의 시청 시간보다 중요한 것은 가입자 수가 가구수(household)를 넘어섰다는 점이다. 아마존 프라임 비디오의 경우에도 독일에서는 넷플릭스 가입자 수를 넘어섰다. 다만, 아마존의 경우는 번들 상품이기 때문에 아마존 프라임 비디오의 가입자 수가 넘어선 것이라고 말할 수는 없다.

또 해외시장이 포화인 상태에서 가입자 수보다 중요한 것은 1인당 매출 구조인 객단가(Average Revenue Per User, ARPU)를 높이는 것과 어떻게 리텐션율을 높이는가 하는 점이다. 넷플릭스의 경우 최근 〈오징어 게임〉 굿즈를 라이선스 계약 없이 무단으로 제작해 수익을 올린 사례 등 모조품을 만드는 것에 대해 규제하겠다는 뜻을 밝히면서 객단가를 높이기 위한 전략을 세웠으며, 디즈니도 광고 단가가 높은 북미와 유럽을 공략할 것으로 보인다.

세계 4대 시장이라 할 수 있는 미국, 영국, 프랑스, 독일에서 광고 시장이 디지털 중심으로 재편되고 있는 상황에서 디지털 영상 광고 시장 확대가 어느 정도 효과를 보일 것인지는 지켜봐야 할 점이다. 그리고 그 결과는 한국에도 영향을 미칠 것으로 예상된다.

임상훈 인구수는 많지만 구매력이 적은 비성숙 시장에 대해서도 고려해볼 필요가 있다. 게임의 경우 한국이나 미국, 일본에서는 인앱 구매 등이 활성화되어 수익이 좋지만 비성숙 시장에서는 수익이 많이 나지 않기 때문에 하이퍼 캐주얼[12]이나 캐주얼 장르에서 광고로 수익을 내고 있다. 이 시장은 모바일 시청이 많기 때문에 비즈니스 모델 차원에서 광고가 들어가야만 시장에 들어갈 수 있고 구독자 수를 늘릴 수 있다.

황성연 넷플릭스는 단거리 선수이고 디즈니는 장거리 선수라는 말이 있다. 넷플릭스는 콘텐츠를 만들면 몰아보기(binge watching)가 가능하게끔 한 번에 올리는 스타일이기 때문에 가입하려는 수요가 빠르고 강하게 나타난다. 반면 디즈니는 일주일에

---

12. 즉석에서 가볍게 할 수 있는 게임을 일컫는다. 즉 몇 번의 탭으로 간단하게 게임을 시작할 수 있고 세션도 짧아서 원할 때 언제든 게임을 중단할 수 있다. 중독성이 강한 편이며, 인앱 구매를 거의 제공하지 않고 동영상 광고를 통해 매출을 올린다.

한 편 혹은 서너 편 정도 올리기 때문에 이용자들이 계약을 연장할 수밖에 없게끔 만든다는 취지의 설명이다. 즉 가입자를 늘릴 콘텐츠와 유지시키는 콘텐츠, 어디에 중점을 두느냐 하는 전략 차이가 있는데 사실 두 가지 타입이 같이 움직이는 것이 가장 좋다고 볼 수 있다.

유튜브 성장에 한계가 왔다고 주장하는 의견과 관련해서는, 시청 행태의 변화와 맞물려 생각해볼 대목이 있다. 유튜브에서는 이용자가 콘텐츠를 찾아가서 보는 능동적 소비 방식이 강한데, 요즘 라이브 스트리밍이 늘 듯 그냥 틀어놓고 보는 걸 선호하는 시청 행태가 증가 중이다. 애플TV와 페이스북, 유튜브에서 스포츠 중계권을 확보하려는 이유는 이용자가 틀어놓고 볼 것이 생기기 때문이다. 그냥 습관적으로 틀어놓으면 기본 이용량이 생기므로 이런 TV 라이브 중계의 가치를 디지털 미디어들이 배워가고 있다는 생각이 든다.

김경달 중요한 포인트라고 생각된다. OTT 전쟁 등 TV 중심으로 경쟁이 심화하는 상황인데, 이는 유튜브에 기회이기도 하고 동시에 위기이기도 할 듯하다. 개인적으로는 아직까지 유튜브에는 TV 활용성이 높아지고 있는 현상이 디스플레이와의 접점 확장으로 이해되기 때문에 기회의 측면으로 해석된다.

황성연 또 하나 주목해야 할 점은, 미국에서는 광고를 위해 콘텐츠 아이디가 필요하다는 점이다. CJ의 경우 플루토TV에 들어가는 첫 번째 계약 조건은 콘텐츠에 광고를 넣을 수 있도록 메타 태그를 가지고 와야 한다는 것이었다. 사람을 가지고 타기팅하는 것이 아닌 콘텐츠를 가지고 타기팅하는 방식으로 출연진과 극 중 배경, 장소의 특성 등과 관련된 태그를 가지고 들어오면 태그에 맞는 광고를 매칭하겠다는 것이다.

강정수 틱톡의 경우 소셜 그래프를 이용하지 않기 때문에 이용자 데이터가 중요하지 않다. 또 콘텐츠와 자연스럽게 연결되는 광고를 선호하기 때문에 콘텐츠 아이디어가 더 중요하다. 콘텐츠 중심의 분류 체계에 의한 광고로 광고 시장의 무게중심이 바뀌는 것 같다. 또 틱톡은 영상에서 메타 태그와 파라미터 추출을 자동화하면서 광고 효율성이 극대화되었으며 이 기술들이 계속해서 진화하게 되면 광고와 매칭하는 정확도 역시 높아질 것으로 보인다.

게임과 NFT, 변화의 흐름
임상훈

임상훈 코로나 이전 게임 시장은 성장률이 멈추거나 정체될 것이라 예상했지만, 2020년에 압도적으로 성장했다. 코로나 시기에 다들 고립되어 외롭고 힘들 때, 소셜을 기반으로 활동할 수 있는 강점 덕분에 게임이 성장했던 것이다. 그 후 2021~2022년에는 시장이 점점 감소하고 있다.

현재의 문제는 인플레이션과 비용 이슈다. 미국의 경우는 소비력이 있는 아이폰 유저는 그대로지만 상대적으로 그렇지 않은 안드로이드 유저는 감소했고, 중국과 한국도 게이머가 줄었다는 데이터가 나왔다. 하지만 인도와 튀르키예(터키)의 상황은 다르다. 인도의 경우 화폐개혁과 디지털 결제가 많아지면서 게임 시장이 계속 상승세를 보이는데 문제는 결제율이 높아졌지만 그 수치가 여전히 낮다는 것이다. 그 때문에 성숙 시장과 비성숙 시장, 성장 시장을 구분해 시장의 판도가 어떻게 달라지는지 지켜봐야 할 것이다.

올해 초 게임 시장에서는 전 세계적으로 대규모 M&A가 이루어졌다. 구독형 서비스가 강화되는 추세에서 MS와 소니 같은 기업이 들어오고 있어 판도가 더욱 크게 변할 것이라는 예측이다.

또 동양, 특히 중국과 한국은 1인당 '핵과금러'에게서 수익을 많이 얻을 수 있는 확률형 아이템 기반의 비즈니스 모델을 적용하고 있는데, 서양에서는 그것이 통하지 않는다. 콘솔 게임을 해온 유저층은 이러한 과금을 하지 않기 때문에 구독형(subscription base) 모델이 유효하다. 흔히 잘나가는 게임 회사들도 현재 게임 패스 모델[13]을 진행하고 있다. MS는 이미 그런 구조를 갖췄으므로 소니를 지켜봐야 한다. 대형 플랫폼 회사들이 앞서나가고 있는 상황에서 과거 레거시 거인 게임 회사들이 어떻게 움직일지 지켜봐야 한다.

특히 주목해야 하는 것은 중국 회사다. 틱톡에서처럼 게임도 중국의 사이즈가 압도적으로 큰데, 과거 중국은 인수 합병 플레이어로 각광받았지만 지금은 게임을 아주 잘 만드는 나라가 되었다. 코로나19에 세계적으로 가장 흥행한 게임은 '원신'이라는 중국 게임이며, 미국의 모바일 '콜 오브 듀티'를 함께한 텐센트, 모바일 '디아블로 이모탈'을 함께한 넷이즈 역시 중국 기업이다.

미국의 메이저 퍼블리셔에 가장 이슈가 되는 것은 수익이다. 게임 가격은 많이 올릴 수 없고, 인재 경쟁을 하려면 비용이 계속 상승하는데 수익 모델은 여전히 고전적이기 때문이다. 그 때문에 모바일로 큰 수익을 낸 중국 기업이 그들의 파트너가 된 것이다. 또 텐센트, 넷이즈가 해외에 스튜디오를 만들기 시작하면서 기술력에 이어 창의력까지 흡수하고 있는 상황이다. 거기에 구독형 게임에까지 중국 기업들이 들어오게 된다면 더욱 예측하기 어려운 상황이 될 것이다.

게임 시장에서 이런 변화가 생기는 이유 중 하나는 라이브 서비스 게임의 강세 때문이다. LOL(League of Legend)은 여전히

---

13. 개별 게임에서 특정 기간 단위로 아이템 등 혜택을 주는 구독형 시스템. 플랫폼에서는 여러 게임을 즐길 수 있다.

계속 잘나가는 게임이며 모바일 게임으로 오면서 인기가 더욱 극대화되었다. 그런 만큼 스타트업이 더욱 힘들어지는 상황이며, 서브컬처를 통해 신규 유저를 모으는 방식으로 해결하고 있다. '원신'이나 '우마무스메'처럼 캐릭터의 아이템을 모으는 형식은 예쁜 캐릭터 덕분에 한국이나 동양의 10대와 20대, 서양의 여성 유저에게 사랑받고 있다. 이런 흐름을 보면 서브컬처 게임이 앞으로도 계속 쏟아질 것으로 예상된다.

우리나라에서 여전히 시장을 장악하고 있는 핵과금러 중심의 게임이 전체적인 경쟁력을 떨어뜨린다는 비난을 받고 있지만 이 시장이 줄어들 가능성은 없다. 꾸준하고 안정적인 고수익을 거두고 있기 때문이다.

김경달 게임계에서 NFT 도입 사례가 많은 걸로 안다.

임상훈 NFT 게임에 대해서는 개인적으로 의문을 가지고 있다. '엑시 인피니티'는 여전히 잘되고 있고, 시장을 선점하기 위해 빠르게 NFT 게임을 만들어 1,800개 정도의 게임이 출시됐지만 대부분은 실패했다. 지속 가능성을 확보하는 것이 중요한데 이것을 확보한 케이스는 나오지 않았다.

한국에서는 라이브 게임이 성공하고 차트에 고정되어 있어 스타트업 같은 작은 회사가 투자를 받기 어려워지면서 전면적으로 2021년 말쯤 NFT 게임을 만드는 것으로 돌아섰다. 라이브 서비스를 했던 경험을 통해 기대감을 가졌고, NFT 게임에서 규모 큰 유명 회사들도 한국에서 소싱하기 위해 한국 지사도 만들었다.

하지만 루나/테라 코인 사태가 벌어지고 코인을 만드는 프로젝트가 불가능해지면서 상황은 악화되었다. 자금 수급에도 문제가 생겼다. 그 때문에 해외 대형 NFT 플랫폼들이 이것을 번들링해서 구매하는 비즈니스가 이루어지고 있다. 이런 국면이 잘 풀리지 않고 악화된다면 한국 게임 생태계가 전체적으로 악화될 수도 있는 상황이다.

황성연 코로나19 시절, 사람들이 매우 많이 본 채널이 온게임넷이었다. TV용 콘텐츠를 만들지 않고 디지털용 콘텐츠를 방송에 내는 형식이었는데, 여기서 포인트는 팬데믹 상황에서 40~50대가 과거에 했던 게임을 온게임넷에서 보는 것이었다. 온게임넷은 LOL 중계를 하지 않는다. 게임사가 직접 중계하기 때문이다. 모든 트렌드들이 라이브로 들어오는 상황에서 게임 콘텐츠만이 제조사, 게임 회사에서 컨트롤하고 중계권을 쥐고 있는 것이다.

2022년 6월 OPGG에서 온게임넷을 인수했다. 당시 LOL 중계를 가져올 수 있을 것인가가 관심사로 떠오르기도 했다. 통상 게임에 대한 부정적 인식은 게임을 TV로 보지 않기 때문에 발생하는 면도 크다. 그래서 오히려 TV에서 많이 보는 스타크래프트는 긍정적 인식이 많은 편이었다. LOL은 방송을 아예 하지 않기 때문에 저항감이 생기고, 건강하지 않다는 인식이 생기기도 했다.

콘텐츠 IP 시대, 트렌드 읽기
이성민

이성민 IP 비즈니스에서 중요한 포인트는 이야기의 확장과 IP 비즈니스의 커머스 및 브랜딩에 대한 부분이다. IP가 산업 전반에서 본격적으로 이슈가 되기 시작한 것은 2020~2021년으로 본다. 〈오징어 게임〉이 IP 이슈를 촉발하면서 특히 영상 분야에서 담론으로 부상했다. 앞으로 IP라는 용어가 더 많이 사용될 것으로 예상된다.

나는 이것을 '액체 미디어(liquid media) 시대'라고 표현했다. 이는 미디어의 경계가 다 녹아내렸다는 의미다. 그리고 유일하게 이것들을 묶어주는 역할을 하는 것이 IP라고 본다. 그로 인해 IP의 가치는 인플루언서나 핵심 오피니언 리더와 연결되는 것으로 보인다.

이야기 IP에 관련해서는 웹툰 IP를 활용하는 것이 계속 늘어날 것으로 보인다. 다만 구조가 많이 바뀌었다는 것이 이슈다. 인수 합병이 많아졌고, 네이버가 제작사가 되거나 KT가 스튜디오 구조를 짜는 등의 연계 방식으로 판이 바뀌었다. 결국 웹툰과 웹소설 IP를 영상화하는 흐름은 앞으로도 계속될 것이다.

라이선싱 IP에서 주목할 점은 작은 인플루언서들이 브랜딩되는 현상이다. '노티드 도넛'이 '쵸미'라는 인플루언서와 협업하면서 판매량이 급증했는데, 이것이 인플루언서가 브랜드화되는 현상의 대표적인 사례로 보인다. 전통적으로 IP라고 말하기 어려웠던 것들이 IP화되어가는 과정이며 브랜드와 IP의 경계가 흐려지고, 브랜드의 서사를 만들기 위해 이야기로 넘어가는 현상도 나타나고 있다.

IP 논의에서 주요 사례로 '포켓몬 빵'과 '잔망루피'를 들 수 있다. 이는 우리나라에서도 '오래 소비하는 문화'가 확산되는 것을 보여주는 케이스라고 생각한다. 포켓몬빵은 단순히 예전에 유행했던 게 반짝 돌아오는 '복고'가 아닌, '살아 있는 레전드'로 불릴 정도로 계속 높은 인기를 끄는 경우라 할 수 있다. 이런 사례에서 IP 브랜드의 생명력도 더 길어졌다는 걸 확인하게 된다.

잔망루피도 그렇다. 뽀로로를 보고 자란 세대가 어른이 되면서, 옛날 IP가 어른의 브랜드로 재탄생하는 현상이 잔망루피를 시작으로 계속 나올 가능성이 있다.

이야기 IP에서 주목해볼 점은 영상 콘텐츠 산업이 점차 스튜디오화되는 현상이다. 웹툰이나 웹소설의 경우 이미 구조가 짜여 있고 IP를 확보하기 어렵기 때문에 실화에서 소재를 찾는 경향이 나타나고 있다. 즉 권리관계가 정리돼 있지 않은 IP를 발굴하고 권리화하는 노력이 많아졌다. 그런 흐름 속에서 출판 쪽에서 에세이가 최근 2~3년간 각광받는 트렌드를 보였고, 출판업계 역시 이에 호응하며 지원책을 내놓기도 했다. 방송사 역시 IP 발굴을 위해 스튜디오 구조를 만들고, 소재를 출판 쪽에서 찾는 움직임이 감지된다.

또 다른 이슈는 '글로벌 아이템 확장이 정말 현실이 될 것인가' 하는 점이다. 〈나 혼자만 레벨업〉 애니메이션이 나오게 되면 이것이 우리나라 웹툰, 웹소설 IP의 글로벌 확장 신호탄이 될 수 있을지가 관전 포인트다. 워낙 글로벌 팬덤이 강력하기 때문에 애니화됐을 때 나타날 현상을 기대해볼 필요가 있다. 다른 포인트는 크리에이터 이코노미 이슈다. 브런치나 네이버 프리미엄 콘텐츠, 블루닷처럼 크리에이터를 지원하는 플랫폼이나 서비스, 솔루션이 늘어나고 있다. 작은 IP에게도 새로운 성장 모델이 생겼기 때문에 이들을 지원하는 커뮤니티 및 서비스의 사례를 주목해야 한다. 또 팬덤 창작을 규제하면서 권리 경쟁도 더욱 치열해질 것으로 보인다.

임상훈 게임계에서도 오래전부터 IP 현상이 일어나고 있다. '리니지'나 '바람의 나라' 등 과거에 성공한 온라인 게임이 모바일 게임으로 나와 성공했다. 온라인 게임 IP가 유효했는데 '아이온'

등 일부 예외를 빼면 남은 게 별로 없다. 이제 과거에 성공한 모바일 게임 IP를 통해 새로운 모바일 게임을 만드는 식의 현상이 벌어질 것이다. 〈나 혼자만 레벨업〉 역시 넷마블이 IP를 만들고 있는데 웹툰 베이스의 모바일 게임은 대부분 실패했다. 이는 한국적인 비즈니스 모델을 적용했기 때문으로 글로벌화하기 위해서는 그에 맞는 비즈니스 모델이 필요하다.

BTS 게임이 성공하지 못한 것 역시 팬덤과의 접점을 찾는 노력을 기울이는 데 소홀히 했거나 비즈니스 모델 등을 제대로 만들지 못했기 때문으로 생각한다.

그리고 포켓몬에 대해서는 개인적으로 완전히 다른 영역에 있는 IP라고 생각한다. 포켓몬빵 등이 인기를 끈 것은 그것이 포켓몬이기 때문이다. 포켓몬이어서 AR이 잘된 것과 비슷하다. 그 이후 AR 게임들이 포켓몬의 성과에 다가가기는커녕 대부분 어려움을 겪고 있다.

황성연 '포켓몬고' 게임이 인기를 끌 수 있었던 요인 중 하나는, 아이들이 마트에서 할 수 있는 포켓몬 비디오게임으로 플라스틱 카드를 따낼 수 있었는데 그 게임의 아쉬움을 '포켓몬고'로 풀었기 때문이라고 본다. '포켓몬고'는 이제 젊은 사람들의 게임으로 바뀌었다. 포켓몬 극장판 영화를 볼 때 닌텐도와 스위치 등의 포켓몬 게임을 가져가면 포켓몬을 하나 받을 수 있다거나, 게임기로 포켓몬 게임을 하다가 얻은 포켓몬이 '포켓몬고'로 들어가거나, 또는 포켓몬빵과 편의점 위치 기반 서비스를 연결하는 등 다양한 방식이 사용되고 있다.

임상훈 중국에서 2016년 IP 경쟁이 굉장히 심했다. 2016년 알리바바나 텐센트가 웹소설업체를 모았는데 이 현상이 2021~2022년에 한국에서 벌어지고 있다. 그리고 그 결과가 2023년에 나타날 것으로 예상되는데 실제로 효과가 있었는지 주목해야 한다.

2023년 디지털 미디어 트렌드의 흐름 변화에 대해 덧붙일 점은?

강정수 이 책을 읽는 독자가 누구일까 생각해봤다. 아마 산업의 트렌드에 맞춰 기업의 전략이나 마케팅 전략을 세우는 사람들이 1차적 수요자일 것으로 생각된다. 디지털 경제 또는 모바일 경제라 할 수 있는 것들이 어느 정도 시간이 지나면서 초기 시장과 다른 국면을 맞이했다. 거기에 팬데믹까지 더해지면서 질적으로 다른 국면을 맞이했다고 본다.

새로운 이용자군이 단순히 어린아이 혹은 젊은이가 아닌 소비나 트렌드를 이끌어가는 중심 세력으로 성장하는 부분에서도 겸허하게 받아들일 필요가 있다. 과거에는 트렌드가 안티테제, 마이너리티가 메이저리티로 가는 것이 흐름이었다면 지금은 각자가 자신의 아이덴티티에 따라 여러 트렌드를 동시에 소화하는 현상이 나타나면서 이것을 어떻게 받아들일지에 관련된 논쟁이 있다. 인구 절벽이나 노령화 현상도 있지만 새로운 변화 요소도 분명히 존재하며, 이는 독자들이 반드시 배우고 따라잡아야 하는 대목이라고 생각한다.

황성연 젊게 살려고 하는 노인들의 특징이 있는데, 그들에게 젊은 세대를 따라 하는 문화적 트렌드는 존재하지만 받아들이지 못하는 벽 또한 있다. 그 벽이 무엇인지 찾아내는 게 가장 중요한 이슈일 것이고, 디지털 마케팅에서도 특정 세대만 포착하는 것보다 모든 세대를 포함하되 젊은 이미지로 받아들이기 쉽도록 하는 것도 중요하다. 또 데이터 경험을 통해 마케팅에 활용할 수 있는 영역을 구분하는 작업이 필요하다.

이성민 코로나19 이후 기존 것과 바뀐 것의 구분이 어려워졌고 그 패턴을 설명하기가 어려워졌다. 익숙하지만 달라진, 그래서 실제 변화가 많아진 것들이 무엇인지 들여다보고 배워야 한다.

김경달 변화의 현장을 생생하게 느끼게 만드는 중요한 얘기가 많이 나온 것 같다. 상당히 방대하고 밀도 높은 이야기가 많았는데, 그래도 압축적으로 잘 설명해주셔서 감사하다. 2023년에 다시 한번 자리를 만들고 업데이트하면 좋을 것 같다. 모두 고생 많으셨다.

DIGITAL
MEDIA
INSIGHT
2023

PART 02

미디어 이용자 행태 변화
알고 있지만 알지 못한 것들

세상은 빠르게 변화한다. 이전에는 변화가 특정 지역이나 국가를 중심으로 일어났다면, 최근의 변화는 전 세계를 실시간으로 연결하는 네트워크를 통해 전파되기에 속도와 범위를 가늠하기 어렵다. 그런 만큼 빠르고 광범위한 변화를 분석하고 대응하려면 이전보다 더 많은 정보를 보다 빠르게 처리하고 분석해야 한다. 변화를 분석하고 대응하기 위해 노력하지만, 변화의 속도와 범위를 따라가기엔 부족할 때가 많다.

새로운 변화를 파악하고 이에 대응하는 동안 변화의 기저에서 장기적으로 영향을 미치는 요인은 낮게 평가되거나 잊기 쉽다. 미디어 이용과 관련해 장기적 관점에서 살펴봐야 하는 것들을 간단히 짚어보고자 한다. 대부분 알고 있었지만 새로운 것에 대응하느라 잊은 것들이다.

DIGITAL MEDIA

황 성 연

시청 지표 조사 회사 닐슨미디어코리아에서 TV·PC·모바일의 이용 행태를 측정하고 비교하는 작업을 주로 하고 있다. 이를 통해 통합 콘텐츠 이용 지표와 통합 광고 효과 산정 체계를 구축하고 합리적인 미디어 전략을 구축하는 프로젝트를 수행하기도 한다. 중앙대학교 신문방송학과에서 학사·석사·박사를 수료했다. 주요 연구 분야는 수용자, 특히 미디어 수용자의 미디어 이용 행태를 분석하는 것이다.

INSIGHT

젊은 세대, 젊은 노인, 그리고 젊음 공동체

우리는 대부분 젊은 세대에 관심을 가진다. 젊은 세대는 우리나라의 미래이기도 하고, 기업 입장에서도 지속 가능한 성장을 위해 젊은 고객이 유입되어야 하기 때문이다. 더욱이 '젊음'이 주는 이미지가 매력적이기에 모든 연령층이 젊은 이미지를 선호한다. 특히 기대 수명이 늘어난 만큼 노령층 중에는 젊은 생각과 라이프스타일을 유지하려는 이른바 '젊은 노인(young old)'이 늘어나고 있다.

젊은 세대에 대한 관심은 그들에게 특별한 명칭을 붙도록 했는데, 1990년대 중반 젊은 세대인 X 세대, 2000년대 밀레니얼 세대(Y 세대), 그리고 2010년대 후반 젊은 세대인 Z 세대 등이 있다. 이렇게 젊은 세대에게 이름을 붙여 이전과 다른 젊은 층을 이해하고 대응하기 위해 노력해왔다. 더구나 근래에는 해외 사례까지 더해지면서 젊은 세대라는 이미지는 공감이 되지만, 동일한 전략으로 접근해도 되는 것인지 의구심이 생긴다.

최근 밀레니얼 세대와 Z 세대를 통칭하는 'MZ 세대'도 젊은 층을 뜻한다. 통계청은 M 세대를 1980년에서 1994년까지 출생한 자, Z 세대를 1995년에서 2005년 사이에 출생한 자로 정의하고 이들의 생활환경 보고서를 발표했다. 이 보고서에 따르면 MZ 세대는 올해 만 18~42세를 포함한다. 젊은 층이라 하기엔 지나치게 넓은 연령대를 포함해 과연 이들을 동일한 특성을 지닌 집단으로 보는 것이 맞는가, 하는 의문이 든다.

MZ 세대에 대한 인식의 차이를 보여주는 흥미로운 조사가 있다. 2022년 한국리서치 정기 여론조사에서 'MZ 세대는 몇 살인가'라는 질문에 응답한 결과를 살펴보면, MZ 세대를 규정하는 실제 나이보다 사람들이 생각하는 MZ 세대의 나이는 16~31세로 훨씬 젊은 세대로 인식하고 있었다.

미래에 대비하기 위해 젊은 세대의 특성을 파악하는 것은 중요한 일이다. 하지만 더 중요한 것은 인구구조의 변화다. 우리가 젊은 세대에 집중하는 동안 전체 인구구조의 변화를 살펴보지 못한 것은 아닌가 싶다. 우리나라는 1949년 인구 센서스가 시작된 이래 최초로 2021년 처음으로 인구가 약 9만 명 줄었다. 코로나19의 여파로 외국인이 감소한 것도 영향을 주었겠지만, 우리나라 인구의 출생률이 낮아지면서 인구가 자연 감소하는 추세가 주요 원인이다. 출생률이 낮아지면

MZ 세대의 실제 연령과 인식된 연령

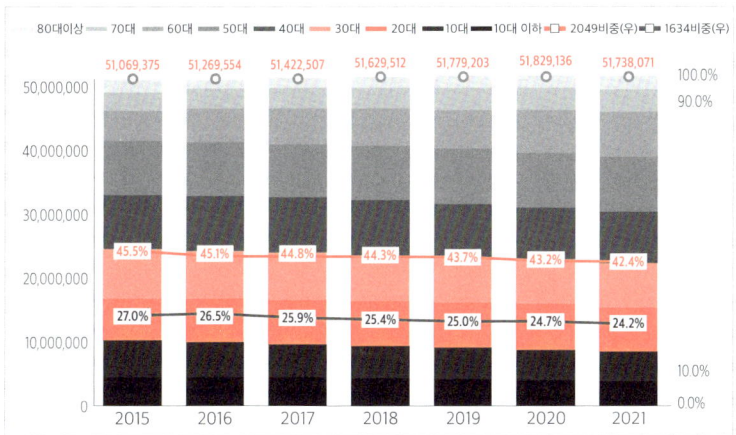

우리나라 연령별 인구의 변화 추이. 출처: 통계청 인구 센서스 결과 재처리

우리나라와 미국의 인구구조 비교

서 인구가 고령화한다는 사실은 2010년 인구 센서스 이후 잘 알려진 사실이다. 다시 말해 출생률이 낮아 인구가 자연 감소하는 와중에 젊은 층 비율도 점점 작아지고 있다. 그러한 상황에서 젊은 층에 집중하는 전략이 맞는 것일까?

통계청 인구 센서스 자료를 분석해보면, 앞서 살펴본 MZ 세대의 연령 정의와 유사한 20~40대는 전체 인구에서 40%를 조금 넘고, 사람들이 생각하는 MZ 세대와 비슷한 16~34세는 전체 인구의 25%에 미치지 못한다.

우리 사회는 고령사회를 넘어 초고령사회로 진입하고 있다. 그런데 우리는 매해 줄어드는 젊은 세대를 파악하고 접근하기 위해 노력하고 있다. 매년 감소하는 젊은 층이 충분한 소비 능력을 갖추고 있는지, 다른 세대에게 충분한 문화적, 사회적 영향력이 있는지 파악하지 않은 채 말이다. 물론 젊은 세대에게 관심을 가지는 것이 매우 중요하다는 것은 의심의 여지가 없지만, 젊은 세대에게만 집중하는 전략은 큰 변화의 흐름보다 단기적 변화에 집중해서가 아닐까 싶다.

MZ 세대를 중시하게 된 또 다른 이유는 다른 나라의 마케팅 상황이 빠르게 전파되었기 때문일 것이다. 특히 세대 구분은 주로 미국의 영향을 받은 것으로 보인다. 미국의 인구구조를 보면 MZ 세대는 우리나라에 비해 전체 인구에서 상당한 비율을 차지한다. 그 이후 세대도 우리나라에 비해 안정적이다. 외국 트렌드를 따라 마케팅 전략을 짜면서, 미국과 우리의 전체 인구구조를 인식하지 못한 상태에서 MZ 세대를 중시하는 것이 올바른 판단인지 살펴볼 필요가 있다.

결론적으로 젊은 세대에게 관심을 갖는 것은 지속 가능한 성장을 위해 중요한 일이고, 초고령사회에서도 젊게 살려는 '젊은 노인'이 증가하는 상황에서 젊음 또는 젊은 이미지는 매우 중요하다. 하지만 전체적인 인구구조의 변화를 살피지 않은 채 젊은 세대에게 집중하는 전략이 바람직한지에 대해서는 좀 더 생각해볼 필요가 있다.

우리는 2021년 처음으로 인구가 줄어들었고, 앞으로도 인구의 자연 감소 추세는 큰 변화가 없는 이상 지속될 것으로 보이기 때문이다. 점점 줄어드는 세대만 대상으로 하는 전략은 단기적으로 성과를 거둘 수 있겠지만, 장기적인 인구구조의 변화로 언젠가는 성과가 제한적이 될 것이다. 그보다 젊은 이미지를 공유하는 세대를 분석해 보다 넓은 대상을 목표로 삼는 것이 더 오래 지속 가능한 발전을 이룰 수 있지 않을까?

여가 시간, 미디어 이용 시간, 그리고 상대적 불변의 발견

코로나19 팬데믹 초창기를 기억하는가. 2020년 2월 말, 코로나19의 대응 단계가 격상되고 우리는 이전에 경험하지 못한 새로운 일상을 맞이했다. 이동에 제약을 두고 모임은 금지되었다. 직장인들은 '재택근무'라는 새로운 환경에 적응해야 했고, 학생들도 '원격 수업'에 적응해야 했다.

대부분 집에서 많은 시간을 보내며 이전에 비해 크게 증가한 여가 시간은 거의 그대로 미디어 이용 시간에 할애되었다. 2020년 미디어 이용 행태를 살펴보니 TV, PC, 모바일 매체 이용 시간이 증가했다. 매체(device)별로 증가한 이용 시간은 특정 연령이 조금 더 두드러진 것으로 나타났지만, 전반적으로 모든 연령대에서 매체 이용 시간이 증가했다.

코로나19로 변화된 일상 때문에 늘어난 미디어 이용 시간은 미디어업계에 변화를 가져왔다. 이전에 비해 늘어난 미디어 이용 시간은 종전보다 훨씬 다양한 콘텐츠와 서비스를 이용하는 계기가 되었고, 이러한 변화는 특정 매체를 중심으로 일어나는 것처럼 인식되었다. 그래서 코로나 19가 확산됨에 따라 특정 매체의 이용 시간이 크게 증가하며 이전과 다른 매체 이용 행태가 나타났을 것으로 예상했다.

하지만 측정 가능한 매체의 이용 시간을 합산해 전체 매체 이용 시간 내에서 비율을 살펴보았더니 흥미로운 결과가 나타났다. 2020년 코로나19의 영향으로 변화한 일상 때문에 모든 매체의 이용 시간이 증가했지만, 측정한 매체의 이용 시간에서 각각이 차지하는 비중은 큰 변화가 없었다. 다시 말해 코로나19로 늘어난 여가 시간에 사람들은 특정 매체로 집중된 것이 아니라 관성대로 미디어를 사용했다. 이는 여가 시간 내에서 미디어 이용 시간 비율은 일정하게 유지된다는 미디어 이용 시간의 상대적 불변 이론(principle of relative constancy)을 실제적으로 보여주는 사례다.

상대적 불변 이론은 미디어 간의 경쟁을 설명하는 이론이다. 새로운 서비스를 이용하기 위해서는 미디어를 이용할 수 있는 여가 시

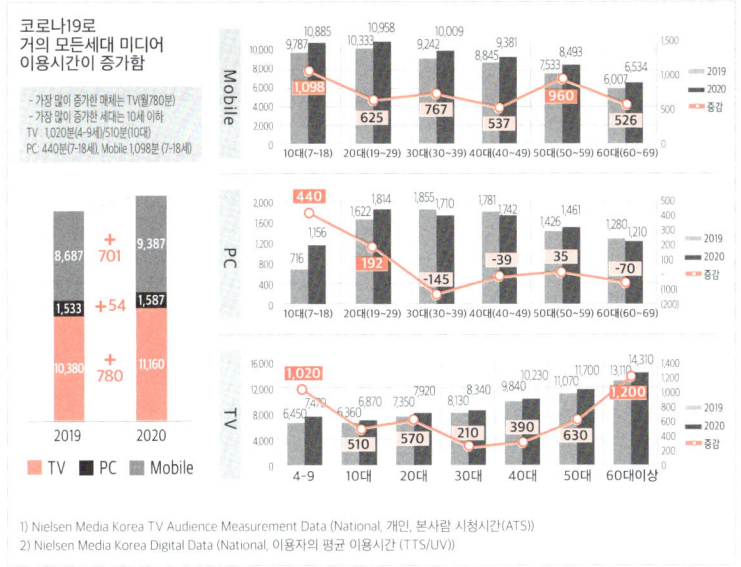

코로나19로 인한 미디어 이용 시간의 변화. 출처: 닐슨미디어코리아(2021), 2020년 하반기 미디어 리포트

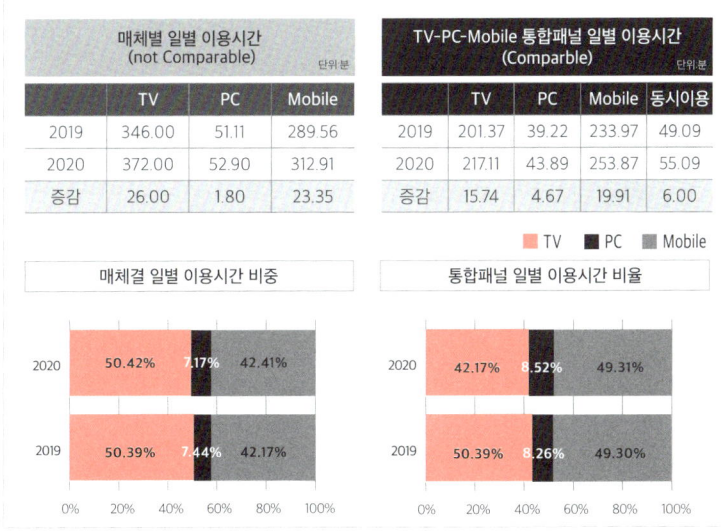

일평균 미디어 이용 시간과 비중. 출처: 닐슨미디어코리아(2021), 2020년 하반기 미디어 리포트

간이 증가해 새로운 서비스를 이용할 수 있는 환경이 조성되거나, 다른 미디어나 서비스와 경쟁해 그들의 이용 시간을 대체해야 한다. 새로운 미디어나 서비스가 시장에 진입하기 위해 경쟁이 필요한 것은 사실이지만, 새로운 미디어나 서비스를 받아들일 만큼 여가 시간이 충분히 증가한다면, 경쟁 양상은 조금 달라질 것이다.

다시 말해 미디어 이용의 원천은 여가 시간의 양이며, 여가 시간이라는 옹달샘을 미디어들이 나누어 가지는 것이다. 급격한 사회 변화 속에서도 사람들은 자신이 해왔던 대로 소비 행태를 유지하고 있었다. 물론 연령별, 시기별로 이런 양상이 다르게 나타날 가능성은 충분히 있지만, 오랫동안 사용해온 이용 습관이 급격하게 변할 가능성은 생각보다 낮을 것으로 예상된다.

1) TV 시청 행태 변화

매체로서 TV는 고정형 매체다. 방송을 시청할 수 있는 단말기가 다양화되면서 '방송을 수신할 수 있는 TV'는 헤아릴 수 없이 증가했지만, 우리가 일반적으로 TV라 부르는 매체는 가정의 거실이나 방에 있다. 따라서 TV 시청 행태는 여가 시간 중 집에 있는 시간에 주로 소비되기 때문에 야외 활동에 영향을 주는 일광 시간이나 날씨 등 계절적 요인에 영향을 받는다. 이런 특성 때문에 TV 시청은 1년을 주기로 비슷한 경향을 보이는데 이를 TV 시청의 계절성(seasonality)이라 한다. 일반적으로 일광 시간이 적고 야외 활동이 적은 1~2월이 연중 가장 높고, 3~6월에는 개학 및 야외 활동의 증가로 감소했다가 7~8월에 방

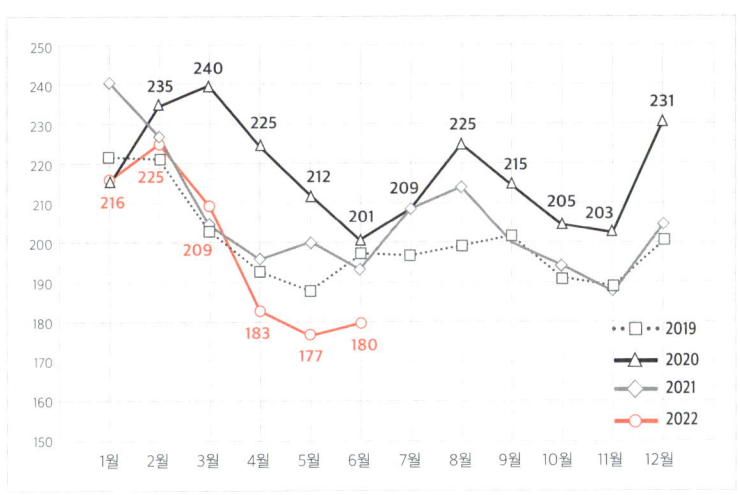

개인별 일평균 TV 시청 시간의 변화.(단위: 분)
출처: 닐슨미디어코리아 시청 지표(개인, 모든 플랫폼, National)

개인전체		10대 이하		10대		20대		30대		40대		50대		60대	
KBS1	10.8	VOD	28.0	VOD	19.7	VOD	8.9	VOD	14.4	VOD	11.9	KBS1	8.4	KBS1	16.4
KBS2	8.0	KBS2	4.3	SBS	7.3	SBS	8.2	SBS	7.2	SBS	9.0	KBS2	8.3	TV CHOSUN	8.9
VOD	7.1	tvN	4.2	tvN	6.6	KBS2	7.3	KBS2	6.8	tvN	7.5	SBS	7.9	KBS2	8.8
SBS	6.8	SBS	4.2	KBS2	6.3	tvN	6.5	MBC	6.3	KBS2	7.4	MBC	6.2	SBS	5.3
TV CHOSUN	5.8	MBC	4.0	MBC	5.5	MBC	6.0	tvN	6.2	MBC	7.0	VOD	5.6	MBN	4.9
MBC	5.3	Tooniverse	3.2	KBS1	4.2	KBS1	5.6	KBS1	6.1	KBS1	5.1	tvN	4.9	MBC	4.0
tvN	4.2	EBS	3.1	JTBC	3.8	JTBC	3.1	TV CHOSUN	4.0	JTBC	4.0	TV CHOSUN	4.6	연합뉴스TV	3.4
MBN	3.4	KBS1	2.5	TV CHOSUN	2.0	TV CHOSUN	3.1	JTBC	3.4	TV CHOSUN	2.5	JTBC	3.7	YTN	3.3
JTBC	3.1	JTBC	1.9	MBC every1	1.8	YTN	2.3	채널A	2.3	YTN	2.1	YTN	3.2	채널A	3.2
YTN	2.8	Nickelodeon	1.7	OCN	1.5	연합뉴스TV	2.0	MBN	2.0	OCN	1.6	MBN	3.1	VOD	2.5

2021년 채널 점유율 순위.(단위: %)
출처: 닐슨미디어코리아 시청 지표(2021년 1~12월, 개인, 모든 플랫폼, National)

학과 더위로 다시 증가하며 9~10월에 야외 활동 증가로 다시 감소하고 11~12월에 다시 증가하는 경향을 보인다.

2020년 2월 말, 코로나19 대응단계가 '심각'으로 격상되면서 시작된 다양한 대응 조치로 길어진 여가 시간 대부분을 집에서 보내게 되면서 3월부터 TV 시청 시간이 크게 증가했다. 다음 도표와 같이 2020년 3월은 그해 다른 달과 비교해 시청 시간이 가장 길었다. 이후 2차 확산(8월), 3차 확산(2020년 12월~2021년 1월)을 거치면서 계절성보다는 방역 대응에 따라 시청 시간이 변화했다.

반면 2021년에는 코로나19가 몇 차례 재유행했지만, 상대적으로 큰 영향을 주지 못했다. 2022년 3월 코로나19는 국가 질병 1단계에서 제외되었고, 사회적 거리 두기는 대부분 해제되었다. 그 후 지난 2년 동안 축소되었던 사적 모임과 야외 활동이 증가하면서 TV 시청 시간은 급격히 감소했다.

2022년 코로나19 대응 단계가 약화되면서, 2년 만에 이루어진 보상적 외출로 집에서 머무는 여가 시간은 급격히 줄어들고 있는 데다, 2022년 2월 베이징 동계 올림픽 이후 TV 시청의 주요 계기인 월드컵이 12월에 개최되고, 아시안게임은 2023년으로 연기되는 등 TV 시청을 증가시킬 만한 계기가 거의 없다. 그렇다 보니 코로나19 대응 단계 완화로 줄어든 TV 시청 시간이 예년 수준을 회복하는 데는 상당한 시일이 걸릴 것이다.

코로나19 이후 TV 시청에서 나타난 가장 큰 변화는 실시간 방송 외의 시청이 전 연령대에서 늘었다는 점이다. 2021년 연간 채널 점유율(share)을 살펴보면, 40대 이하에서는 VOD(비실시간 전체)가 가장 큰 점유율을 기록했고, 50대에서는 5위, 60대 이상에서도 10위 내에 포함되었다.

이는 시청자가 실시간 방송에서 벗어나 다양한 비실시간 서비스를 이용하고 있으며, 이런 경향이 젊은 층에서부터 노령층으로 확산되고 있다는 것을 추측하게 한다. 코로나19로 인한 시청 시간 증가가 이런 현상을 촉진했을 것으로 추정된다.

2) 스마트폰

스마트폰 이용에 대한 연구는 그다지 많이 이뤄지지 않았다. 스마트폰은 이동형 매체이기 때문에 이용 장소가 TV와 같이 한정되지도 않을 뿐 아니라, 전체 생활 시간 중 언제든 이용 가능하다. 그렇다 보니 스마트폰의 이용 행태는 아직까지 밝혀진 바가 많지 않다.

물론 많은 기능과 서비스가 집약된 매체여서 다양한 이용을 명확히 구분해서 살펴볼 필요가 있다. 모바일 매체의 이용 행태에 대해서는 다양한 자료가 존재하지만, 여기서는 방송통신위원회와 한국방송광고진흥공사가 진행하는 N스크린 조사 결과를 바탕으로 살펴보고자 한다. 대부분의 모바일 이용 행태는 매체 이용과 동영상 이용, 그리고 방송 프로그램 시청이 명확히 구분되지 않지만 N스크린 보고서는 이들을 명확히 구분해 전체적인 변화를 살펴보기에 적합하기 때문이다.

먼저 스마트폰[1]의 월 누적 이용 시간은 다음 도표에서와 같이 매년 증가하고 있다. 코로나19가 급격히 확산된 2020년에는 전년보다 이용량이 상당히 증가했고, 이후 2021년에도 스마트폰 이용 시간이 증가한 것을 알 수 있다. 그런데 2022년으로 접어들면서 스마트폰 이용 시간이 2021년과 2020년에 비해 감소하는 양상이다. 이는 TV의 경우와 마찬가지로 미디어를 이용할 수 있는 여가 시간이 감소했기 때문으로 추정된다.

스마트폰에서 가능한 여러 이용 행태 중 동영상을 시청한 시간을 살펴보면, 동영상은 스마트폰 이용 시간의 20% 정도를 차지하며, 스마트폰 이용 시간의 변화와 비슷한 추이를 보인다. 그러나 모두 동일한 경향을 보이지 않는다는 것이 흥미롭다. 2022년 추이를 살펴보면 4월부터 2021년에 비해 동영상 이용 시간이 감소하고 있다는 것을 알 수 있다.

3) PC

PC는 TV와 유사하게 고정형 매체의 특징을 지닌다. 노트북이나 태블릿 PC의 등장으로 이동성이 증가하기는 했지만, 그럼에도 고정된 장소에서 사용하는 경우가 훨씬 많다. 따라서 PC는 TV와 유사한 성격을 지닌 매체다. 다만, 2020년 코로나19의 영향으로 원격 수업에 PC가 활용되면서 다른 매체와 달리 4월부터 이용 시간이 증가했고, 이후 등교와 원격 수업, 재택근무와 출근 여부에 따라 이용 시간이 변화

---

1. 안드로이드 스마트폰 대상.

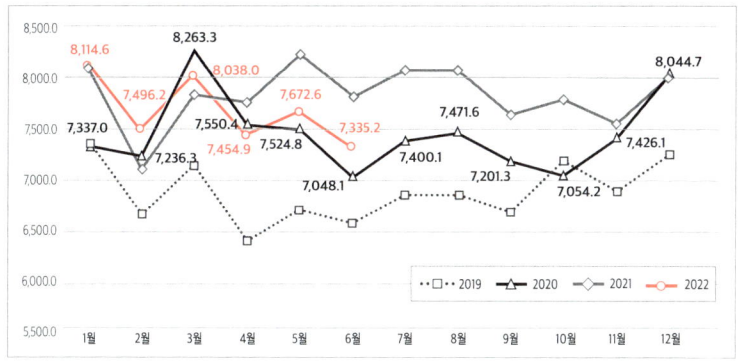

개인별 월 누적 모바일 이용 시간 변화.(단위: 분)
출처: 한국방송광고진흥공사(N스크린 시청 기록 조사 결과, 월간 보고서 재정리)

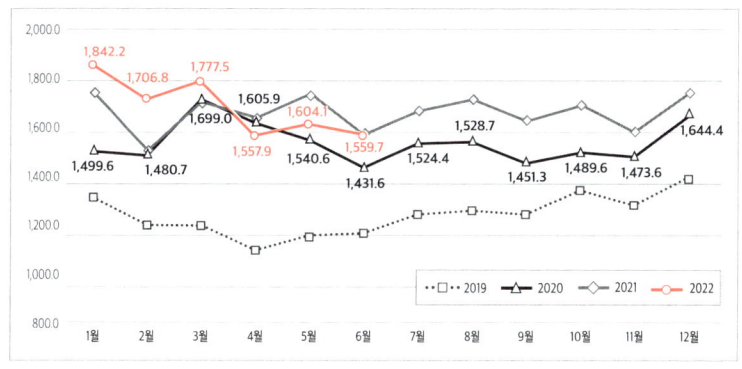

개인별 월 누적 모바일 동영상 이용 시간 변화.(단위: 분)
출처: 한국방송광고진흥공사(N스크린 시청 기록 조사 결과, 월간 보고서 재정리)

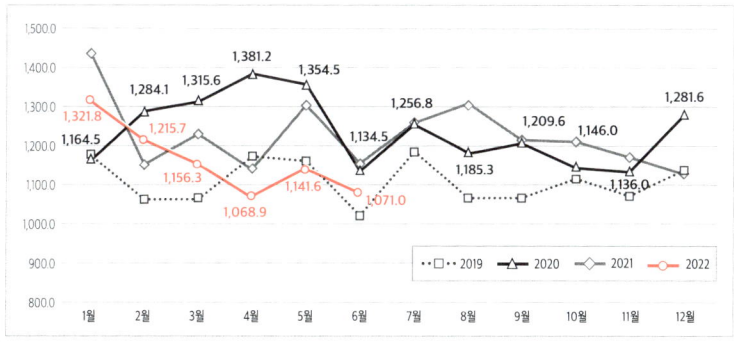

개인별 월 누적 PC 이용시간 변화.(단위: 분)
출처: 한국방송광고진흥공사(N스크린 시청 기록 조사 결과, 월간 보고서 재정리)

했다. 이후 2021년에는 2020년에 비해 이용 시간이 감소했고, 2022년에는 다른 매체와 비슷하게 이용 시간이 감소하는 현상을 보였다.

PC로 동영상을 시청한 시간을 살펴보면, 앞서 살펴본 PC 이용 시간과 유사하지만 조금은 다른 경향을 보인다. 전반적으로 PC 이용 시간의 20% 정도를 동영상 이용에 사용하며, 2022년 지속적으로 감소한 매체 이용 시간과 달리, 3월까지 동영상 이용 시간이 증가하다가 4월부터 감소세로 전환되었다.

이상 살펴본 바와 같이 매체를 이용하는 시간은 전반적으로 여가 시간의 양에 영향을 받는다. 코로나19의 확산으로 집에 있는 여가 시간이 증가한 시기 모든 매체의 이용 시간은 증가한 반면, 2022년 3월, 코로나19 대응 단계가 하향되고 일상이 회복되는 과정에서 여가 시간은 이전에 비해 감소했다. 그리고 영상 시청 전문 매체인 TV와 달리 다양한 기능을 수행할 수 있는 모바일과 PC는 전체 매체 이용 시간에서 일정 비율(약 20%)이 동영상 시청에 이용되고 있었으며, 이 비율은 크게 변화없이 일정하게 유지되고 있었다.

우리가 동영상 소비의 트렌드를 이해하기 위해서는 각 매체와 서비스의 변화를 살펴보는 것도 중요하지만, 동영상 소비가 이루어지는 전체 매체 소비 시간을 확인하고 매체 소비 시간에 영향을 미치는 여가 시간의 변화를 살펴볼 필요가 있다. 동영상을 소비하는 시간은 매체 이용 시간의 일부분이고, 매체 이용 시간은 여가 시간의 부분집합이기 때문이다.

물론 스마트폰이나 PC에서 동영상 소비가 이루어지는 방식에 대

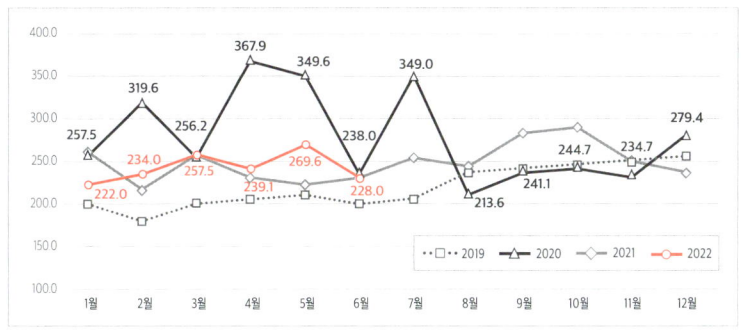

개인별 월 누적 PC에서의 동영상 이용 시간 변화 (단위: 분)
출처: 한국방송광고진흥공사(N스크린 시청 기록 조사 결과, 월간 보고서 재정리)

해서는 보다 많은 연구가 필요하다. 그러나 조금 더 거시적 관점에서 동영상 소비 패턴의 변화를 살펴보아야 할 것이다. 결국 미디어 소비는 제한된 시간이라는 자원을 어떻게 배분할 것인가의 문제이고, 소비 시간을 더 많이 확보하려면 경쟁 전략을 구성하는 것도 중요하지만 미디어 소비의 원천인 여가 시간의 변화를 살펴보는 것이 중요하기 때문이다.

용어의 엄밀성과 데이터 리터러시

우리가 어떤 대상을 살펴보는 과정에서 가장 먼저 하는 것은 '이름 짓기'다. 특정한 대상이나 현상에 붙이는 이름을 용어라고 한다. 어떤 대상을 설명하는 장황한 설명보다 명확한 용어를 통해 대상을 이해하고 범위를 확인하게 된다. 그런데 최근에는 다양한 매체와 서비스가 폭발적으로 증가하면서 용어와 범위가 일치하지 않아 자료를 이해하고 해석하는 데 유의해야 하는 경우가 많다.

다음의 도표 2개를 비교해보자. 하나는 TV와 디지털 비디오의 이용 시간을 비교한 것이고, 다른 하나는 전통 매체와 디지털 매체를 비교한 것이다. 두 도표에서 우리나라 결과를 살펴보면 TV 이용 시간은 3시간 12분, 디지털 비디오 이용 시간은 1시간 32분이다. 반면 전통 매체 이용 시간은 4시간 9분, 디지털 미디어 이용 시간은 3시간 39분으로 나타났다.

2개의 도표는 디지털 비디오와 디지털 미디어라는 용어 차이만 있을 뿐인데, 이용 시간은 2시간이나 차이가 난다. 또 TV 시청 시간도 전통 매체 이용 시간이 왼쪽 표에서는 3시간 12분인데, 오른쪽 표에서는 4시간 9분으로 나와 있다. 두 표를 비교하면 오른쪽 표를 기준으로 TV 시청 시간을 뺀 나머지 전통 매체의 이용 시간은 57분이다. 어딘가 조금 이상하다.

이 도표는 서로 다른 기준으로 용어를 정의하고 범위를 설정했다. 왼쪽 도표는 TV를 이용하는 전체 시간을 조사했고, 오른쪽 도표에서는 TV 시청 중 스트리밍 서비스를 이용한 시간은 디지털로 정의되어 빠져 있다. 이처럼 같은 결과처럼 보이는 것도 용어와 정의가 서로 달라 비교할 수 없지만 동일한 결과라고 판단하는 경우가 많다.

이런 실수가 가장 빈번하게 일어나는 부분이 TV 시청 지표와 디지털 시청 성과를 비교하는 부분이다. TV 프로그램 시청 지표는 해당 프로그램이 방송되는 시간에 프로그램을 시청한 시청자 수를 추

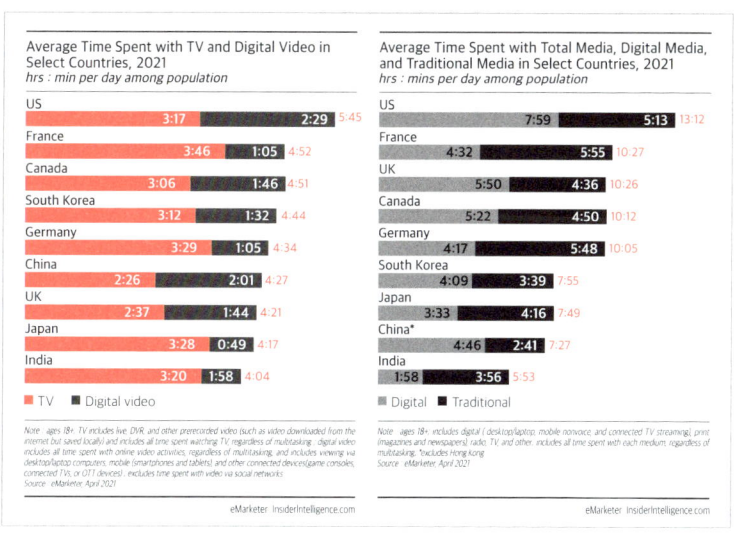

출처: eMarketer/ insiderintelligence.com

정해 평균하는 방식으로 이루어진다. 반면 유튜브 등 디지털 매체를 통해 제공하는 프로그램은 대부분 비실시간으로 제공된다. 그 때문에 방송 시간을 특정할 수 없어 특정 기간 해당 비디오가 실행된 횟수를 누적해서 계산한다. 시청성과 계산 방식이 서로 다르기 때문에 이를 객관적으로 비교하는 것은 불가능하다. 그럼에도 시청률과 조회 수를 직접 비교하는 경우가 많다.

미국 사례를 살펴보자. 2014년 월드컵은 ESPN을 통해 중계되어 방송되는 동안 평균 460만 명의 시청자가 시청한 것으로 조사되었고, 월드컵 경기 클립은 디지털로 유통되어 1억2,550만 명에게 노출되었다. 언뜻 디지털 매체 이용자 수가 높은 것처럼 보이지만, 디지털은 방송과 달리 언제든 볼 수 있는 서비스이기에 방송 시간을 24시간으로 볼 수 있고, 해당 비디오가 얼마나 오랫동안 게시되었는지 감안해 두 가지 지표를 비교 가능하도록 재산정하면 이용자 수는 다른 양상을 보인다.

따라서 서비스를 제공하는 방식이 다르고 소비하는 양태가 상이한 매체의 노출 성과를 비교하기 위해서는 개별 지표를 산출한 방식을 이해하고, 이들을 비교할 수 있는지 살펴야 한다. 또 서로 다른 성격의 자료를 어떤 방식으로 비교하는 것이 합리적인지 논의가 필요하다. 하지만 아직까지 국내에서 이러한 논의는 초보적인 수준이다.

원인은 다양하겠지만 근본적으로는 서로 다른 지표를 비교할 수 없다는 사실을 대부분의 마케터나 광고주가 모르기 때문으로 보인다. 최근 들어 서로 다른 매체의 조사 결과를 합산하는 방안에 대한 논의가 조금씩 시작되고는 있지만, 그래도 논의하고 합의해야 하는 것이 산적해 있다.

결국 미디어 이용이나 노출 성과에 대한 다양하고 많은 자료를 수집하고 분석하는 과정에서 서로 다른 조사 결과를 비교할 수 있는지 여부를 판단하려면, 자료의 의미를 파악하고 올바른 해석을 할 수 있는 능력인 데이터 리터러시(data literacy)를 갖추어야 한다.

자료가 많아지고 분석의 필요성이 증가할수록 자료를 어떻게 선별할지 판단하는 것은 무엇보다 중요하다. 다양한 자료를 수집, 분석하기 전에 용어와 범위가 동일한지 판단하고 자료를 취합하는 능력이 그 어느 때보다 필요하다.

알고 있는 것을 잊지 않으려면

이상 새로운 미디어 경향에 대응하면서 잊기 쉬운 세 가지 사실에 대해 살펴보았다. 대부분 이미 알고 있는 내용이라고 생각한다. 하지만 매일 접하는 데이터와 자료를 취합하고 분석하는 과정에서 자신도 모르게 간과할 수 있다.

최신 변화에 대응하기 위해 단기적 변화를 파악하는 것도 중요지만, 변화의 근저에서 오랫동안 영향을 미치는 요인을 찾아내기 위해서는 변화를 크게 장기적인 방향과 단기적인 방향으로 구분해 분석하는 것이 중요하다.

이는 경제 상황이나 정치 국면을 분석하는 과정에서는 상당히 정형화된 방법이다. 하지만 미디어 소비를 분석하는 과정에서는 대부분 이런 구성이 빠져 있다. 조금 더 거시적인 측면에서 미디어 이용 변화를 살펴보는 것이 일반화되었으면 한다. 그래야 우리가 이전부터 알고 있던 사실들이 현재 어떤 영향을 미치는지 알아보거나, 미래의 변화를 정확하게 전망하는 데 도움을 줄 것이기 때문이다.

보너스 페이지

〈이상한 변호사 우영우〉가 알려준 드라마 시청 습관의 변화

2022년, 국민들에게 많은 사랑을 받은 드라마 중 하나는 ENA에서 방송한 〈이상한 변호사 우영우(이하 우영우)〉다. 이전 드라마와는 소재와 전개 방식이 조금 다른 작품이기도 했는데, 미디어업계에서 흥미롭게 주목한 점이 있었다. 드라마 〈우영우〉가 사람들에게 알려지고 인기를 얻는 데 불리한 조건이었음에도 상대적으로 큰 화제를 모으고 시청률도 급상승한 사례였기 때문이다.

물론 단순히 TV 시청 성과를 가늠하는 시청률만 놓고 살펴본다면 〈우영우〉보다 높은 시청률을 기록한 프로그램은 많다. 하지만 국민적인 관심사로 부상하며 높은 '인기몰이'를 한 것은 이례적이다. 그렇다면 〈우영우〉가 상대적으로 많은 사랑을 받은 이유는 무엇일까? 그 요인을 분석하다 보면 미디어 현장의 변화상과 맞물려 의미 있는 시사점을 포착할 수 있다.

마이너 채널임에도 본방 인기몰이를 한 〈우영우〉

우선 〈우영우〉는 잘 만든 드라마다. 이전에 좀처럼 보기 힘든 소재와 주제를 출연진과 제작진이 훌륭하게 소화했다는 점에서 특히 그렇다. 하지만 아무리 잘 만들어도 다양한 채널과 서비스를 통해 시청할 수 있는 콘텐츠가 무수히 많은 상황에서, 단지 잘 만들었다는 것은 인기를 얻을 수 있는 기본적인 요건은 되지만, 충분한 요건이 되기는 어렵다.

특히 〈우영우〉를 방영한 ENA는 케이블사 HCN을 인수 합병한 후 보유한 채널을 재정비하는 과정에서 채널명을 변경한지 불과 몇 주 되지 않은 시기였다. 신생 채널의

구분		개인기준			가구기준		
주차	일자	시청률(%)	시청자수 (천 명)	도달자수 (천명)	시청률 (%)	시청가구수 (천명)	도달자수 (천명)
1	6/29	0.51	249.0	535.0	0.94	196.0	499.5
	6/30	0.81	395.7	701.0	1.78	373.1	630.4
2	7/6	2.19	1,068.7	1,543.3	3.97	830.4	1,221.4
	7/7	2.85	1,391.3	1,928.0	5.11	1,068.9	1,485.1
3	7/13	5.25	2,564.5	3,267.5	8.99	1,882.0	2,417.4
	7/14	5.18	2,528.6	3,262.4	9.42	1,970.7	2,567.2
4	7/20	6.09	2,975.4,	3,745.8	11.51	2,408.3	2,962.2
	7/21	6.97	3,404.0	4,214.1	12.89	2,696.8	3,292.8
5	7/27	8.33	4,068.0	4,995.0	15.53	3,250.9	3,935.8
	7/28	8.25	4,030.2	4,999.4	14.92	3,122.2	3,884.7
6	8/3	7.75	3,787.8	4,907.5	13.95	2,919.0	3,709.1
	8/4	8.40	4,102.9	5,047.2	14.71	3,077.3	3,831.0
7	8/10	7.44	3,634.3	4,543.7	13.31	2,784.8	3,454.6
	8/11	7.95	3,884.7	4,915.1	14.42	3,017.0	3,731.5
8	8/17	7.62	3,722.3	4,782.9	13.57	2,838.7	3,621.6
	8/18	9.11	4,449.3	5,509.5	17.26	3,611.9	4,350.2

〈이상한 변호사 우영우〉 TV 시청성과 분석. 출처: 닐슨미디어코리아 TV 시청 지표(모든 개인, 모든 가구, National 기준)

존재도 잘 알지 못하는 시청자들이 〈우영우〉가 방송되는 시간(수/목 21:10~22:30)에 해당 채널을 찾는 것은 매우 어려운 일이다. 마치 사람들이 잘 모르는 곳에 있는 음식점에 새로운 메뉴가 나왔다고 사람들이 몰리는 것과 비슷한 상황으로 볼 수 있다. 그런데 그게 현실에서 일어난 것이다.

〈우영우〉는 방송 2주부터 시청 지표가 급격히 상승하더니 3주 차에는 개인 시청률 5%, 4주 차에는 가구 시청률 10%를 넘어섰다. 잘 모르는 식당의 신메뉴가 대박을 친 셈이다. 이후 〈우영우〉는 시청 지표가 증가해 최종회에서는 가구 17%, 개인 9%

라는 신규 채널의 성과로는 놀라운 결과를 보였다. 특히 〈우영우〉를 재방송한 ENA 계열의 ENA play, ENA Drama, ENA Story 채널 또한 불리한 시청 환경에서도 상당한 시청 성과를 거두었고, 본방송을 시청하지 못하는 시청자에게 시청할 기회를 제공해 본방송에 대한 관심을 환기하는 역할을 했다.

소셜 미디어 언급량 증가가 본방 사수의 견인 역할

〈우영우〉의 이러한 성공은 여러 요인이 있겠지만 가장 두드러진 점은 소셜 미디어에서 〈우영우〉를 언급한 양이 다른 드라마에 비해 많았다는 점이다. 소셜 미디어에서 〈우영우〉에 대한 언급은 본방을 앞둔 6월에 몇 차례 이어졌다. 6월 2일 드라마 포스터 공개부터 10일의 티저 공개, 이후 21일의 메인 예고편 공개 등의 시점에 어느 정도 언급이 나타난 것이다. 그리고 드라마 첫 회가 방영된 6월 29일부터 소셜 미디어에서 〈우영우〉에 대한 언급이 본격적으로 증가하기 시작한다. 흥미로운 점은 첫 주와 둘째 주에는 본방 이후 소셜 미디어 언급량이 가장 많았지만, 3주부터는 방영일에 언급량이 가장 높았다.

신생 채널 ENA의 프로그램에 대한 관심이 본방송에 맞춰 증가하면서 자연스럽게 〈우영우〉의 방영 정보가 노출되었고, 본방송일에 드라마 내용이 포함된 소셜 미디어 언급이 증가해 시청자들에게 본방송을 시청하도록 하는 요인으로 작용한 것으로 생각된다. 더욱이 유튜브를 중심으로 폭 넓게 유포된 드라마 관련 영상은 시청자들의 본방 시청 욕구를 자극한 것으로 보인다.

따라서 〈우영우〉의 ENA 채널의 성공은 부족한 커버리지(coverage)를 소셜 미디어가 보완하면서 시청자에게 드라마에 관련된 정보를 제공하고, 관심을 얻게 된 것으로 보인다. 이를 마케팅 관점에서 생각해보면 〈우영우〉 자신이 보유한 미디어(owned media)가 부족했지만, 소셜 미디어를 통해 한계를 극복한 사례로 해석할 수 있다. 즉 소셜 미디어에서 다양한 정보를 제공하며 시청자의 관심을 얻게 되었고, 소셜 미디어상에서 다양한 내용이 유통되면서 자연스럽게 드라마에 대한 시청자의 관심이

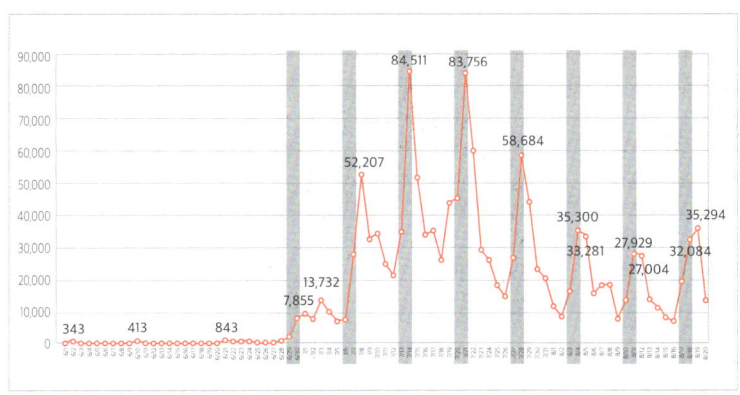

출처: 닐슨미디어코리아 소셜 지표, 검색어: 우영우(6.1~8.20)

증가했다. 게다가 본방송 내용에 대한 언급이 증가하면서 시청자의 본방 시청 욕구를 자극한 것으로 보인다.

신생 채널 ENA에서 방영된 〈우영우〉의 성공을 예상한 사람은 거의 없었다. 부족한 TV 시청 환경을 디지털의 소셜 미디어가 보완했고, 마침 방학을 맞은 10대가 40~50대 부모와 함께 시청하면서 큰 성과를 거뒀다. 다만, 밤 9시에 편성되어 60대의 본방 시청이 다소 부족해 더 높은 성과를 얻지 못한 측면도 있다.

결론적으로 〈우영우〉는 기존 매체(TV)와 디지털 매체의 공조가 어떤 성과를 낼 수 있는지 보여준 사례이기도 하고, 그럼에도 기존 시청 관성을 넘지 못해 더 많은 성과를 거두지 못했다는 두 가지 측면이 동시에 존재하는 드라마다. 그 때문에 〈우영우〉의 시청 성과를 보다 차분히 살펴보고 분석하는 것은 현재의 미디어 상황과 이용자의 소비 행태를 포착하고 엿보기에 좋은 사례라고 할 수 있다.

03 PART

유튜브, 지금이 전성기다!
유튜브를 통해 살펴본 동영상 미디어 시장 변화

유튜브는 한물가고 틱톡의 시대가 왔다는 말이 심심치 않게 나온다. 유튜브의 속내는 복잡하다. 광고를 주 수익원으로 삼는 업체가 다들 그렇듯 경기 침체 우려로 기업의 광고비 지출이 줄어드는 것에 더해 경쟁 매체에 뒤처지지는 않을까 하는 고민 때문이다. 유튜브 트렌드를 통해 단순히 유튜브의 변화 방향은 물론 이로 인한 동영상 미디어의 변화 방향을 함께 짚어보고자 한다. 2022년까지 한 권의 책으로 나오던 유튜브 트렌드가 새로운 미디어 트렌드 책의 한 챕터에 포함된 것 또한 유튜브의 변화를 상징하는 사건이 아닐까. 앞으로 유튜브는 어떻게 변화할 것인가? 그 속을 들여다보자.

DIGITAL MEDIA

김 경 달

미디어 분야의 경험이 많고 새로운 시도를 좋아한다. 서울대학교 언론정보학과와 뉴욕대학교 (NYU) 대학원을 졸업했다. CATV PD로 사회생활을 시작했고, 동아일보에서 기자로 일하다 미국으로 유학 가 뉴미디어를 공부했다. 2003년 이후 다음과 네이버 등 인터넷 포털에서 12년간 전략 기획과 동영상 업무를 담당했다. 2015년 네오터치포인트를 창업, 뉴미디어 컨설팅을 하고 있다. 2018년부터 3년간 KBS 이사를 역임했다. 최근 비즈니스와 미디어, 웹3.0 등을 다루는 신생 매체 'The Core' 운영을 병행 중이다.

INSIGHT

유튜브 전성기와 틱톡의 공세
'이제 next Youtube인 틱톡의 시대다'라는 주장이 제기되다

2022년 7월 말 구글이 공개한 유튜브의 2분기 광고 수익은 많은 사람들로 하여금 "이제 유튜브도 성장이 꺾이기 시작한 것인가"라는 반응을 이끌어냈다. 2019년 처음 실적을 공개한 이후 가장 느린 성장세를 보였기 때문이다.[1]

구체적인 수치를 살펴보자. 2022년 2분기 유튜브의 매출은 73억 4,000만 달러(약 9조5,000억 원)로 전년 동기 대비 4.8% 증가했다. 이는 시장 추정치인 75억2,000만 달러에 살짝 못 미치는 성적표여서 실

---

1. 2019년 4분기에 유튜브의 모회사 알파벳이 실적을 발표하면서 유튜브의 광고 수익을 공개하기 시작했다.

망감을 자아낸 것이 빌미가 됐다. 물론 2021년을 전후해서는 팬데믹으로 매출 상승세가 더해지면서 예상외의 고수익을 얻다 보니 2022년에 줄어든 측면도 있겠지만, 한편으로는 틱톡의 공세와 함께 동영상 플랫폼 지형도의 변화가 구체적으로 나타나는 것 아니냐는 해석도 설득력을 얻고 있다.

알파벳의 실적을 보도한 CNBC는 팬데믹 기간에 유튜브는 구글의 주요 중심축 중 하나였다고 설명한다. 사람들이 집에 머무는 시간이 길어 영상 소비가 급증한 덕을 보았다고 지적했다. 하지만 경기 침체 우려가 제기되면서 광고주들이 지출을 줄이다 보니 현재 유튜브로선 도전적인 상황에 직면하게 됐다고 분석했다.

유튜브 측은 팬데믹 이슈에 의한 일종의 착시 효과도 있다며 시장을 달래는 분위기다. 구글의 CFO 루스 포랫(Ruth Porat)은 언론을 향해 "전년 대비 성장률이 완만해진 것은 당연하다. 2021년에 매우 높은 실적을 기록하다 보니[2] 올해 성적이 상대적으로 낮아 보인 것이며 시간이 해결해줄 것"이라고 설명했다.

그러나 속내를 살펴보면 긴장감이 역력하고 고민도 깊은 듯 보이는 것이 사실이다. 광고를 주된 수익원으로 삼는 업체가 다들 그렇듯 경기 침체 우려로 기업의 광고비 지출이 줄어드는 것이 첫 번째 위협이다. 그리고 또 하나의 위협은 자주 거론되는 '틱톡'의 공세다.

경기 침체 우려는 2022년과 2023년을 관통하는 가장 큰 명제다. 이는 미국을 필두로 한 전 세계적 현상이다. 경제적 불확실성으로 브랜드들이 광고비 지출에 매우 예민하고 신중해졌다. 많은 빅테크(big tech) 회사가 2022년 상반기를 지나면서 대부분 낮은 실적을 공표했고, 2022년 연간 결산 전망 또한 낮춰 잡고 있는 분위기가 이를 증명한다.

좀 더 부담스러운 대목은 틱톡의 공세다. 틱톡이 숏폼 동영상 시장을 활짝 열어젖히면서 유튜브도 쇼츠(shorts)를 통해 적극적으로 대응하고 있다는 것은 이미 널리 알려진 바다. 틱톡의 기세는 여러 지표로 쉽게 확인할 수 있다. 먼저 틱톡은 전 세계에서 다운로드가 가장 많이 되는 앱 1위 자리를 지키고 있다. 조사업체 센서타워(Sensor Tower)에 따르면 2022년 1분기 전 세계 앱 다운로드 1위는 틱톡이며 1억7,500만 회를 상회한다.

다운로드 수만 많은 것이 아니고 실제 이용자의 사용량도 폭증하고 있다. 그렇다 보니 급기야 사용 시간 지표에서 유튜브를 제치기 시작했다.

앱 시장 조사업체 데이터에이아이(data.ai)가 2022년 7월 말에 발표한 자료에 따르면 2022년 1분기 틱톡의 1인당 월평균 사용 시간[3]은 23.6시간으로, 23.2시간을 기록한 유튜브를 앞섰다. 참고로 페이스북은 이들보다 뒤처지는 19.4시간으로 조사됐다.

이전까지는 유럽 등 일부 지역에서 간간이 틱톡 이용 시간이 유튜브를 넘어선 적이 있었는데, 이제 전 세계 종합 데이터에서도 틱톡이 앞서면서 좀 더 또렷해지고 있는 변화의 흐름을 읽게 한다.

---
2. 팬데믹으로 인한 위축에서 벗어나 광고 집행이 원활해졌기 때문.
3. 안드로이드폰 조사, 중국 제외.

유튜브와 틱톡의 이용 시간 비교.
출처: 데이터에이아이

　틱톡의 기세를 좀 더 직관적으로 이해할 수 있는 지표가 있다. 미국 뉴욕대 스콧 갤러웨이 교수가 직접 운영 중인 매체 'No Mercy/No Malice'에 2022년 7월 8일 게시한 글을 보면, 틱톡의 매출 추세가 페이스북이나 유튜브, 스냅 등과 비교해 월등히 빠른 성장세를 보인다고 설명한다. 갤러웨이 교수가 그린 그래프부터 살펴보자.

　갤러웨이 교수는 틱톡이 새로운 포식자로 등장했고, 2022년에 제대로 돈벌이를 해보자고 작정한 것 같다고 지적한다. 2021년 40억 달러인 수익 규모가 2022년에는 120억 달러 수준으로 성장할 것으로 전망되는데 이는 무척 공격적인 행보라는 해석이다. 갤러웨이 교수는 그 근거로 페이스북의 매출 성장 추세와 비교해서 설명한다. 흥미롭게도 틱톡의 성장 추세는 페이스북이 10년 전쯤 기록한 성장 기

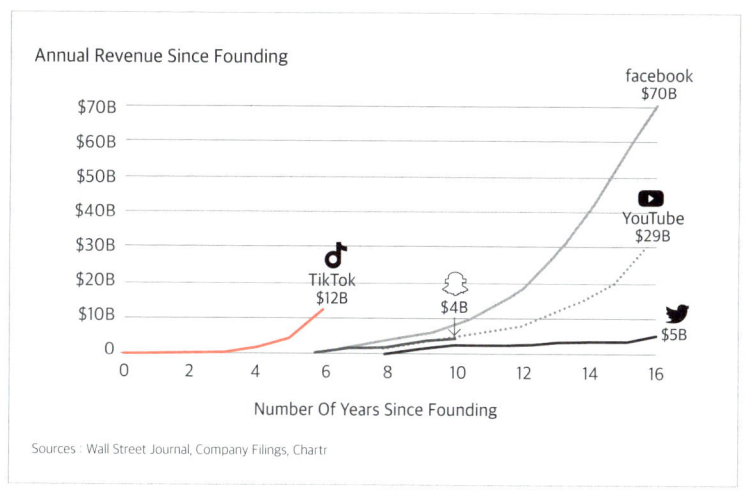

틱톡과 페이스북, 유튜브, 스냅, 트위터의 매출 증가 추이 비교. 출처: www.profgalloway.com

록보다 2배쯤 빠른 속도라는 것. 페이스북은 2012년 40억 달러이던 수익 규모가 2014년 120억 달러가 됐다. 참고로 현재 페이스북(메타)은 700억 달러 수준으로 규모가 크긴 하지만 전망이 상당히 비관적인 게 현실이다.

이러한 틱톡의 움직임에 대해 유튜브, 즉 구글에선 어떻게 바라보고 있을까. 마침 이와 관련된 이야기가 구글 내부의 고위 관계자로부터 제법 자세하게 나온 바 있다.

구글에서 'Knowledge & Information'을 총괄하는 프라바카르 라그하반(Prabhakar Raghavan) 수석 부사장은 2022년 7월에 회사 내부 연구 자료를 토대로 틱톡이 매우 위협적임을 인정했다. 그는 연구 결과를 토대로 Z 세대 젊은 이용자의 약 40%가 구글 검색보다 틱톡과 인스타그램의 검색을 선호한다고 밝혔다. 라그하반 부사장은 "새로운 이용자는 우리가 익숙한 사고방식을 갖고 있지 않다. 그들은 키워드를 입력하지 않거나 색다른 검색어를 활용하며 발견형 콘텐츠를 찾아보는 경향이 있다"고 말한다. '발견형 콘텐츠'는 결국 틱톡의 콘텐츠 추천 방식을 의미한다. 틱톡은 이용자들이 피드를 훑으며 좀 더 소비하는 콘텐츠의 패턴, 즉 선호를 학습하고 적절하게 추천해준다. 그래서 굳이 검색어를 입력하지 않고도 나름대로 만족감 있는 콘텐츠 소비가 가능해지는 것이다. 이용자들의 이른바 '귀차니즘'을 고려한다면, 훨씬 더 편리한 방식이라 하겠다.[4]

이러한 흐름은 업계에서도 인정하는 분위기다. 실제로 메타에서는 페이스북의 피드를 틱톡처럼 바꾸는 작업을 진행 중인 것으로 알려졌다. 미국의 IT 전문 매체 〈버지 The Verge〉에 따르면 2022년 상반기에 유출된 페이스북 내부 메모에서 이 같은 지시가 이뤄졌음이 드러났고, 이는 틱톡을 모방하는 방식으로 강력 대응하는 셈이다.

인스타그램이 릴스(Reels)에 초점을 맞추며 틱톡을 더 닮아가는 상황에서, 페이스북 담당 임원들은 비슷한 방식의 변화를 통해 정체된 페이스북 앱의 성장을 반전시키고 젊은 층을 다시 유인할 수 있길 바란다고 한다.

No! 유튜브는 지금 압도적이며 계속 성장 중이다

이렇게 틱톡의 '기세'를 살펴보다 보면 2~3년 전부터 넥스트 유튜브(next Youtube)로 틱톡을 거론하던 것이 현실이 되고 있는 것이 아닐까 생각할 수 있다. 하지만 아직은 그렇게 단정적으로 이야기하기는 어려운 듯하다. 유튜브의 저력 또한 여전하기 때문이다.

이런 상황을 가장 잘 보여주는 것이 2022년 8월에 공개된 미국 퓨 리서치 센터의 자료다.

퓨 리서치 센터에서는 미국 10대 청소년의 소셜 미디어 이용 행태 변화를 조사한 후 그 결과를 〈Teens, Social Media and Technology 2022〉라는 리포트로 발표했다. 2014~2015년 무렵과 2022년 조사 결과를 비교한 내용이어서 그간 어떤 변화가 일어났는지 파악하기 쉽다.

이 리포트의 핵심은 틱톡의 급성장과 페이스북의 퇴조인데, 필자가 흥미롭게 본 것은 유튜브의 압도적 입지가 재확인된 부분이었다. 10대의 소셜 미디어 이용 여부 관련 조사를 보면, 2014년 무렵 71%로 대세를 이루던 페이스북은 2022년 조사에서 32%로 절반 이하로 뚝 떨어진 것을 알 수 있다. 반면 틱톡은 67%가량이 사용하면서[5] 인스타그램도 추월했다. 그런데 유튜브의 사용은 95%로 홀로 우뚝 서 있는 형국이다.

특히 20%가량의 10대는 '거의 지속적으로(almost constantly)' 유

---
4. 이와 관련한 내용은 Part 4 소셜 미디어의 변화상에서 조금 더 자세히 다루었다.
5. 2018년에 글로벌 서비스를 시작해 이전 조사 결과는 없음.

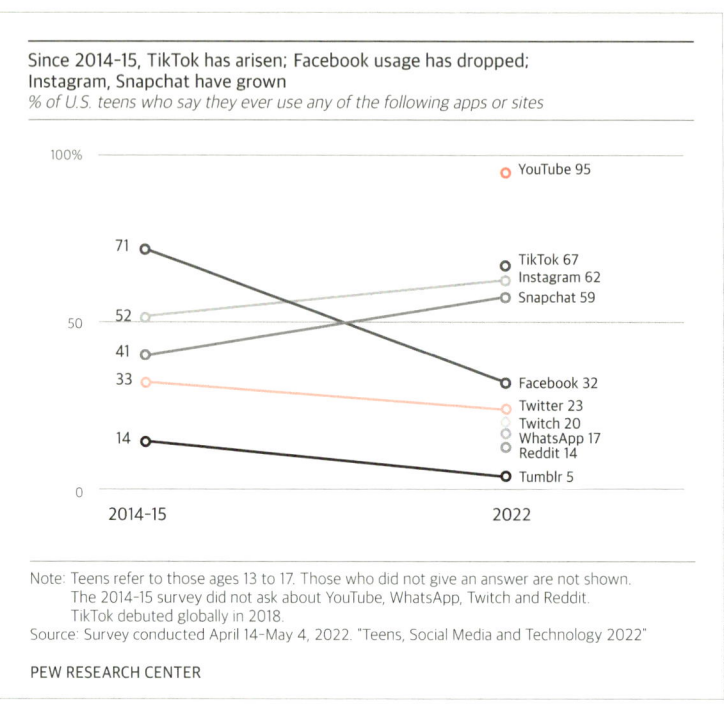

미국 10대의 소셜 미디어 이용률 비교. 출처: PEW Research Center, 〈Teens, Social Media and Technology 2022〉 Report

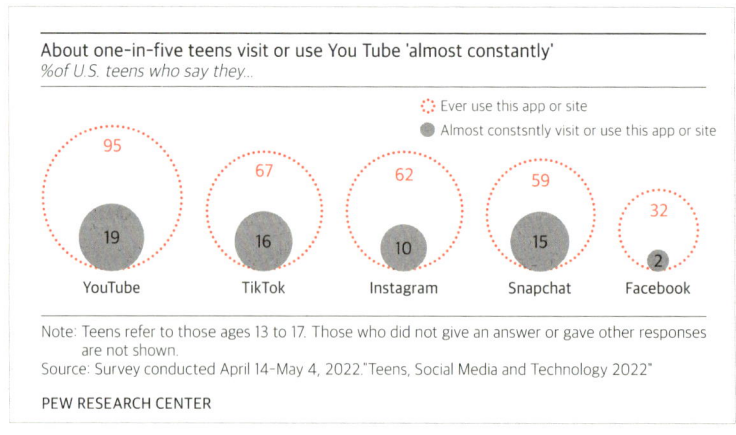

미국 10대의 소셜 미디어 이용률과 접속 횟수. 출처: Pew Research Center, 〈Teens, Social Media and Technology 2022〉 Report

튜브에 접속하고 있다고 응답한 것으로 나타났다.

유튜브의 광고 매출은 최근 4년 동안 매년 30% 이상씩 성장을 거듭해왔다. 2021년에는 288억 달러(약 40조5,000억 원)를 벌어 2020년 대비 46% 증가했다. 이 수치는 어느 정도 수준일까. 너무 큰 숫자여서 가늠이 잘 안 될 수도 있다. 한국 광고 시장 전체 규모가 2021년 13조9,000억 원대 수준이니 그 둘을 비교해보자. 어림잡더라도 2배가 훌쩍 넘고 거의 3배에 가까운 정도다.

비록 거시적 경제 상황이 좋지 않고 분기 실적 발표 때 성장률이 기대치보다 살짝 낮은 점 등의 우려가 제기되고 있지만 충분히 극복해나갈 수 있다는 게 구글과 유튜브 임원진의 주장이다. 그리고 실제로 쇼츠 또한 꾸준히 성장하면서 선전을 펼치고 있어 이런 분위기를 뒷받침하고 있다. 루스 포랫 CFO는 "틱톡의 라이벌인 유튜브 쇼츠는 '전체 유튜브 시간의 비율로' 시청률이 증가하고 있다"고 말했다.

다만 쇼츠가 틱톡 못지않게 이용자 기반을 만들어가고 있는 데 반해 수익화 측면에서는 시험 단계이다 보니 당장의 성과는 미약한 게 현실이다. 하지만 구글의 CBO(최고사업책임자) 필립 쉰들러는 "(쇼츠의 광고 실험을 통한) 지금까지 거둔 결과에 고무되어 있다. 더 많은 광고주가 포용하고 있는 '풀 깔때기 전략(full funnel strategy)' 차원에서 그들이 다가가고 싶은 고객에게 다양한 캠페인을 운영할 수 있게 도울 수 있다"라고 말했다.

유튜브 문법의 대중화, 유튜브스러운 방식의 확산

《유튜브 트렌드 2020》부터 《유튜브 트렌드 2022》까지 3권의 책을 매년 펴내면서 '유튜브가 세상을 담고 있다'는 명제에 걸맞은 다양한 사례를 소개해왔다. 특히 유례없는 팬데믹이 발발하면서 유트브 같은 디지털 플랫폼이 세계인의 일상에서 차지하는 비중과 역할이 매우 커졌다.

그렇다 보니 유튜브라는 플랫폼의 서비스 양식과 콘텐츠 추천 알고리듬 등 운영 정책 등이 우리의 생활 문화에 스며들고 영향을 미치는 강도가 높아졌다. 당장 "네이버에 물어봐" 혹은 "지식iN에서 검색해봐" 같은 표현 대신 "유튜브 찾아봐"라는 말을 하는 횟수가 훨씬 많아졌다. 검색 수요가 텍스트 기반에서 영상 기반으로 전환되는 속도가 빨라진 셈이다.

콘텐츠 생산과 소비에서도 '유튜브스러운' 방식이 확산되고 있다. 유튜브에서 함께 경험을 공유하는 'with me' 포맷을 활용한 라이브 스트리밍이 부쩍 늘었고, 영상 시청 초반에 이탈자가 많은[6] 것을 고려해 임팩트가 강한 부분을 영상 첫머리에 배치하는 식의 '유튜브스러운' 작법이 늘어났다. '유튜브스러운 작법'에 관련해 필자는 '결승전결'을 자주 얘기한다. 이는 통상적 스토리텔링 구조인 '기승전결'에서 '기'를 빼고 가장 핵심적인 '결'을 먼저 보여주는 방식을 말한다. 예를 들어 축구 경기의 골 장면 클립을 생각해보자. 골이 터지는 장면을 보여주고 다시 빌드업 과정을 보여주면서 마지막에 골을 한번 더 보여주는 식의 구성이 바로 '결승전결'이다.

동시에 소비 측면에서도 서학개미가 매일 아침 경제 채널의 라이브 브리핑을 들으며 하루를 시작하거나, 주부가 홈트레이닝 채널을 TV로 틀어놓고 거실에서 운동을 하는 풍경 등이 일상이 되고 있다.

이런 배경 아래 유튜브에서 2023년 계속 확산될 것으로 보이는 주요 트렌드로 일곱 가지 창의성을 골라 정리했다.

1) 상호작용 창의성(interactive creativity)

유튜버가 가장 신경 쓰는 것은 구독자들의 반응이다. 이는 기존 레거시 미디어와의 차이점 중 하나이기도 하고, 이용자들이 다소 허술해 보여도 유튜브 개인 채널을 즐겨 찾는 이유이기도 하다. 그래서 유튜브 영상은 기획 시부터 시청자 피드백을 고려하고 전략적으로 상호작용하면서 제작하는 게 일반적이다. 브랜드와 크리에이터는 여론조사와 라이브 스트림, 댓글 등을 활용해 시청자의 수요와 피드백을 알아보고 기획에 반영하기도 한다. 그런 과정 중 자연스럽게 이용자 참여형 포맷이 개발되고 있다.

유튜브에서 '셀럽'들이 즐겨 제작하는 포맷으로, 팔로워 결정 콘텐츠(follower-decided content)가 있는데 몇 년 전부터 꾸준히 유행하고 있다. 예를 들어 구독자 1,140만 명의 유튜버 'MyLifeAsEva' 또한 'I Let My Instagram Followers Control My Life For A Day!'[7] 영

---

6. 통상 15초 이내에 70%가량이 이탈한다.
7. https://youtu.be/EjuRDHhrdKM

유튜버 MyLifeAsEva가 제작한 상호작용 포맷의 동영상 'I Let My Instagram Followers Control My Life For A Day!'. 출처: MyLifeAsEva

유튜버 LaurDIY가 제작한 영상 중 헤어스타일을 시청자 투표로 정하는 장면. 'Instagram Followers Control My Life For A Day!'. 출처: LaurDIY

상과 'I Let My Instagram Followers Control My Life For A Day With Brent Rivera!'[8] 영상 등을 통해 어떤 옷을 입을지부터 운동을 할지 여부, 친구와 할 일 등 일상의 소소한 결정을 모두 시청자의 투표로 정하며 하루를 보낸 영상을 올렸다. 이용자들은 그녀가 제시하는 결정 사항에 대해 인스타그램을 통해 실시간 투표로 참여했다.

구독자가 850만 명에 육박하는 유튜버 'LaurDIY' 또한 'Instagram Followers Control My Life For A Day!'라는 제목의 영상[9]을 통해 이용자들이 하루 동안 그녀의 일상을 통제할 수 있도록 한 뒤 그 내용을 담았다. 9,000개가 넘는 댓글 상당수는 '재미있는 경험이었다' 혹은 '콘텐츠 제작과 운영에 진심을 다한다는 걸 느낄 수 있었다' 등 호평 일색이다.

2) 라이브 창의성(live creativity)

라이브 방송은 1인칭 슈팅 게임처럼 유튜버와 시청자 모두에게 1인칭 시점에서 상황을 체감하게 해준다. 즉 긴장감과 밀도 있는 경험을 선사한다는 것이며, 편집하지 않은 날것 같은 콘텐츠가 훨씬 독특하고 생생한 전달력으로 다가온다는 뜻이다. 유튜버 입장에선 구독자를 늘릴 좋은 기회다. 통상 사람들은 일반적인 VOD 콘텐츠보다 라이브 스트리밍을 훨씬 더 선호한다는 자료도 있다. 포레스터리서치의 자료에 따르면 동영상 시청 시 라이브 스트리밍을 통해 상호작용성 콘텐츠를 제공할 때 8배 정도 더 오래 시청한다는 결과도 있다.

유튜브도 콘텐츠 시청 시 오른쪽 날개 메뉴에서 추가 콘텐츠를 추천할 때, 늘 '실시간' 콘텐츠를 포함시킨다. 라이브 콘텐츠를 우대하는 셈이다. 수익 모델 측면에서도 슈퍼챗[10]과 슈퍼스티커 등을 통해

---

8. https://youtu.be/ILfqH4FUj_o
9. https://youtu.be/jb6eOWYx5p8
10. 아프리카TV의 별풍선처럼 시청자들이 기부 형태로 돈을 후원하는 것.

유튜브에서 슈퍼챗과 슈퍼스티커에 대해 설명한 영상의 한 장면. 오른쪽 실시간 채팅창에서 슈퍼챗을 '쏜' 사람의 ID와 금액이 표시되는 방식이다. 출처: 유튜브

라이브를 측면 지원한다. 슈퍼챗과 슈퍼스티커는 시청자가 유튜브에서 실시간 스트리밍 영상을 시청하는 동안 실시간 채팅 피드에서 돋보이기 위해 구매할 수 있는 여러 색상의 애니메이션 이미지를 말한다.[11] 슈퍼챗은 아프리카TV의 후원 기능인 별풍선과 유사한 것으로 1,000원부터 50만 원까지 원화 혹은 달러화로 결제할 수 있다. 금액에 따라 색상이 달라지고 보낼 수 있는 문자의 길이와 티커[12]에 소개되는 최대 시간 등에서 차이가 있다.

슈퍼스티커는 팬들이 유튜버와 인사를 나누고 소통하면서 감사의 마음을 전하고 싶을 때 사용할 수 있도록 제공하는 기능이다. '엄지척' 같은 간단한 이모티콘 같은 애니메이션 형태로 나타나며 팬은

---
11. https://youtu.be/ZXwpWEbAmd0
12. 채팅창 상단.

다양한 가격대와 모양의 스티커를 선택해 사용할 수 있다.

3) 쇼츠 창의성(shorts creativity)

숏폼 동영상 트렌드는 계속 불붙고 있다. 틱톡의 영향이다. 틱톡이 압도적 리더십을 보여주고 있다. 틱톡의 월간 활성 이용자 수는 2022년 8월 현재 14억~15억 명 안팎으로 추정된다. 2021년 9월 10억 명을 돌파한 틱톡은 2022년 1분기에 13억9,800만 명 정도였다. 업계에서는 2022년 말쯤엔 18억 명에 이를 것으로 추산한다.

이와 더불어 2021년 7월 전 세계에 출시된 유튜브 쇼츠도 충분히 의미 있는 입지를 다져가고 있다. 유튜브 측도 고무적인 입장이다. 닐 모한 유튜브 CPO(최고상품책임자)는 "쇼츠가 인기를 끌면서 2022년 현재 매달 15억 명 이상의 로그인 사용자를 확보했다. 쇼츠는 아직 초기 단계지만 유튜브 경험에서 없어서는 안 될 부분이 되고 있다"고 밝힌 바 있다.

숏폼 동영상의 강점은 무엇일까? 2022년 8월 소셜 미디어 전략가 에이드리엔 셰레스(Adrienne Sheares)는 Z 세대 포커스 그룹 인터뷰를 실행한 뒤 두 가지를 강조했다. Z 세대는 "읽는 것보다 보는 게 편하다. 그냥 보여달라"고 말한다는 점과 동영상 플랫폼의 추천 알고리듬이 숏폼 동영상을 훨씬 빠르게 잘 보여준다는 점 등이다.

과연 유튜브의 쇼츠가 계속 성장을 한다면 거침없이 커가는 틱톡의 기세를 꺾거나 아예 가라앉히며 대체할 수 있을까? 그건 아닐 듯하다. 이미 선례가 있다. 인스타그램이 스냅챗에서 스토리를 노골적으로 베꼈을 때, 스냅챗이 약화된 건 아니었다. 사용자들은 각기 적합하다고 판단되는 플랫폼에서 그 서비스 가치를 누렸다.

참고로 틱톡은 영상 길이 제한을 넓혀가고 있다. 2021년 7월에는 최대 3분까지로, 2022년 3월엔 최대 10분까지로 영상 길이를 늘릴 수 있게 허용했다. 다양한 영상 수요를 모두 아우르겠다는 전략적 행보로 보인다. 반대로 롱폼 영상 중심의 유튜브 플랫폼은 쇼츠를 통해 숏폼 영상에 집중 지원하고 있다.

4) 멀티포맷 창의성(multi-format creativtity)

일상에서 영상 창작과 소비가 워낙 많이 이루어지다 보니, 유행하는 이슈는 다양한 포맷과 콘텐츠 타입으로 유동성 있게 확산되고 있다. 그렇다 보니 어떤 두 사람이 비슷한 연령대라 하더라도 각자의 트렌드 경험이 완전히 다르게 나타나기도 한다. 유튜브가 2022년 8월에 펴낸 〈컬처 리포트(Culture Report)〉에 따르면, Z 세대의 63%는 최근 1년 내에 하나 혹은 복수의 밈(meme) 계정을 팔로우하고 있다고 조사되었다. 밈은 이제 상호 소통적인 표현 양식으로서 다양한 창의성을 뽑아내는 근원이 되고 있다. 또 Z 세대의 57%는 브랜드가 밈을 활용하는 것에 대해 우호적인 반응을 보였다.

숏폼과 롱폼 여부도 무관하다. 특정 포맷에 국한되지 않고, 다양한 포맷으로 분화 중이다. Z 세대의 59%는 숏폼 영상 앱을 통해 더 긴 버전의 영상을 찾아본다고 한다.

하이브리드 크리에이터들은 다양한 미디어를 통해 구독자 기반을 키우며 강화하고 있다 일례로 게임 기술이 발전하면서 멀티 포맷 현상을 더 가속화하는 사례가 있다. 게임 엔진, 즉 게임을 제작할 수 있는 플랫폼은 단순히 게임을 만드는 그치는 게 아니라 콘텐츠 생산 환경 역할을 하기도 한다. 낙하산 부대의 훈련 시뮬레이션을 게임 엔진으로 제작하고 가상현실 기술을 접목해서 실제 훈련 효과를 얻는 식이다. 이를 조금 더 확장하면 영화나 드라마에서 다양한 상황을 구현하고 표현하기 쉬워진다. 메타버스 기술을 활용하는 사례도 늘어나고 있다. 사람들은 메타버스 콘텐츠를 통해 스스로를 드러내고 표현하기도 한다. 이를 테면 중동과 북아프리카의 게이머들은 라마단 기간에 라이브 스트리밍을 할 때 자신들의 아바타도 단식을 하는 중임을 표현한다.

결과적으로, 앞으로 하이브리드 크리에이터는 늘어날 것이고, 정형화된 콘텐츠 포맷이나 스토리텔링 방식에 국한되지 않고 훨씬 더 다양한 방식으로 분화하며 발전해갈 것이다.

5) 하우투 창의성(how-to creativity)

하우투(how-to) 영상은 사용자가 작업을 수행하거나 무언가를 수정할 때, 혹은 어떤 것이 작동하는 방식을 파악하는 데 도움을 주는 영상이다. 유용성이 높아 꾸준히 인기를 얻고 있다. 그래서 에버그린(ever-green) 콘텐츠로도 불린다.

이런 하우투 영상은 사용자가 화장 기술을 배우고, 요리법을 익히고, 소프트웨어의 오류를 해결하고, 다른 많은 작업을 수행하는 데 도움을 준다. 실제로 어떤 것을 하는 방법을 보여주기 때문에, 글로 이루어진 설명문보다 더 쉽게 따라 할 수 있다.

누군가에게 무언가를 하게 만들어주거나 문제를 해결하는 방법을 가르치는 것은 브랜드는 물론, 개인 유튜버 모두 충성도 높은 구독자를 확보하는 데 무척 좋은 방법이다.

동시에 하우투 영상은 검색 최적화(SEO) 전략에서 중요한 부분이기도 하다.

구글에서 질문할 때, 특히 '어떻게'와 관련된 질문을 하면 검색 결과에서 유튜브 동영상이 기사나 블로그보다 높은 순위를 차지하는 경우가 많다. '집에서 수리할 문제가 생겼을 때' 등 실생활 관련 질의응답 콘텐츠가 대표적이다.

'튜토리얼' 영상도 있다. 팬데믹 기간 더욱 인기가 높아진 영역이다. 코로나19로 인한 봉쇄 기간에 기술을 배우려고 할 때 유튜브에서 관련 영상을 찾았다. 제목에 '초보자' 키워드가 포함된 영상은 2020년 3월부터 7월까지 조회 수가 50% 증가했다.

6) 인덱싱 창의성(indexing creativity)

유튜브에서는 최근 '챕터' 기능이 활성화되고 있다. 영상을 몇 개의 섹션으로 나누고 섹션별로 미리 보기가 적용되게 한 기능이다. 크리에이터, 즉 해당 채널 운영자는 영상의 섹션별로 주요 내용을 특정하는 태그와 해당 시간(timestamp) 등 맥락 정보를 추가해 시청자가 쉽게 구별할 수 있게끔 할 수 있다. 직접 하기 번거롭거나 어렵다면, 자동으로 챕터를 설정하는 기능을 이용할 수도 있다. 유튜브 스튜디오에서 자동으로 챕터를 나누고 색인(indexing)해주는 방식을 선택만 하면 된다.

요즘 영상 설명 글이나 댓글에서 타임 스탬프와 해당 내용을 발견하는 경우가 많을 것이다. 다시 말해, 노래를 10곡 묶은 영상이 있다고 하면, 몇 분 몇 초에 어떤 노래가 시작되는지 알려주는 색인을 보여주는 것이다. 이러한 기능은 동영상의 직선적 속성을 어떻게 쉽게 구분하고 파악할 수 있게 만들 것인가와 같은 근본적 질문에서 비롯된 개선책으로 보여진다.

원래 이 색인 작업(indexing)은 검색 포털에서 무척 중요하게 생각하는 부분이다. 유튜브의 모기업이 구글이다 보니 이러한 접근과 기능 개발에 더 집중하는 것이 아닌가 싶다. 도서관의 서가를 생각해 보면 이해하기 쉽다. 수많은 장서가 가득한데, 그걸 가나다순이나 장르별로 정리하지 않으면 책 더미 속에서 길을 잃을 것이다. 그렇게 분류하고 정리하는 작업 덕에 쉽게 검색하고 찾을 수 있는 것이다. 동영상도 마찬가지다. 영상 천국이라 할 정도로 어마어마한 분량의 동영상이 쌓인 유튜브에서 효율적으로 각 영상을 찾거나 발견하는 것도 문제지만,[13] 영상을 시청할 때도 그 영상 중 어느 부분에 자신이 원하는 내용이 담겨 있는지도 알아야 한다. 이를 해소하기 위한 부단한 노력이 이어지고 있는 것이다. 그렇다 보니 콘텐츠 기획이나 편집 과정

---

13. 추천 알고리듬 이슈.

에서 아예 '검색 가능하게(searchable)' 구성 요소별로 맥락 정보를 추가하는 것이 더 중요해지고 있다. 시청자들도 선호하고 플랫폼 또한 우선 추천할 것이다.

7) 몰입감을 주는 창의성(immersive creativity)

유튜브는 사람들이 쇼핑하는 방식을 바꾸고 있다. 좀 더 신뢰할 만하고 몰입감을 주는 쇼핑 추천을 유튜브에서 경험하는 사례가 늘고 있다.

2022년 7월 유튜브는 이커머스(e-commerce) 전문 업체 쇼피파이(Shopify)와 제휴한 바 있다.[14] 유튜브 채널에서 스토어를 쉽게 열고 제품 판매를 할 수 있도록, 특히 라이브 쇼핑을 원활히 할 수 있게끔 돕겠다는 것이다.

당시 제휴 소식을 전하면서 유튜브는 '몰입감 있는 쇼핑 경험의 증대'에 대해 설명을 덧붙였다. 유튜브는 광고 전문 업체 퍼블리시스(Publicis) 등과 공동으로 진행한 연구를 통해 시청자 10명 가운데 9명가량(89%)이 유튜브 크리에이터가 추천하는 것이 신뢰할 만하다는 응답을 했다고 밝혔다. 크리에이터를 통해 새로운 브랜드나 제품을 발견하는 경험을 한다는 것이다. 유튜브는 시청자와 크리에이터의 매끄럽고 원활한 경험을 보장하기 위해 쇼핑 지원을 강화하는 것이라고 강조한다.

---

14. https://youtu.be/Z-fbruBE2pE

유튜브에서 자신의 스토어를 여는 방법. 출처: Shopify 유튜브

유튜브 크리에이터들은 시청자들에게 상품 리뷰와 선물을 고르는 요령을 전하기도 하며, 'shop with me' 같은 포맷으로 직접 쇼핑을 함께 하는 것 같은 몰입감 있는 영상으로 쇼핑 경험을 제공하기도 한다.

사실 유튜브는 쇼핑 연동에 조심스러운 태도를 유지해온 것으로 보인다. 이를테면 영상에서 특정 제품이 나올 때 바로 클릭해서 쇼핑몰로 넘어갈 수 있는 카드형 슬롯(slot)을 삽입할 수 있는 기능 같은 걸 개발하면서도 실제 적용은 하지 않은 사례 등이 있다. 필자는 2016년 미국 비드콘(VidCon)으로 출장 갔다가 몇몇 대형 MCN을 방문했는데, 이와 같은 기능을 베타 테스트하는 영상을 본 적 있었다. 이후 실적용 및 확산될 것으로 예상했는데 의외로 적용되지는 않은데 따른 추론이다. 플랫폼이 지나치게 상업화되었다는 부정적 인식이 생겨날 것을 우려했기 때문으로 짐작된다.

그런데 이렇게 쇼피파이와의 제휴 등을 통해 본격적으로 커머스를 끌어안는 모습을 보면, 이제 유튜브도 상업적 이해관계라는 발톱을 조금씩 드러내는 게 아닌가 하는 생각이 든다. 이는 스스로 브랜드가 되어가고 있는 크리에이터들에게도 도움이 되다 보니 자연스러운 추세로 보이며, 더욱 강화될 것으로 전망된다.

한국 유튜브 분야별 현황 살펴보기
카테고리별 Top 10 채널

"요즘 한국 유튜브 현황은 어떨까?" 이 질문에 대한 답을 구하는 방법은 다양하다. 그중 쉽게 살펴볼 수 있는 것은 '카테고리별로 이용자에게 사랑받는 주요 채널은 어떤 것이 있는지' 살펴보는 방법일 것이다.

유튜브 채널을 구분하는 카테고리 종류는 조사업체별로 조금씩 다르지만, 대체로 15~20개로 나눌 수 있다. 구독자 규모나 영상 조회수 측면에서 통상 키즈, 게임, 음악 등이 상위권을 차지한다. 하지만 카테고리별 순서는 그리 중요하지 않다. 유튜브 세상에서는 많은 사람들이 다양한 영역에서 다양한 채널을 찾고 그 속의 수많은 크리에이터 및 개별 콘텐츠를 접하고 소통하며 나름의 커뮤니티를 꾸려가고 있기 때문이다. 여기서는 20개 카테고리에 걸쳐 구독자 기준으로 톱 10 채널의 현황이 어떠한지 간략히 짚어보았다. '유튜브 검색엔진'을 표방하는 블링(vling.net)의 데이터를 주로 활용했다. 말 타고 산을 보듯 한다는 '주마간산'식의 간단한 일람이지만, 대략 현재 한국 유튜브 세상의 단면에 대해 하나의 힌트는 될 수 있을 것이다.

1) 게임

순위	유튜브 채널	구독자 수(만 명)
1	Lime Tube[라임튜브]	378
2	도티TV	236
3	캐릭온 TV	219
4	만두민 ManDooMIN	215
5	잠뜰 TV	202
6	대문밖장덕대	189
7	악동 김블루	173
8	양띵 유튜브	168
9	T1 Faker	165
10	대도서관TV (buzzbean11)	159

한국에서 유튜브가 대중적 인기를 얻는 데 큰 역할을 한 것이 게임 채널이다. 유튜버 가운데 처음 '초통령'이라 불린 크리에이터는 '양띵'이었다. 마인크래프트 게임을 즐겨 하는 20대 여성은 초등학생들의 팬덤을 얻었다. 이후 다양한 게임을 즐기는 '대도서관'이 유명인으로 발돋움했다. 그리고 마인크래프트 게임 방송을 매일 저녁 라이브 스트리밍하며 인기를 쌓은 유튜버 '도티'는 게임 유튜버 가운데 처음으

로 구독자 200만 명을 넘겼다. 함께 활동하던 잠뜰TV도 대형 채널로 성장했다. 게임 유튜버들은 MCN(Multi-Channel Network) 열풍의 토대가 됐다. 양띵은 CJ ENM의 MCN팀장이 설립한 '트레져 헌터'로 옮겨 간판 크리에이터가 됐다. '초통령'이 된 도티는 구글에서 일하던 친구 이필성과 손잡고 '샌드박스 네트워크'를 창업했다. 대도서관 또한 소속사인 CJ의 DIA TV의 지원으로 '엉클 대도'라는 개인회사를 설립했다.

2) 음악

순위	유튜브 채널	구독자 수(만 명)
1	BLACKPINK	7830
2	BANGTANTV	7030
3	HYBE LABELS	6800
4	1MILLION Dance Studio	2550
5	1theK(원더케이)	2420
6	BIGBANG	1480
7	Stone Music Entertainment	1040
8	MBCkpop	994
9	TOMORROW X TOGETHER OFFICIAL	953
10	Mnet TV	891

음악 카테고리는 가장 규모 큰 채널의 쟁쟁한 경쟁의 장이다. 더구나 글로벌 팬덤을 보유한 블랙핑크와 BTS 등의 채널이 전 세계 유명 가

수들의 채널 규모를 능가할 정도로 K-팝의 파워를 실감하게 하는 영역이다.

블랙핑크 채널이 2021년 하반기에 저스틴 비버를 따라잡고 음악 분야 1위에 오르면서 언론 보도가 잇따르기도 했다.[15] 유튜브 플랫폼 자체가 성장하는 데 K-팝 채널이 큰 기여를 한 측면도 있다. 초기에 기획사들은 유튜브에 뮤직비디오를 올리는 것도 미온적이었지만, 유튜브의 파트너 프로그램을 통해 협력 관계가 공고해졌다. 이 프로그램을 통해 수익을 배분하고, 어떤 지역에서 구독자 및 조회 수가 높게 나타나는지 데이터를 공유해 기획사들이 콘서트 등 글로벌 사업을 펼치는 데 도움받도록 됐다. 원밀리언 댄스 스튜디오는 댄스 유튜버 리아킴에서 출발해 급성장을 이룬 채널이다.

3) 푸드/먹방

'먹방(mukbang)'이란 말이 옥스퍼드 영어 사전에 등재될 정도로 글로벌 표준어가 된 것은 전적으로 유튜브 플랫폼 덕분이다. 햄지와 쏘영, 문복희, 쯔양 등 여성 먹방 유튜버가 강세다. 글로벌 시청자가 많고, 여러 언어의 자막을 제공하고 있다.

'쌍둥이 루지'는 키즈 카테고리가 우선되지만 먹방 영상도 많고 먹방에도 콘텐츠를 등록해서 1위를 차지했다. '햄지'는 일반적 '먹방'과는 조금 다르게 직접 요리해서 먹는 '집밥' 느낌의 먹방을 한다. 그

---

15. 블랙핑크 채널은 현재 저스틴 비버 채널보다 1,000만 명 넘는 구독자를 가지며 격차를 벌리고 있다.

래서 '리얼 먹방'으로 불린다. '이공삼'은 ASMR, 즉 먹방의 오디오를 중시하는 영상을 많이 올린다. 살고 있던 원룸이 203호여서 채널명을 이공삼으로 지었다고 한다. '백종원'은 유튜브 채널 개설 후 최단 시간 구독자 100만 명을 돌파한 셀럽 채널. 그런 그보다 더 규모 큰 개인 유튜버가 상당수라는 점에서 유튜브 세상에 다양한 커뮤니티와 팬덤이 존재하는 걸 실감하게 된다.

순위	유튜브 채널	구독자 수(만 명)
1	TwinRoozi 쌍둥이 루지	1,030
2	[햄지]Hamzy	1,000
3	GONGSAM TABLE 이공삼	903
4	쏘영 SSoyoung	844
5	문복희 Eat with Boki	810
6	SIO ASMR	794
7	MariAndKids	761
8	야미보이 Yummyboy	696
9	tzuyang쯔양	673
10	백종원의 요리비책 Paik's Cuisine	543

4) ASMR

ASMR은 자율 감각 쾌락 반응(Automonous Sensory Meridian Response)이란 말의 약자다. 주로 청각을 중심으로 시각 등 여러 인지적 자극을 통해 심리적 안정감이나 쾌감 등 감각적 경험을 이끌어내는 것을 뜻한다. '제인 ASMR'은 먹방의 생생한 현장음으로 글로벌 구독자를 1,600만 명 이상 확보한 독보적 채널이다. '홍유'와 '조이' 등의 채널도 유사한 콘셉트의 먹방 ASMR을 올린다. 제니 슬라임은 제목처럼 슬라임을 뭉치며 갖고 놀 때의 오디오에 집중한다. '토이구마'는 다양한 인형 제품의 박스 오프닝을 주로 하며 키덜트와 ASMR을 곁들인 채널이다. '떵개떵'과 '재열', '치훈' 등은 남성 먹방 유튜버로 ASMR에 세심한 주의를 기울이며 영상을 올린다. '스마일밤'은 애니메이션을 이용해 메이크업과 여러 케어 장면을, '한세' 채널은 베이킹 과정을 담은 영상을 주로 다루면서 오디오를 포착해 전해준다.

순위	유튜브 채널	구독자 수(만 명)
1	Jane ASMR 제인	1670
2	Hongyu ASMR 홍유	1360
3	Jenny slime	560
4	TOY GUMA	526
5	떵개떵	475
6	JaeYeol ASMR 재열	418
7	ZOEY ASMR 조이	338
8	스마일밤 Smile Bam	310
9	Chihun ASMR 치훈	292
10	한세 Hanse	272

5) Vlog/일상

순위	유튜브 채널	구독자 수(만 명)
1	이지금 [IU Official]	799
2	ENHYPEN	650
3	5분 Tricks	464
4	채널 십오야	455
5	허팝Heopop	400
6	백현(BAEKHYUN)	369
7	Daud Kim	354
8	Asian Boss	343
9	보겸TV	324
10	Thankyou BUBU	307

브이로그는 '영상 일기' 같은 포맷으로 누구나 쉽게 할 수 있다. 물론 아이유가 하면 1등이다. 가끔 소박한 일상의 모습이나 무대 뒤 비하인드 영상도 올린다. 아이돌 그룹 엔하이픈과 엑소 멤버인 가수 백현 등 연예인도 올라 있다. 브이로그 스타일에 가장 잘 어울리는 채널 운영은 '허팝'과 '보겸TV' 채널이다. 기부도 많이 하는 '허팝'은 호기심 해소를 위한 이벤트성 실험을 많이 하는데 미국의 '미스터비스트(Mr. Beast)'와 비슷한 측면이 있다. '보겸TV'는 아프리카TV에서 게임 방송을 하며 시작한 뒤 유튜브로 옮겼고, 먹방 등 일상 영상을 주로 올리고 있다. 땅끄부부는 코로나 팬데믹 기간 주부들이 TV로 틀어놓고 함께 운동하는 등 '홈트' 열기와 함께 일상의 일부로 자리 잡은 채널

중 하나다. 부부가 함께 나와 운동 시범을 보여준다. 가장 많은 조회 수를 얻은 영상은 '뱃살빠지는 운동'(2,200만 회)과 '집에서 하는 유산소 운동 다이어트'(1,930만 회) 등이다.

6) 뷰티

순위	유튜브 채널	구독자 수(만 명)
1	PONY Syndrome	595
2	RISABAE	227
3	tvN D STUDIO	189
4	조효진 HYOJIN	178
5	Dasha Taran	158
6	kiu기우쌤	127
7	회사원A	124
8	lamuqe	124
9	다또아Daddoa	117
10	디렉터 파이	97.4

'GRWM(Get Ready With Me)'처럼 출근 전 메이크업을 같이 준비하자는 식으로 대화형 포맷을 처음 선보인 분야가 '뷰티'다. 쌍방향성을 높인 유튜브식 포맷으로 코로나 시절에 더 빛났다. '포니신드롬'은 개인 블로그로 메이크업 팁을 전하고 책도 펴내며 유명해진 포니 박혜민이 운영하는 채널로 한국 뷰티 유튜브 채널의 대명사가 되었다. 누구나 쉽게 따라 할 수 있는 화장법을 일러주는 걸로 인기가 높다. 투

애니원(2NE1) 출신 씨엘의 메이크업을 담당한 이력도 있는 그는 팬덤에 힘입어 자신의 이름을 내건 화장품 브랜드를 론칭하기도 했다. 이사배 또한 전문 메이크업 아티스트 출신의 유튜버다. 남성 유튜버 기우쌤은 헤어스타일리스트다. '망한 머리'를 수습하는 영상으로 화제가 됐다. 회사원 출신으로 메이크업과 헤어 영상을 주로 올리는 '회사원A'와 화장품 성분 위주의 콘텐츠를 주로 다루는 '디렉터파이' 등 대부분 오랜 기간 유튜버 활동을 해온 개인 크리에이터들이 다수 상위를 차지하고 있다.

7) 패션

순위	유튜브 채널	구독자 수(만 명)
1	미지우 MEJIWOO	250
2	신의손이선생 - DIY edigna	186
3	표은지Eunji Pyoapple	177
4	깡스타일리스트	109
5	VROK 브이록	82.6
6	한별Hanbyul	74.5
7	sewingtimes	71.5
8	오늘의 주우재	67.5
9	핏더사이즈	67.1
10	도영도영이	66.9

패션 분야에서는 '미지우' 채널이 250만 명이 넘는 구독자 규모로 단

연 앞서고 있다. 피팅 모델이자 패션 쇼핑몰을 운영하는 사업가 정지우가 운영하는 채널이다. BTS 멤버 제이홉의 누나여서 유명세를 얻은 측면도 있다. 인스타그램 팔로워가 11,00만 명이 넘는 말 그대로 '인플루언서'가 유튜브를 시작한 사례다. 2020년 9월에 유튜브 활동을 시작했고, 주로 의류와 선글라스, 향수 등 패션 제품을 리뷰하고 추천하는 영상이 많으며 단기간에 빠르게 성장했다. '신의손이선생' 채널은 안 입는 낡은 옷을 리폼하는 법을 보여주는 영상이 많다. 7위에 오른 'sewingtimes'도 직접 만드는 법을 알려주는 DIY 채널이다. 댓글이 온통 외국어일 정도로 글로벌 시청자가 많다. 패션모델 표은지와 남성 스타일리스트 '깡'의 채널 등 패션 제안 채널이 상위권을 차지하고 있다.

8) 엔터테인먼트

엔터테인먼트 영역은 미디어 기업의 전쟁터다. 톱 10 안에 개인 채널이 없는 유일한 카테고리다. 대부분 K-팝 관련 방송 클립이 근간을 이루고, 한국 연예인들이 다수 출연하는 다양한 예능 방송이 인기를 얻고 있다.

   1위에 랭크된 'KBS World TV'는 2007년 운영을 시작한 이래 누적 조회 수가 140억 회에 육박할 정도다. 예능 영상 중 화제성 있는 건 조회 수가 꽤 높다. MBC 엔터 채널에선 '진격의 119'란 구조 관련 예능 방송 중 아이가 인형 기계 안에 들어간 사고 사례 영상이 2억 회를 넘겼다.

매일 24시간 내내 K-팝 스트리밍을 하는 채널도 있다. 'TXT(투모로우바이투게더)'와 '아이콘(iKON)'은 아이돌 그룹 채널을 음악 채널로 올리지 않고 엔터테인먼트로 등록한 사례. 단일 IP로 10위에 오른 '워크맨'은 독특한 사례다. JTBC의 디지털 스튜디오에서 제작하는 콘텐츠로 '텐션' 높은 출연자 장성규의 활약이 돋보인다.

순위	유튜브 채널	구독자 수(만 명)
1	KBS WORLD TV	1,820
2	TOMORROW X TOGETHER OFFICIAL	952
3	MBCentertainment	880
4	iKON	870
5	JTBC Entertainment	742
6	ALL THE K-POP	672
7	SBS Entertainment	648
8	SBS NOW / SBS 공식 채널	504
9	KBS Entertain	487
10	워크맨-Workman	383

9) 여행

한국 여행 유튜버의 대명사는 현재로선 '빠니보틀'과 '곽튜브'라고 할 수 있다. 세계 각국으로 해외여행을 다니며 현지 풍경과 사람들이 살아가는 모습을 생생하게 보여준다. 팬데믹 기간에도 남미의 아마존 정글과 우유니 사막 등을 다니며 영상을 올린 '빠니보틀'은 시청자들이 하늘 길이 막힌 상황에서 대리 체험으로 힐링하는 채널로 인기를 얻기도 했다. '곽튜브'는 '빠니보틀'을 보고 자극받아 여행 유튜버가 된 케이스.

EBS의 다큐 채널은 〈세계테마기행〉을 비롯해 워낙 여행 동영상이 많다 보니 구독자 규모가 크다. KBS '걸어서 세계속으로' 채널도 마찬가지다. 캠핑이 부쩍 늘어난 세태는 유튜브 세상에서도 비슷하다. '리랑 온에어'와 '은하캠핑'같은 여성 캠퍼들의 팬이 많다. 10위권 내에 들진 못했지만 요즘 한국에 대한 외국인의 관심이 높아지면서 국내 거주 외국인이 운영하는 'Seoul Walker'와 'Bonjour Hello' 등 한국 여행 채널이 붐비고 있다. 글로벌 강국의 면모를 새삼 느끼게 한다.

순위	유튜브 채널	구독자 수(만 명)
1	EBSDocumentary (EBS 다큐)	274
2	빠니보틀 Pani Bottle	129
3	주태백이TV JTBETV	101
4	Rirang OnAir	88.1
5	곽튜브KWAKTUBE	86.7
6	coreanita 니따	76.4
7	키미 Kimi	73.7
8	대륙남TV [clark tv]	70.1
9	KBS여행 걸어서 세계속으로	65.4
10	은하캠핑	56.7

10) 펫/동물

순위	유튜브 채널	구독자 수(만 명)
1	SBS TV동물농장x애니멀봐	464
2	크림히어로즈	376
3	Kittisaurus	285
4	보길 bogil	215
5	수리노을SuriNoel	213
6	밀키복이탄이MilkyBokiTan	200
7	Imaginative Guy	194
8	[THE SOY]루퐁이네	193
9	내셔널지오그래픽 - National Geographic Korea	177
10	슈앤트리 SHU AND TREE	173

반려동물이 늘어나는 세태 속에서 펫 채널도 성장세가 뚜렷하다. 특히 언어 제약이 적은 분야여서 글로벌 대형 채널로 성장한 사례도 많다. SBS 〈동물농장〉의 유튜브 채널 '애니멀봐'는 레거시 미디어와 뉴미디어 접목의 모범적 예시로 볼 수 있다. 초기 실행과 노력은 외주 제작사가 많이 애쓴 걸로 알려져 있지만 아무튼 이른바 원 소스 멀티 유즈(one source multi use) 및 뉴미디어를 활용해 본방송에도 시너지를 내는 측면에서 긍정적인 사례다.

'크림히어로즈'와 '키티사우루스', '수리노을' 등 주로 고양이를 다룬 채널이 상위권에 올라 있다. '보길'은 농촌에 사는 유튜버인데 곤충을 포함해 다양한 생물을 채집하고 탐구하는 영상이 많다.

'Imaginative Guy'는 한국인이 운영하지만 초기부터 영어 기반으로 영상을 제작해 올리고 있다. 페트병과 컵 등 생활용품으로 쥐덫을 만들어 잡는 실험 영상이 조회 수 1억 회를 넘겼고, 오리 부화 영상도 인기가 많다.

11) 영화/애니

순위	유튜브 채널	구독자 수(만 명)
1	Larva TUBA	980
2	미니특공대TV	642
3	미니팡TV	471
4	계향쓰 GH'S	450
5	키즈팡TV	362
6	drawholic	361
7	지무비 : G Movie	224
8	고몽	208
9	김시선	143
10	달빛뮤즈	119

영화와 애니가 맞물리다 보니 애니메이션이 훨씬 더 강력한 채널로 보인다. 어린이 시청자가 워낙 많다 보니 그렇다. '라바(Larva)'는 한국 애니 제작사가 만든 몸 개그[16] 코믹 작품이다. '미니특공대'와 '미니

---

16. 슬랩스틱.

팡TV', '키즈팡TV' 등은 액션 로봇이나 동요 학습 등을 다루며 한 제작사가 운영 중인 채널이다. 영화만 특화해서 살펴본다면, '지무비'와 '고몽', '김시선' 등의 채널이 선두권이다. 볼만한 영화 추천의 고마움 덕분에 애청자가 많다.

유튜버를 통해 영화 감상을 즐기는 젊은 층도 많아졌다. 2시간 가까운 시간을 투자하기보다는 15~20분 정도로 압축해서 보여주는 걸 더 선호하는 것이다. 그 영상마저 1.5배속 등 빠른 속도로 보기도 한다. 콘텐츠가 넘치고 몰아 보기가 유행하다 보니 '빠른' 소비를 우선하는 세태가 엿보인다. 일부 유튜버는 망한 작품, 즉 '망작'도 리뷰해주는데 구독자들은 '재미없는 작품을 거를 수 있게 도와주니 좋다'고 말한다.

12) FUN

유튜브는 디지털 세상의 놀이터이기도 하다. 특히 〈개그콘서트〉가 없어지는 등 방송에서 코미디 프로그램이 줄면서 많은 개그맨들이 유튜브에 둥지를 틀었다. 그렇다 보니 '유머 채널' 동네가 더욱 북적인다. 요즘 주목받는 채널은 '숏박스'. 〈개그콘서트〉에 출연하던 신인 개그맨들을 주축으로 한 채널이다.

요즘 유튜브의 웃음 코드는 '하이퍼 리얼리즘'과 '세계관 놀이'다. 현실을 최대한 실감 나게 담아내는데, 보면서 '빵빵' 터지는 사람이 많다. 숏박스의 '장기연애' 시리즈가 대표적이다. '흔한남매'와 '엔조이커플' 또한 방송사 개그맨들이 일치감치 유튜브에서 자리 잡은 사례.

'흔한남매'는 10년가량 유튜브를 함께 하던 두 사람이 결혼에 이르자, 구독자들이 '남매가 결혼을?'이라며 '동심 파괴'라는 농담성 축하를 건넸다. 순위권에는 들지 못했지만 뒤늦게 합류한 김대희의 '밥묵자'도 있다. 한사랑산악회와 B대면데이트 등의 코너를 통해 다양한 캐릭터를 선보이는 '피식대학'의 '세계관 놀이'도 인기가 높다.

순위	유튜브 채널	구독자 수(만 명)
1	리월드RIWORLD	332
2	흔한남매	241
3	엔조이커플enjoycouple	226
4	거리노래방	225
5	숏박스	216
6	옐언니	199
7	꾹TV(Kkuk TV)	179
8	보물섬	173
9	조재원	164
10	웃소 Wootso	157

13) 경제

최근 유튜브 세상에서 가장 북적이는 동네가 '주식 재테크' 채널이 많은 경제 카테고리다. 팬데믹 위기가 닥치면서 양적 완화로 인한 통화량 증가와 함께 상승장에서는 물론, 해가 바뀌고 다시 긴축 모드로 돌아서면서 폭락 장세를 겪으면서도 주식에 대한 사람들의 관심은 계속 높아지고 있기 때문이다. 정보 수요가 워낙 크다는 얘기다.

증권사 펀드 매니저 출신 유튜버 슈카[17]는 많은 자료를 미리 준비해 쉬운 말로 풀어서 설명해준다는 강점 덕분에 1위 채널의 자리를 고수하고 있다. '삼프로TV'는 유튜브 기반의 새로운 경제 매체로 성장 중이고, 운영 방식 또한 기업형이다 보니 경제 채널의 대명사가 되어가고 있다. '슈카월드'를 인수하며 몸집을 키웠고, 상장을 준비 중이다. 180만 명대의 구독자를 보유한 '신사임당' 채널은 2022년 8월에 다른 경제 유튜버에게 매각되기도 했다. 개인 유튜버가 선두권에서 강세를 보이는 한편, 증권사와 기성 경제 매체의 유튜브 채널도 약진 중이다.

순위	유튜브 채널	구독자 수(만 명)
1	슈카월드	228
2	삼프로TV_경제의신과함께	202
3	신사임당	181
4	김작가 TV	141
5	키움증권 채널K	120
6	미래에셋 스마트머니	116
7	[삼성증권] Samsung POP	108
8	한국경제TV	97.1
9	부읽남TV - 부동산 읽어주는 남자	94
10	MBN 머니투데이방송	88.5

17. 본명 전석재.

14) IT/과학기술

IT/과학기술 분야는 미래형 기술에 대한 정보를 공유하는 채널도 많지만, 직접 만들어 보여주는 유튜버도 많아지고 있고 인기도 높다. 대표적인 채널이 '사나고'와 '긱블', '공구왕황부장' 등이다. '사나고'는 스스로 내세우듯 '3D 펜의 장인'이다. 〈오징어 게임〉의 피겨를 비롯해 다양한 작품을 직접 제작하는 과정을 보여준다. 조회 수가 가장 많은 영상은 동네 벽돌담을 3D 펜으로 보수해준 영상으로 유튜버의 인간미를 느낄 수 있다는 댓글이 많다.

순위	유튜브 채널	구독자 수(만 명)
1	Samsung	617
2	사나고 Sanago	313
3	ITSub잇섭	218
4	사물궁이 잡학지식	151
5	리뷰엉이: Owl's Review	120
6	SK Telecom	111
7	긱블 Geekble	93.4
8	1분과학	85.6
9	Roylab Stats	80.7
10	공구왕황부장	69.5

'쓸모없는 작품만 만듭니다'라는 슬로건을 내건 '긱블'은 공학도들이 창업한 과학 공학 콘텐츠 기업으로 청소년들에게 인기가 높다.

리뷰 중심 채널로는 '잇섭'과 '리뷰엉이' 등이 있는데 '리뷰엉이'는 영화와 과학을 접목해서 콘텐츠를 기획, 제작한다. 이외에도 '과학기술' 기업을 표방하는 삼성과 SKT의 공식 채널이 상위권에 올라 있어 눈길을 끈다. '사물궁이 잡학지식'과 '1분과학' 등은 시청자 눈높이에 맞춰 호기심을 가질 만한 다양한 과학 상식과 정보를 전해준다.

15) 스포츠

순위	유튜브 채널	구독자 수(만 명)
1	피지컬갤러리	309
2	김종국 GYM JONG KOOK	262
3	Allblanc TV	190
4	SPOTV	171
5	K-Tigers TV	141
6	슛포러브	133
7	식빵언니 김연경 Bread Unnie	132
8	힙으뜸	129
9	꽉잡아윤기-Kwakyoongy	116
10	핏블리 FITVELY	115

스포츠 채널은 초기에 축구 경기를 보여주는 '스포티비'와 '슛포러브' 등 대형 채널이 강세였으나, 요즘에는 개인 트레이너와 운동 좋아하는 유명인의 채널이 앞자리에 다수 보인다. '피지컬갤러리'는 '김계란'이란 이름을 쓰고 흰 수염 분장을 한 운동맨이 운영하는 채널이다.

유명세를 타면서 예능 콘텐츠가 늘고 있으며 '가짜사나이'를 기획해 화제를 모았다. 소속 회사가 이후 카카오엔터에 인수되었다.

김종국은 평소에 운동을 워낙 열심히 하는 '찐 운동맨'이란 것이 알려져 있다 보니 채널을 개설하자마자 급상승하고 팬덤이 형성됐다. '슛포러브'는 축구 관련 콘텐츠 중심으로, 특이한 것은 사회적 기부 캠페인 목적으로 시작된 채널이란 점이다.

'K-Tigers'는 태권도 시범단으로 아이돌 그룹 노래를 커버하는 등 태권도에 댄스와 같은 예술적 접목을 시도하는 영상으로 사람들의 시선을 잡아끈다. '올블랑TV'는 몸짱 트레이너들이 단체로 시범을 보여주며 운동 요령을 알려준다.

16) 키즈

요즘은 '바보상자' 타이틀을 유튜브가 꿰차고 있다. 아이들이 울거나 보채면 스마트폰으로 유튜브를 틀어주는 것이 흔한 풍경이 됐다. 구독자 수도 많고 반복 시청과 함께 조회 수도 높으며 한번 시청하면 끝까지 보는 경우가 많아 시청 지속 시간도 길다. 자연히 키즈 카테고리는 꾸준히 화력이 세다.

'보람튜브'는 오랜 기간 부동의 1위를 지키고 있으며, 수익성도 높아 서울 강남 지역 건물을 샀다는 기사가 나오면서 사회적으로 주목 받고 논란이 일기도 했다.[18] '아기 상어' 노래로 전 세계 어린이들을 사로잡은 '핑크퐁'은 국내는 물론 해외에서도 인기 높은 채널이다.[19] 다수의 채널에서 일상기와 함께 장난감 리뷰 영상이 인기 높다. 애정

결핍 현상을 보인 딸 서은을 위해 부모가 운영 중인 '서은이야기'와 '서은일상이야기' 채널도 상위권이다.

순위	유튜브 채널	구독자 수(만 명)
1	Boram Tube Vlog [보람튜브 브이로그]	2940
2	Boram Tube ToysReview [보람튜브 토이리뷰]	1440
3	BIBO와 장난감	1260
4	핑크퐁 (인기 동요·동화)	1090
5	DuDuPopTOY	1050
6	서은일상이야기	1010
7	서은이야기[SeoeunStory]	944
8	Boram Tube [宝蓝和朋友们]	872
9	SonicToy소닉토이	731
10	[장난감티비]TOYTV	630

17) 자동차

자동차 카테고리는 채널의 다양성이 높다. 어린이 혹은 키덜트(kidult, kids+adult)를 위한 모형 자동차 전문 채널도 있고 다양한 '탈것'의 모형을 DIY로 제작하는 채널도 있다. 본격적인 자동차 리뷰 채널도 있고, 변호사가 자동차 사고에 대해 판단과 상담을 해주기도 하며, 자동차 정비 명장이 나와 꿀팁을 알려주기도 한다.

'머신 맨'과 '미니카 장난감'은 모형 자동차 천국처럼 느껴질 정도

---

18. 요즘은 유튜브에서 키즈 채널 광고를 제한하는 등 운영 정책에 변화가 있다.
19. '핑크퐁' 영어 채널 구독자는 6,000만 명에 이른다.

로 알록달록 다양한 모형 자동차가 넘쳐나는 채널이다. '한문철 TV'는 자동차 사고에 특화되어 변호사의 전문성을 발휘하는 독특한 채널이다. '우파푸른하늘'과 '김한용의 모카', '모트라인' 채널 등은 자동차 시승기 중심으로 다양한 차를 리뷰해준다.

'차업차득'과 '박병일의 명장본색'은 일상적인 자동차 생활에 도움이 될 관리 요령을 일러준다. '중고차파괴자' 채널에서는 중고차 관련 정보와 구매 요령을 얻을 수 있다.

순위	유튜브 채널	구독자 수(만 명)
1	Machine Man	196
2	한문철 TV	156
3	미니카 장난감 Minicar Toys	115
4	우파푸른하늘 Woopa TV	92
5	김한용의 MOCAR	89.3
6	모트라인 MOTline	60.5
7	차업차득	58.2
8	박병일의 명장본색	46.4
9	터널추종자 tunnel follower	45
10	중고차파괴자	40.7

18) 뉴스

대부분의 언론사는 유튜브 채널을 운영한다. 24시간 뉴스를 방송하는 YTN이 영상 개수도 많고 구독자 규모도 가장 앞선다. 지상파 방송 가운데서는 SBS가 뉴미디어 전략에 먼저 집중하면서 SBS 뉴스 외에도 '스브스뉴스'와 '비디오머그' 등 서브 채널을 새로운 동력으로 키워냈다. MBC는 2022년 들어 유튜브 채널 운영에 인적 자원을 늘리면서 중반에는 월간 조회 수 기준 블랙핑크 채널보다 높게 나타나는 등 선전을 펼쳤다. 조회 수 상승 요인으로 다소 자극적인 영상 클립을 활용한 측면도 일부 있지만, 유튜브에 어울리게 '자막뉴스'와 여러 개의 클립을 묶어 심층 보도를 하는 '뉴스ZIP' 등 새로운 포맷 개발이 주효한 것으로 분석된다. KBS 또한 보도 본부에 디지털 스튜디오인 '크랩(k-lab)'과 실시간 뉴스 스트리밍 'D Live' 등을 통해 디지털에 집중적인 노력을 기울이고 있다.

순위	유튜브 채널	구독자 수(만 명)
1	YTN	344
2	SBS 뉴스	282
3	MBCNEWS	247
4	JTBC News	241
5	KBS News	182
6	채널A 뉴스	180
7	MBN News	130
8	비디오머그 - VIDEOMUG	116
9	연합뉴스TV	106
10	스브스뉴스 SUBUSUNEWS	79.6

19) 시사/정치

순위	유튜브 채널	구독자 수(만 명)
1	진성호방송	176
2	TBS 시민의방송	147
3	신의한수	145
4	뉴스 TVCHOSUN	138
5	사람사는세상노무현재단	123
6	오마이TV	123
7	신인균의 국방TV	108
8	조선일보	108
9	배승희 변호사	105
10	딴지방송국	102

한국 유튜브에서 독특한 현상 중 하나가 시사 정치 채널이 활발한 활동을 펼치는 장면이다. 이는 각 채널의 구독자 수는 물론 영상의 조회 수나 댓글, 공유 등 참여적 지표에서 쉽게 확인된다. 특히 실시간 스트리밍을 할 때 시청자에게 받는 슈퍼챗 수익이 높은 점도 이런 현상을 증명한다. 상위권 채널에는 일부 언론사도 포함되지만, 개인이나 팀이 활동하는 채널이 제법 많다.

대체로 전직 기자 등 미디어 전문가는 물론 교수, 작가, 변호사 등 다양한 이들이 참여하고 있다. 표현의 자유라는 측면에서 장점도 있지만 한편으로는 과격한 발언과 사회적 혐오를 부추기는 자극을 생산하면서 주목과 함께 경제적 수익까지 노리는 부정적 현상도 강한 것이 현실이다. 사회적 대응책 마련과 유튜브의 운영 정책 개선이 필요한 대목이기도 하다.

20) 지식/정보

순위	유튜브 채널	구독자 수(만 명)
1	진용진	246
2	EBSCulture(EBS 교양)	180
3	1분미만	170
4	세상의 모든 과정	157
5	세바시 강연 Sebasi Talk	157
6	MKTV 김미경TV	153
7	14F 일사에프	152
8	사피엔스 스튜디오	152
9	스터디언	147
10	조승연의 탐구생활	146

웹 기반에서 궁금증이 있을 때 '지식iN'으로 해소했다면 이제는 유튜브로 한다. '진용진'은 〈그것이 알고 싶다〉의 1인 미디어 버전이다. 원래 유튜브 영상 편집자로 일하던 진용진이 직접 나서서 호기심을 해소하는 영상을 기획하고 올리면서 인기를 얻었다. SBS의 '그것이 알고 싶다' 구독자 수는 139만 명이다. 유튜브에선 개인 유튜버가 더 폭넓은 이용자 기반을 만든 독특한 풍경이다.

'1분미만'은 스마트폰 속도 향상법 등 생활 꿀팁을 핵심만 요약해

짧게 전해준다. 2020년 9월에 개설했는데 급성장했다. 한편 '조승연의 탐구생활'은 좀 더 깊이 있는 정통 지식 채널인데, 이 또한 팬층이 두껍다. '세상의 모든 과정'은 금속 공장과 식품 공장, 수공예, 목공 등 생활 주변의 제품 생산 과정을 직접 보여주는 영상을 주로 다루는 정보 채널로 그냥 '멍'하게 보게 되는 콘텐츠가 많다. '50년 된 장인들이 만드는 포크공장' 영상은 5,200만 회 이상의 조회 수를 기록했다.

PART 04

2023 소셜 미디어 지각변동
소셜 미디어의 분화,
커머스와 사회적 신분제로 발전하다

소셜 미디어가 새로운 국면을 맞고 있다. 특히 소셜 그래프 시대가 저물어가고 있다. 변화의 시발점은 틱톡이다. 인스타그램과 페이스북이 숏폼 동영상의 도입을 넘어 이용자가 콘텐츠를 소비하는 방법을 틱톡 방식으로 바꾸기 시작했다. 사진 및 이미지, 일반 포스트 등 모든 콘텐츠 형식에 소셜 그래프와 아무 상관없는 AI 추천 방식이 도입되기 시작했다. 친구 기반, 팔로잉 기반, 구독 기반으로 콘텐츠를 소비하던 패턴에서 AI가 추천하는 콘텐츠를 소비하는 방식으로 소셜 미디어의 소비 구조가 변화를 맞고 있다. 인스타그램과 페이스북은 AI 추천 피드의 비중을 2023년까지 30% 수준으로 끌어올리기로 결정했다. 이는 앞으로의 소셜 미디어 환경에 어떠한 변화를 줄까?

DIGITAL MEDIA

강 정 수

디지털 미디어 인사이트가 강한 전문가로 평가받는다. 연세대학교 독문과를 졸업한 후 독일 베를린 자유대학교에서 경제학 석사를, 비텐-헤어데케 대학교에서 경영학 박사를 취득했다. 연세대학교 커뮤니케이션연구소 전문 연구원과 디지털사회연구소 소장을 거쳐, 미디어 스타트업 인큐베이팅 및 투자회사 (주)메디아티의 CEO로 활동했다. 2019년부터 2년간 대통령 비서실 디지털소통센터장을 맡아 대통령의 디지털 커뮤니케이션을 조율했다. 현재 디지털 비즈니스 및 마케팅 미디어 'The Core' 운영에 참여하며 미디어 전략 컨설팅을 진행 중이다.

INSIGHT

;

소셜과 미디어가 분리되고 있다. 친구들의 근황이 궁금해 인스타그램과 페이스북을 사용하고 있다면 이는 당신이 속한 세대의 습관일 뿐이다. 사적 대화의 대부분은 카카오톡으로 대표되는 메신저 서비스에서 진행되고 있다. 콘텐츠를 소비하는 방식은 지난 10년간 크게 변화했다. 친구 소식을 공개 피드를 통해 확인하고 좋아요와 댓글을 남기는 소통 방식은 이미 낡은 방식이다 기업 메타는 이러한 이용자의 행위 변화를 알고 있기에 과감하게 '틱톡화'를 선택한 것이다.

2023년, 소셜 미디어 지각변동이 구체화된다

기업 메타의 경영진은 AI 미디어 + 소셜 그래프 피드 + 사적 대화를 구별하겠다는 전략을 밝히고 있다. 소셜 미디어의 지각변동은 2022년 하반기, 그리고 2023년을 통틀어 거대한 변화 또는 연쇄 작용을 일으킬 가능성이 높다.

인공지능 추천 피드의 기술적 도전 또한 간단치 않다. 영상은 서로를 구별할 수 있는 다양하고 풍부한 매개변수를 가지고 있지만 과연 사진 및 이미지, 그리고 일반 텍스트 및 링크 공유에서 수많은 이용자의 무한한 취향을 분류하는 데 도움을 주는 매개 변수를 뽑아낼 수 있을지 의문이다. 기술적 가능성이 전제되지 않는 한 인스타그램과 페이스북의 틱톡화 전략은 실패할 수 있다.

소셜 미디어 지각변동의 대표적 움직임이라 할 수 있는 메타의 '틱톡화 전략'에 대해 좀 더 구체적으로 짚어보자. 2022년 7월 말 회사의 정책 변경 발표[1]와 이에 반발하는 유명 인플루언서의 비판적 목소리, 그에 대한 메타 경영진의 발 빠른 대응까지. 다소 거칠지만 소셜 미디어의 변화상을 단적으로 드러내는 몇 장면이 있었다.

페이스북과 인스타그램의 변화로 본 소셜과 미디어의 분화

페이스북의 홈 탭과 피드 탭 분리의 의미

메타의 CEO 마크 저커버그는 2022년 7월 21일 페이스북 포스트를 통해 페이스북 앱의 변화를 소개했다. 여기에 페이스북의 진화 방향이 간결하지만 정확하게 담겨 있다. 저커버그의 포스트 내용은 다음과 같다.

"사람들이 가장 많이 요구하는 페이스북 기능 중 하나가 친구들의 포스트를 놓치고 싶지 않다는 것이다. 그래서 우리는 오늘 '피드'라는 탭을 론칭한다. 이 탭에서 여러분은 친구, 그룹, 페이지의 포스트를 시간순으로 볼 수 있다. 페이스북 앱에서 '홈' 탭은 개인화된 피드다.[2] 디스커버리 엔진이 앞으로 여러분이 가장 좋아할 콘텐츠를 추천할 것이다. 반면 '피드' 탭에서는 앞으로 여러분의 페이스북 경험을 맞춤형으로 꾸미고 관리할 수 있는 방법을 제시할 것이다."

페이스북 앱에서 '피드' 탭은 한국 이용자에게도 적용되었지만 '홈' 탭은 아직 한국 이용자에게 추천 콘텐츠(suggested for you)를 제공하지 않고 있다. 추천 콘텐츠는 소셜 그래프와 무관하게 틱톡 방식으로 추천되는 콘텐츠를 말한다.

피드 탭은 다시 '모두', '즐겨찾기', '친구', '그룹', '페이지' 탭으로 구별된다. 구별된 탭 중 '즐겨찾기'를 통해 이용자는 자신에게 중요한 포스트 생산자를 선별해 콘텐츠를 소비할 수 있다. 하지만 친구, 팔로잉, 구독 페이지 등의 수가 많은 페이스북 이용자는 '피드' 탭을 통해 시간순으로 페이스북 콘텐츠를 소비하지 않을 가능성이 높다. 시간순 피드는 과거 페이스북 서비스 초기에나 작동할 수 있었던 방식이기 때문이다.

---

1. 틱톡화로 해석할 수 있는.
2. 틱톡 추천 피드(for you page)의 콘텐츠 추천 알고리듬과 유사하다.

페이스북 뉴스룸의 홈 탭과 피드탭에 대한 소개 글. 출처: facebook newsroom

친구 수와 구독 페이지 수가 합쳐서 100여 개 정도일 경우에나 시간순 피드 소비가 의미가 있다. 시간순으로 피드를 소비할 수 있는 기능은 데스크톱 페이스북에는 이미 존재한다. 그러나 이 기능은 숨겨져 있어 그 누구도 사용하지 않았다.

그렇다면 왜 지금에서야 모바일에도 새롭게 피드 탭이 도입되었을까? 적절한 답은 메타가 페이스북 알고리듬에 대한 다양한 비판을 회피하고 싶어 하기 때문이라고 말할 수 있다.

2016년 브렉시트 투표, 그리고 미국 대통령 선거를 시작으로 페이스북 뉴스 피드의 알고리듬은 확증 편향을 강화하고 잘못된 정보 및 허위 정보를 대량으로 유통시키고 있다는 비판에 직면했다. 피드 탭은 알고리듬이 작동하지 않으므로 비판에서 다소 자유로울 수 있다. 요약하면 피드 탭은 규제 면피용이다.

그렇다면 홈 탭에서는 확증 편향을 줄일 수 있을까? 홈 탭에서 개인의 콘텐츠 선호 및 소비는 앞으로 소셜 그래프와 무관하게 인공지능과 개인의 상호작용을 통해 이루어진다. 잘못된 정보 및 허위 정보가 추천될 가능성은 여전히 존재하지만, 소셜 그래프를 통해 확산이 증폭될 가능성은 크게 줄어든다.

틱톡 추천 알고리듬이나 페이스북과 인스타그램의 디스커버리 엔진에는 소셜 그래프가 필요 없다. 디스커버리 엔진은 이용자가 어떤 집단에 강한 친밀감을 가지고 있는지, 어떤 이용자의 콘텐츠를 더 선호하는지 등 타인의 정보를 요구하지 않는다. 소셜 그래프 정보는 페이스북 및 인스타그램이 지난 18년 동안 구축한 데이터 자산이다. 광고 운영자들은 이 값진 데이터 자산 위에서 극대화된 타기팅 광고 효율을 경험할 수 있었다.

홈 탭으로의 무게중심 이동은 페이스북과 인스타그램이 소셜 그래프라는 데이터 자산과 작별하겠다는 강한 의지를 표현한 것이다. 또 가장 강력한 수익 모델에서 단계적으로 힘을 빼고 새로운 수익 모델을 찾겠다는 의지이기도 하다.

단계적으로 힘을 뺀다는 것은 다음과 같은 의미다. 페이스북은 2022년에 홈 탭 피드 중 15%를 이용자의 소셜 그래프 범위 밖의 콘텐츠로 채우겠다는 계획이다. 이 수치는 2023년 하반기 30% 이상으로 증가한다. 다시 말해 홈 탭은 처음부터 틱톡의 추천 피드와 동일하게 운영되는 것이 아니라 당분간 소셜 그래프에 크게 의존할 예정이다. 다만 그 비중을 매년 축소한다는 것이 페이스북의 계획이다. 이 피드 구성 원칙은 인스타그램에도 유사하게 적용된다.

인스타그램의 변화에 대한 인플루언서들의 반발과 경영진의 대처

인스타그램은 2020년부터 이미 틱톡과 비슷한 숏폼 동영상 릴스를 도입했다. 2022년 7월 21일 발표에 따르면 이용자가 15분 미만 길이의 동영상을 인스타그램에 업로드할 경우 이 영상은 자동으로 릴스로 전환된다.

틱톡의 성공 요소 중 하나는 '이어찍기'와 '듀엣' 기능인데, 두 기능 모두 틱톡 이용자가 타인이 제작한 영상을 활용해 쉽게 영상을 제작할 수 있도록 도움을 준다. 이른바 바이럴(Viral)의 시작점이다. 이 기능을 인스타그램이 리믹스(Remix)라는 이름으로 도입한다. 이를 통해 릴스가 보다 틱톡스러워질 수 있다. 그만큼 틱톡 이용자를 릴스 이용자로 전환하는 것이 쉬워진다고 평가할 수 있다.

하지만 이런 인스타그램의 전략에는 반발도 만만치 않다.

'인스타그램을 다시 인스타그램답게 만들라.' 2022년 7월 마지막 주 큰 반향을 일으킨 인스타그램 포스트에 담긴 주장이다. 이 주장 아래에는 '틱톡화를 멈춰라. 나는 내 친구들의 귀여운 사진을 보고 싶을 뿐이다'라고 적혀 있다. 2022년 8월 3일 기준 이 포스트의 좋아요 수는 225만 회를 넘어섰다. 인스타그램 팔로워 수가 각각 3억6,300만 명과 3억2,700만 명에 이르는 카일리 제너(Kylie Jenner)와 킴 카다시안(Kim Kardashian)은 change.org[3]에서 이와 동일한 내용의 탄원

---

3. change.org는 자선 활동과 사회를 바꾸기 위한 다양한 캠페인, 온라인 서명 수집 및 신고를 중심으로 한 사회 변혁 활동 지원 업무를 하는 사회적 기업이자 웹사이트다.

서를 주도했다. 인스타그램의 변화에 이러한 반감이 형성된 이유는 2022년 6월과 7월 인스타그램 일부 이용자를 대상으로 진행된 테스트 때문이다. 테스트에 참여한 사람이 인스타그램 앱을 시작하면 틱톡처럼 세로 영상 릴스가 풀스크린으로 플레이된다. 이 테스트에 큰 저항이 발생하자 인스타그램 대표 애덤 모세리(Adam Mosseri)가 진화에 나섰다. 여기서 2022년 7월 마지막 한 주 동안 발생한 인스타그램 사태를 조금 더 자세히 살펴보자.

1) 2022년 7월 25일: 메가 인플루언서의 문제 제기

카일리 제너와 킴 카다시안은 공식적으로 기업 메타 또는 기업 인스타그램과 아무런 관련이 없다. 그러나 이 2명은 인스타그램을 대표하는 가장 강력한 인플루언서다. 지난 몇 년 동안 카일리와 킴 자매는 자신들의 사생활을 인스타그램에 소개했고, 이는 전 세계에 주요 가십 기사가 되어 확산되었다. 이 두 사람은 인스타그램이 빠르게 성장하고 확산되게 만들고, 인플루언서 마케팅을 강화되는 데 있어 작지 않은 역할을 담당했다. 인스타그램을 상징하는 두 사람이 "인스타그램을 다시 인스타그램답게 만들라"고 외친 것이다. 인스타그램 본사와 경영진이 이 흐름에 관심을 가진 것은 당연한 수순이었다.

2) 2022년 7월 26일: 인스타그램 대표의 변화하는 인스타그램에 대한 설명

카일리 제너와 킴 카다시안이 이러한 포스트를 처음 올린 사람은 아니다. 만 21세 인스타그램 인플루언서 타티 브루닝(Tati Bruening)이 그 주인공이다. 여기에 두 자매가 합세하면서 바이럴 효과가 크게 발생했다. 인스타그램 대표 애덤 모세리는 7월 26일 인스타그램 정기 업데이트 소식을 담은 동영상에서 이 포스팅에 대해 언급한다. 모세리는 "우리는 여러분 모두의 다양한 염려에 귀를 기울이고 있습니다"라고 말하면서 풀스크린으로 제공되는 세로 영상은 테스트에 지나지 않음을 강조한다.

모세리는 이어서 인스타그램은 사진 및 이미지를 앞으로도 지원할 것이지만 동영상의 중요성이 점차 강화되고 있다고 이야기한다. 그는 이용자들이 사진이나 이미지보다 동영상을 더 좋아 한다는 내부 통계가 존재한다고 이야기했다. 또 AI 기반 추천은 도달 거리를 확장하려는 크리에이터에게 매우 중요하다며, 인스타그램 개편 의사를 분명히 하고 있다. 모세리 영상의 댓글 수는 2022년 8월 3일 기준 3만 6,000개를 넘어섰으며, 이 영상은 트위터에도 포스팅되었고 트위터에서 250만 회의 조회 수 및 1,500 리트윗을 기록했다.

3) 2022년 7월 27일: 메타의 실적 발표 및 순이익 하락의 원인

메타의 2분기 실적이 발표된 날이다. 발표 중 가장 주목받은 부분은 분기 매출이 전년 동 기간 대비 1%p 감소했다는 점이다. 2012년 기업공개 이후 메타의 매출이 처음으로 감소했다. 매출 및 순이익 하락에는 세 가지 원인이 있다.

첫째, 우크라이나 전쟁, 인플레이션 등 경기 침체에 대한 우려가

기업의 광고 지출 감소로 이어졌다. 물론 이런 상황에서도 구글은 광고 매출을 성장시켰다.

두 번째, 애플의 쿠키 금지 정책인 ATT(App Tracking Transparency)의 영향으로 인스타그램 및 페이스북의 광고 효율성이 감소하고, 이에 따라 광고 매출도 감소했다. 구글 검색 광고 및 유튜브 광고와 달리 페이스북과 인스타그램의 광고는 이용자의 행위 데이터에 기초한다. 메타는 이 데이터를 아이폰에서 더 이상 수집할 수 없는 상황이다. 애플의 ATT는 메타의 광고 비즈니스에 치명적 손실을 의미한다.

세 번째는 틱톡이다. 틱톡은 광고 매출 관점에서 메타에 가장 큰 위협이다. 2022년 틱톡의 광고 매출 전망치는 2021년 대비 200% 성장이다. 특히 북미 시장에서 틱톡의 광고 매출은 폭발적으로 증가하고 있다. 기업이 틱톡에 광고비를 지불할 때 대다수 기업은 이미 확정된 광고 예산의 재배분을 통해 틱톡 광고비를 마련한다. 다시 말해 인스타그램 또는 페이스북 광고비를 일부 줄이고 그만큼 틱톡 광고비를 늘린다.

앞으로 메타에 이런 매출 및 순이익 하락 추세는 더욱 뚜렷해질 수밖에 없다. 방금 살펴봤던 세 가지 매출 하락 원인이 쉽게 해결되지 않을 것이기 때문이다. 특히 두 번째, 세 번째 원인은 서로 강화 효과를 보이면서 메타의 매출 하락을 가속화할 가능성이 높다. 워싱턴포스트 보도에 따르면 메타 직원의 사기는 크게 떨어지고 있으며 매출 및 순이익 하락에 따른 해고를 두려워하고 있다고 한다. 내부 동력을 상실하면 현재 메타가 전력을 다해 추진하고 있는 메타버스 전략의 현실화는 더욱 어려워질 수 있다.

실적 발표 때 마크 저커버그는 인스타그램과 페이스북의 미래에 대해 매우 중요한 언급을 했다. 저커버그는 페이스북 뉴스 피드에서 친구 및 팔로잉 관계와 무관한 AI 추천이 차지하는 비율이 현재 약 15% 수준이며, 인스타그램 피드에서는 조금 더 높다고 했다. 나아가 2023년 후반부에는 이 비율이 2배 이상 증가할 것이라며 인스타그램과 페이스북의 재편 방향을 제시했다. 하지만 이 또한 매출 감소 소식에 묻혀버렸다.

4) 2022년 7월 28일: 대표 인터뷰로 본 인스타그램의 숨 고르기

서브스택에서 뉴스레터 미디어를 운영하는 케이시 뉴턴(Casey Newton)은 인스타그램 대표 애덤 모세리와 인터뷰를 진행했다. 여기서 애덤 모세리는 비판을 받고 있는 인스타그램 변화 중 일부를 과거로 되돌리겠다는 약속을 한다. 모세리 인터뷰 내용의 핵심은 두 가지다.

첫째, 세로 영상 풀버전 피드 테스트는 향후 일주일에서 최대 2주일 이후 중단하며, 둘째, AI 추천 포스트의 비율을 조금 낮추겠다는 내용이다. 이는 인플루언서를 비롯한 이용자의 저항을 누그러뜨리기 위한 숨 고르기로 평가할 수 있다. 그러나 애덤 모세리는 AI 추천을 포기하겠다고 이야기하지는 않았다. 좀 더 신중하게 변화를 시도하겠다는 뜻으로 읽힌다.

페이스북과 인스타그램이 위험을 감내하는 이유

소셜 미디어에서 소셜과 미디어가 분리되는 방향으로 변화하기 시작했다. 앞서 소개한 카일리 제너와 킴 카다시안이 인스타그램을 틱톡화하는 데 저항하는 이유는 무엇일까? 경제적 계산에서 그 이유를 찾을 수 있다. 두 자매는 총 6억 명이 넘는 팔로워를 자랑한다.

제너의 경우 스폰서 포스트의 가격이 67만 달러에서 100만 달러에 이른다. 그런데 틱톡에서 팔로워 수의 가치는 인스타그램 대비 매우 낮다. 팔로워 수가 도달 거리를 보장하지 않기 때문이다. 제너의 도달 거리가 보장되지 않는다면, 광고주는 분명 더 적은 돈을 지불하려고 할 것이다. 팔로워 수의 가치를 잃을 수 있는 만큼 제너가 인스타그램의 틱톡화를 반대하는 것은 자연스럽다.

인스타그램이 스타 인플루언서를 비판하거나 이들과 맞서는 것은 쉬운 일이 아니다. 2018년 카일리 제너는 스냅챗의 새로운 디자인이 맘에 들지 않았다. 제너는 이런 생각을 자신의 트윗에 담았다. 이 트윗 이후 스냅의 기업 가치는 단숨에 13억 달러 떨어졌다. 이 사실을 누구보다 잘 알고 있는 사람이 인스타그램 대표 애덤 모세리다.

애덤 모세리는 앞서 설명한 것처럼 신속하게 인스타그램의 틱톡화 반대에 대응했다. 그러나 모세리는 인스타그램의 틱톡화를 철회하지 않고, 오히려 틱톡화가 인플루언서나 크리에이터에게 도움이 될 것이라고 주장했다. 달래기에 나선 것이다.

옴 말리크(Om Malik)[4)]는 카일리 제너와 킴 카다시안의 저항과 모세리의 대응을 다음과 같이 정리했다.

"모세리는 당신이 원하는 것은 중요하지 않다고 이야기하고 있다. 중요한 것은 저커버그가 원하는 것이다. 결과적으로 인스타그램은 이제 동영상, 그리고 동영상과 관련된 서비스다. 이 사실은 변하지 않을 것이다."

인스타그램은 자신의 서비스에서 무엇이 작동하고 있는지 잘 알고 있다. 그러므로 이런 전략 변화는 풍부한 내부 데이터에 기초를 둘 가능성이 높다. 인스타그램 이용자 데이터는 명확하게 한 방향을 이야기하고 있다. 이용자들은 더 많은 동영상, 더 많은 릴스, 그리고 더 많은 틱톡 형식의 AI 추천을 원하고 있다.

따라서 메타는 틱톡화 전략을 위험이라고 판단하지 않고, 이용자의 행위 습관 변화에 조응하는 전략 변화라고 판단하고 있을 것이다. 이렇게 틱톡화는 인스타그램 및 페이스북 다수 이용자의 바람이다.

워싱턴포스트의 테일러 로렌즈(Taylor Lorenz)는 사진 공유 앱으로 인스타그램을 원하는 사람은 매우 소수임을 지적하면서 플랫폼만 변한 것이 아니라 이용자의 선호가 크게 달라졌음을 강조하고 있다. 테일러 로렌즈는 2014년 방식의 시간순 사진 및 이미지 피드를 다시 도입해야 한다는 주장은 잘못된 믿음이라고 말한다. 시간순 피드가 친구 사이를 더 가깝게 만들지 않기 때문이다. 우리는 더 이상 공개 사진 및 이미지에 '좋아요'를 클릭하고 댓글을 다는 방식으로 인간관계를 가꾸지 않는다. 친밀함은 DM, 그룹 채팅, 단톡 등을 통해 유지 및 발전하고 있다.

인스타그램 및 페이스북의 틱톡화는 장기적으로 옳은 결정이다. 그러나 틱톡화 과정은 그렇게 쉬워 보이지 않는다. 페이스북이 피드 탭을 도입하면서 앱 이용의 복잡성이 증가한 것처럼 인스타그램 앱은 앞으로 더욱 복잡해지고 이용자 경험을 악화시킬 수 있기 때문이다. 일부 인스타그램 이용자는 좋았던 과거를 그리워할 수 있고, 일부 영향력 큰 인플루언서는 제너와 카다시안 같은 저항을 조직할 수 있다. 그 과정에서 적지 않은 규모의 이용자가 틱톡으로 중심 플랫폼을 옮길 수도 있다.

메타의 새로운 전략이 의미하는 것은 소셜과의 작별

틱톡은 스스로를 '엔터테인먼트 플랫폼'이라 규정한다. 스냅은 자신을 '카메라 기업'이라 부르고 있다. 비리얼(BeReal)[5]은 "또 다른 소셜 네트워크 서비스가 아니다(Not another social network)"라며 소셜 미디어로 분류되는 것을 거부하고 있다. 그렇다면 소셜 미디어의 시대는 끝난 걸까?

아직 소셜 미디어의 몰락을 주장하기는 이르다. 페이스북과 인스타그램은 그 어느 때보다 많은 수인 40억 명의 이용자를 연결하는 네트워크 서비스다. 저커버그도 "우리가 하는 일인 소셜 파트는 계속 남

---

4. 테크 전문 기자. GigaOM 창립자이며, 현재 True Ventures의 파트너다.
5. 이용자들의 진솔한 모습을 공유하는 SNS. 하루 한번 '진짜를 보여줄 시간(Time to BeReal)'이라는 알림이 오면 사용자가 2분 안에 휴대폰으로 자신과 자신의 주변 환경을 찍어 업로드해야 한다. 재촬영도 가능하지만 몇 번째 촬영인지 코멘트가 남는다. 후면 카메라와 전면 카메라 모두 사용되며 내 사진 공유를 허락하지 않으면 친구의 사진 또한 볼 수 없다.

아 있을 것이며, 우리가 지금 하는 일은 매우 중요하다"라고 말하며 메타에게 있어 소셜 기능의 의미를 설명하고 있다. 그 때문에 악시오스(Axios)의 스콧 로젠버그(Scott Rosenberg)가 말한 "소셜 네트워킹 시대가 끝날 무렵(sunset)"이라는 표현에 쉽게 동의하기는 어렵다.

그러나 페이스북에서 '전체 공개' 중심의 뉴스피드 시대는 그 끝을 향해 달려가고 있다. 이미 지난 수년 동안 인터넷 대화 중 많은 부분이 피드에서 커뮤니티, 그룹, 그리고 모바일 메시징 서비스로 이동하고 있기 때문이다. 여기에 틱톡이 등장하면서 소셜 미디어 지형을 최종적으로 바꾸고 있다. 틱톡에도 수많은 댓글이 존재한다. 그러나 이 댓글의 대부분은 해당 영상에 대한 불특정 다수의 공감 표현이지 친구 사이의 공감 표현이 아니다. 댓글의 성격이 변하고 있는 것이다. 페이스북과 인스타그램도 사적 대화 공간이 공적인 피드가 아닌 DM, 메시징 서비스로 이동했다고 판단하고 이 경향을 더욱 강화하기로 결정했다. 소셜 미디어가 세상을 연결한다는 꿈은 이제 끝났다고 할 수 있다.

특히 Z 세대는 전통 소셜 미디어에 관심이 없다. 젊은 이용자는 여러 개의 메시징 서비스를 이용하고 트위치, 디스코드 등 특수한 커뮤니티 서비스를 활용한다. 이러한 사적 대화 공간과 정반대되는 영역에 틱톡이 위치한다. 틱톡의 추천 알고리듬은 이용자의 사회 관계망과 무관하게 작동한다. 페이스북과 인스타그램이 틱톡의 추천 알고리듬을 얼마나 정교하게 복사할 수 있을지는 판단하기 쉽지 않다. 또 그 변화를 페이스북과 인스타그램 이용자가 어떻게 평가할지 예상하거나 판단할 수도 없다. 다만 한 가지 분명한 것은 인스타그램과 페이스북은 자신의 서비스의 출발점 또는 뿌리에서 점점 더 멀어지고 있다는 사실이다.

변화의 이유, 타기팅 광고 설 자리 줄어 들어

소셜 그래프에 기초한 인스타그램과 페이스북 피드는 개인 정보 침해 이슈 및 확증 편향 이슈 등을 만들어왔다. 메타의 개인 정보 침해 문제는 한편으로 애플의 ATT 정책으로 이어졌고, 다른 한편으로 미국 및 유럽 규제 당국의 강력한 기업 감시를 가져왔다. 메타가 소셜 그래프와 작별한다는 의미는 메타의 절대 반지 '타기팅 광고'를 포기하는 것을 의미한다. 타기팅 광고의 높은 효율성은 제3자 쿠키 등 방대한 이용자 데이터와 함께 인스타그램과 페이스북 소셜 그래프의 관계망 데이터를 결합한 데 기초하기 때문이다. 메타는 애플과 규제 당국의 공세로 제3자 쿠키 데이터를 포기할 수밖에 없고, 틱톡과 경쟁하기 위해 스스로 소셜 그래프 관계망 데이터를 버리고 있는 셈이다.

애플의 쿠키 추적 금지 정책(ATT) 이후 타기팅 광고의 효율은 크게 떨어지고 있으며 그 영향으로 메타와 트위터, 스냅(Snap)의 광고 매출이 감소했다. 스냅은 2022년 2분기 1일 활성 이용자 수(DAU)가 18% 증가해 3억4,700만 명을 기록하고 있다고 밝혔으나 역설적이게도 매출 감소를 이야기한다. 메타의 경우도 동 기간 이용자 수는 1,000만 명 증가했지만 매출은 1% 감소했다.

타기팅 광고 또는 퍼포먼스 마케팅으로 표현되는 광고 상품은 세릴 샌드버그(Sheryl Sandberg)의 작품이었다. 메타를 떠난 샌드버그가 구글에서 페이스북으로 자리를 옮긴 해는 2008년이다. 샌드버그는 구글에서 7년 동안 검색 광고 팀에서 일했다. 그 경험을 바탕으로 페이스북과 인스타그램의 광고 상품 개발과 운영을 책임졌다. 2008년 페이스북의 매출[6]은 2억7,200만 달러였으나 2021년 메타의 매출은 1,180억 달러를 기록했다. 무려 43,000% 상승한 수치다. 그만큼 페이스북과 인스타그램의 타기팅 광고 효과는 매력적이라고 평가할 수 있다. 이 광고 효율이 급강하하고 있는 것이다.

그 결과 메타의 매출 감소뿐 아니라 나비효과가 발생했다. 트윗 스레드[7]와 다양한 보도에서 확인할 수 있는 것처럼 타기팅 광고 효율 급감으로 중소기업(SMB) 또는 스타트업의 신규 고객 확보 비용(Customer Acquisition Cost, CAC)이 급증했다. 그만큼 소셜 미디어 광고를 통한 신규 고객 확보는 불가능해지고 있다.

J. P. 모건의 경영진 출신의 교수 알렉스 구레비치(Alex Gurevich)는 2022년 7월 장문의 트윗 스레드를 통해 (미국에 제한된 경우지만) 중소기업이 겪고 있는 타격이 매우 심각한 수준임을 역설했는데 많은 리트윗과 인용 및 언론 보도 등으로 이어지며 주목받은 바 있다.

"미국 내 중소기업의 GDP 차지 비율은 44%다. 중소기업 중 64%가 타기팅 광고에 크게 의존하고 있다. 매출 감소 폭[8]은 50~60%에 이르는데, 이는 중소기업이 감당하기 어려운 수준이다. 타기팅 광고 효율 저하와 이에 따른 중소기업 매출 감소는 인플레이션 등 다른 거시 경제 요인보다 경기 후퇴에 미치는 영향이 더 크다."

이 주장에는 다소 과장이 존재하지만 애플의 ATT와 틱톡의 공세가 타기팅 광고로 큰돈을 벌고 있는 메타뿐 아니라 가격 대비 높은 효율의 타기팅 광고에 의존할 수밖에 없는 중소기업에도 부정적 영향을 미치고 있다는 것을 알려준다.

메타가 인공지능 추천 피드의 비율을 높이겠다는 것은 메타 스스로 소셜 그래프 기반 타기팅 광고 매출 비중을 줄이고 인공지능 추천 피드용 광고 상품을 개발하겠다는 뜻으로 해석된다. 이 이행 과정은 디지털 광고 시장에 공백을 만들 가능성이 높다. 타기팅 광고는 메타와 스냅, 트위터 등 소셜 미디어 서비스 기업에만 익숙한 광고 형태가 아니기 때문이다. 수많은 기업이 타기팅 광고나 퍼포먼스 마케팅에 익숙하다.

광고주가 소셜 미디어의 변화에 맞춰 AI 추천 피드에 어울리는 새로운 광고 형식으로 무게중심을 옮기는 데 많은 적응 시간이 요구될 것으로 보인다. 인스타그램 및 페이스북의 틱톡화 또는 소셜 미디어에서 AI 추천 피드의 강화는 브랜드가 소셜 미디어에서 광고를 집행하는 방식에 매우 큰 영향을 미칠 것이며, 이 영향은 2023년까지 점점 더 강화될 것이다.

---

6. 광고 매출.
7. 한 사람이 작성한 일련의 연결된 트윗을 말한다. 스레드를 사용하면 여러 개의 트윗을 연결해 추가적인 문맥 정보, 업데이트 또는 확장된 의견을 제공할 수 있다.
8. 타기팅 광고 효율성이 감소함에 따라 겪게 되는 매출 감소.

메타버스 전략에 차질을 빚고 있는 메타

메타는 지금까지 확보한 막강한 소셜 그래프 위에서 전사적으로 집중해 메타버스 전략을 추진하고 있다. 메타가 메타버스 전략에 올인하는 주요 이유 중 하나는 메타가 구글과 애플의 시장 지배력에서 벗어나기 위한 수단으로 메타버스를 해석하고 있다는 점이다. 모바일 시장은 현재 애플과 구글이 길목을 장악하고 있으며, 그 결과 애플과 구글은 모바일 시장의 작동 원리를 규정하는 강력한 힘을 가지고 있다. 대표적인 사례가 애플의 ATT다. 메타는 이를 벗어난 새로운 시장 질서를 만들고 싶어 한다.

이를 위해 메타에는 두 가지가 절실하다. 첫째, 새로운 시장을 혼자 힘으로 만들 수 없기에 메타는 다양한 기업을 구매(M&A)하면서 전략 실행 시간을 단축해야 한다. 둘째, 새로운 시장이 만들어지기까지 견디기 위해 현재의 매출 구조가 강력하게 유지되어야 한다. 저커버그는 새로운 메타버스 시장 질서가 완성되기까지 15년이 필요하다고 말했다. 그 때문에 기업 메타는 최소 10년은 탄탄한 수익 구조를 유지 및 확대해야 한다.

그런데 메타는 이 두 가지 모두에서 장애물을 만나고 있다. 미국 연방거래위원회(Federal Trade Commission, 이하 FTC)는 가상현실 전문 기업 위신(Within)[9]을 인수하려는 메타의 계획에 법정 소송이라는 형식의 제동을 걸었다. 위신은 VR 운동 앱 슈퍼내추럴(Supernatural)을 성공적으로 운영하는 기업이다. 슈퍼내추럴은 메타의 VR 헤드셋

퀘스트(Quest)에서 매우 인기 있는 앱 중 하나다. 흥미로운 점은 FTC의 반대 논리다. FTC는 메타가 시장에서 경쟁하려 하기보다 기업 인수를 통해 'VR 제국(empire)'을 만들고자 한다고 했다. 메타는 FTC의 입장이 이념과 추측(ideology and speculation)에 기초하고 있다고 반박한다.

물론 FTC가 이번 소송에서 승리할 가능성은 낮은 듯하다. 경쟁법을 적용할 정도로 메타버스 관련 시장규모가 크지 않기 때문이다. 다만 FTC는 이번 소송을 통해 메타에 강력한 경고장을 보냈다고 해석할 수 있다. 이번 소송에서 FTC가 페이스북의 인스타그램, 왓츠앱 인수 허용[10] 같은 실수를 반복하지 않겠다는 의지를 읽을 수 있다.

길게는 15년, 짧게는 10년의 과도기를 견디기 위해서는 현재 메타의 광고 매출이 유지되어야 한다. 2022년 2분기 메타의 순이익은 전년 동 기간 대비 35%p 하락한 67억 달러였다. 2022년 2분기 메타의 메타버스 조직 리얼리티 랩(Reality Labs)의 손실은 28억 달러를 기록했다. 메타버스 전략이 없었다면 메타의 2분기 순이익은 95억 달러 이상을 유지할 수 있었을 것이라는 뜻이다. 이렇게 메타버스 전략이 메타의 이익과 손실에 매우 큰 영향을 미치고 있음을 확인할 수 있다.

당분간 메타 관련 뉴스에서 신호(signal)와 소음(noise)를 구별할 필요가 있다. 신호는 인스타그램과 페이스북의 틱톡화 성공 여부다.

---

9. Within Unlimited, Inc.
10. 페이스북이 시장 내 경쟁자인 인스타그램과 왓츠앱을 인수함으로써 그들을 무력화하면서 결과적으로 독점적 입지를 강화하는 걸 FTC가 막지 않고 방치한 것은 실수였다는 의미다.

타기팅 광고가 아닌 다른 광고 상품이 등장하고 기업이 이 광고 상품에서 어떤 효과를 거둘지도 중요한 신호에 속한다. 신호가 강해지기 전까지 메타의 VR, 메타버스 소식은 소음일 가능성이 높다.

숏폼이 대세! 틱톡의 새로운 추천 알고리듬과 성장 방향

가장 진화한 피드 구성 알고리듬의 탄생, 틱톡 추천 알고리듬의 비밀

인스타그램과 페이스북이 닮고자 하는 틱톡 추천 피드 알고리듬의 작동 원리는 무엇일까? 그리고 틱톡 알고리듬의 강력한 장점은 무엇일까?

소셜 미디어에서 피드(feed) 구성은, 다시 말해 개인 이용자가 접하게 되는 콘텐츠의 순서는 해당 서비스의 성공, 성장, 그리고 쇠퇴를 결정하는 주요 요소다. 유튜브 추천 알고리듬, 페이스북 및 인스타그램의 피드 알고리듬, 그리고 네이버 뉴스의 알고리듬 등이 대표적인 피드 구성 알고리듬이다. 피드 알고리듬은 이용자 개인의 만족도를 최대한 끌어올리는 방향으로 특정 서비스를 구성하는 콘텐츠의 배치와 순서를 결정한다. 여기서 핵심은 개별 콘텐츠에 가중치를 어떻게 부여할 것인가다. 또 서비스를 제공하는 기업의 이윤을 극대화하도록 피드 알고리듬을 진화하는 것도 중요하다. 대다수 소셜 미디어는 광고를 핵심 수입원으로 삼고 있다. 광고의 수량을 최대화하면서도 이용자가 과하지 않다고 느껴야 하고, 광고주의 만족도를 극대화하기 위해 광고의 효율성도 최적화해야 한다. 여기서 광고의 효율성을 측정하는 가장 중요한 두 가지 지표는 타기팅과 전환율이다.

클레이 셔키(Clay Shirky)는 2008년 "정보 과잉이 아니라 필터 실패가 문제다"라고 주장했다. 이 표현에서 필터(filter)는 피드 구성 알고리듬을 의미한다. 이용자, 사업자, 광고주 등 다양한 이해를 반영해야 하는 피드 알고리듬은 고정된 것이 아니라 진화를 거듭해야 한다.

이용자 수가 적을 경우 일반적으로 피드는 시간순으로 구성된다. 이용자 수가 증가하고 그로 인해 콘텐츠 수량이 급증하며 콘텐츠 형식이 텍스트, 이미지에서 영상으로 확대되면 피드 구성 알고리듬은 이른바 추천 알고리듬으로 진화한다. 피드 알고리듬은 다양한 가중치가 들어간 함수 공식이다. 결과적으로 개별 콘텐츠가 특정 이용자에게 갖는 순서 값이 정해지고 이 수치에 따라 콘텐츠가 노출된다.

틱톡은 2개의 피드를 갖추었다. 하나는 '팔로잉' 피드다. 개별 이용자가 팔로잉하는 계정 및 해당 이용자와 각 계정의 상호작용 등을 측정해 틱톡 팔로잉 피드가 구성된다. 페이스북, 인스타그램과 유사하다. 이른바 팔로워-팔로잉이라는 소셜 그래프가 피드 알고리듬의 기초를 구성한다.

다른 하나는 추천 피드다. 이 피드를 구성하는 알고리듬은 틱톡이 성공하는 데 결정적 기여를 한 요인 중 하나다. 틱톡 추천 피드는 소셜 그래프가 아니라 이른바 콘텐츠 그래프 또는 관심사(interest) 그래프에 기초한다. 이 추천 피드의 알고리듬의 비밀은 다음과 같다.

비밀 1) 상호작용 없는 콘텐츠에 가중치 0 부여

2021년 12월 5일 뉴욕 타임스는 틱톡 추천 알고리듬의 기본 구조를 공개했다. 틱톡 모회사 바이트댄스(ByteDance)의 개발자는 틱톡 직원 중 비개발자 직원을 대상으로 틱톡 추천 알고리듬을 설명하는 문서를 작성했다. 그런데 이 문서가 유출되었다. 뉴욕 타임스는 이 유출된 문서에 전문가 상담을 요청했고 이 상담 내용으로 분석 글을 구성한다. 이 기사에 공개된 틱톡 추천 알고리듬의 핵심 공식은 아래와 같다.

(Plike×Vlike)+ (Pcomment×Vcomment)+(EPlaytime× Vplaytime)+(Pplay×Vplay)

1. **Plike:** 이용자 A의 좋아요 수로 0 또는 1의 값을 가짐
2. **Vlike:** 영상 전체 좋아요 수
3. **Pcomment:** 이용자 A의 댓글 수로 0 또는 1 이상의 값을 가짐
4. **Vcomment:** 영상 전체 댓글 수
5. **EPlaytime:** 이용자 A의 재생 시간
6. **Vplaytime:** 영상 전체×재생 시간
7. **Pplay:** 이용자 A의 (반복) 재생 수로 1 이상의 값을 가짐
8. **Vplaytime:** 영상 전체 (반복) 재생 수

여기서 중요한 점은 1, 3번 그리고 7번이다. Plike와 Pcomment는 0의 값을 가질 경우가 많다. 따라서 틱톡 추천 알고리듬에서 이용자가 특정 영상에 '좋아요'를 표시하거나 댓글을 다는 경우 해당 영상의 가중치는 매우 크게 증가할 수 있다. 그러나 이용자가 특정 영상을 수동적으로 소비할 경우 해당 영상의 '좋아요'와 댓글은 해당 이용자

의 흥미나 관심사를 분류하는 데 어떤 역할도 할 수 없다.

이용자가 특정 영상에 '좋아요'를 표시하지 않을 경우 해당 영상이 이미 좋아요 10만 개를 확보했어도 이 이용자에게 Plike x Vlike 값은 0이다. 이 부분, 다시 말해 이용자 개인의 참여 수준에 매우 높은 가중치를 부여하고 있는 점이 페이스북, 인스타그램, 유튜브 등과 틱톡의 결정적 차이점이다. 7번도 중요하다. 이용자의 반복 재생 수가 전체 재생 수에 곱해진다. 이것이 숏폼 영상에서 반복 재생 수를 높이는 것이 중요한 이유다.

비밀 2) 물방울 원칙

틱톡 알고리듬의 또 다른 특징은 이른바 물방울 원칙이다. 틱톡 추천 알고리듬은 특정 영상을 처음부터 대규모의 이용자에게 추천하지 않는다. 틱톡에는 수많은 테스트 이용자 그룹이 존재한다. 특정 영상이 규모 작은 이용자 그룹에서 반응이 좋다면 보다 큰 이용자 그룹에 이 영상을 추천한다. 여기서도 반응이 좋다면 보다 더 큰 규모의 이용자 그룹으로 추천 영역이 확대된다.

이렇게 작은 이용자 그룹에서 시작해서 보다 큰 그룹으로 영상 추천의 반응을 점검하는 방식이 물방울 원칙이다. 이 물방울 원칙에서 좋은 성적을 거둔 영상은 강력하게 바이럴될 가능성이 높다. 마케터 입장에서는 물방울 원칙을 어떻게 활용할 수 있을까?

최적의 발행 시간을 찾는 데 물방울 원칙을 활용할 수 있다. 브랜드 계정 또는 크리에이터 계정이 주요 타깃으로 삼는 이용자 그룹의 틱톡 이용이 본격화되는 시점을 찾아내는 것이 좋다. 물방울 크기가 커지는 시간대가 타깃 이용자 주요 이용 시간과 겹치면영역이 커질 수 있기 때문이다.

콘텐츠 그래프부터 광고 집행 비용까지, 틱톡의 성장 요인 분석

틱톡의 성장 속도가 놀랍다. 한국의 경우 2019년 12월 대비 2021년 5월 틱톡 이용 시간은 2배 이상 증가했다. 미국 이용자의 경우 한 달 평균 틱톡 이용 시간은 24.5시간이다. 참고로 유튜브 평균 이용 시간은 22시간이다. 영국 이용자의 경우 한 달 평균 틱톡 이용 시간은 26시간에 가깝다. 틱톡을 Z 세대가 즐겨 보는 앱이라고 평가하면 안 된다. Z 세대가 틱톡의 성장을 이끌고 있다는 점은 부정할 수 없지만 틱톡 이용자 3분의 2는 만 25세 이상이다.

틱톡의 첫 번째 성공 요인은 콘텐츠 그래프다. 1시간 동안 유튜브를 본다면 평균 몇 개의 동영상을 볼 수 있을까? 유튜브 동영상 한 편의 평균 시청 지속 시간은 5분에서 8분 사이다. 그렇다면 1시간에 볼 수 있는 평균 유튜브 동영상 수는 10개다. 반면 1시간 동안 틱톡에서는 평균 몇 개의 동영상을 볼 수 있을까? 대부분 틱톡 영상의 길이는 15초다. 이 기준으로 보면 1시간 동안 틱톡에서 소비할 수 있는 영상의 수는 최대 240개다. 이용자가 짧은 동영상을 많이 소비할수록 틱톡 알고리듬은 더 효과적으로 이용자의 취향을 분석할 수 있다. 쉽게 표현해 기계 학습용 학습 데이터(training data)가 풍부해진다.

팔로잉-팔로워 구조를 소셜 그래프라고 한다. 트위터, 페이스북, 인스타그램 피드 구성의 기초는 소셜 그래프다. 이들 서비스에서는 팔로잉하는 친구, 페이지 등이 많을 경우 어떤 포스트를 먼저 보여줄 것인지 결정하는 알고리듬 가중치가 중요하다. 이 가중치는 철저하게 소셜 그래프에 의존한다.

틱톡에도 팔로잉 탭이 있다. 그러나 틱톡의 기본 설정은 추천 탭이다. 이 추천 탭에서 작동하는 것이 콘텐츠 그래프(content graph)다. 틱톡 추천 알고리듬은 개별 영상을 수백 개의 파라미터로 구별하고, 개별 이용자의 행위와 일치하는 파라미터를 찾아낸다. 이런 매칭 작업을 통해 개별 이용자의 취향이 분석된다. 이때 학습 데이터가 많으면 많을수록 틱톡 추천의 효과가 높을 것이다. 이론적으로 볼 때 이용자가 틱톡을 이용하는 시간이 많으면 많을수록 이용자의 만족도는 높아진다. 2021년 7월 4일 파이낸셜 타임스 보도에 따르면 틱톡의 모회사 바이트댄스는 자사의 뉴스 서비스 터우탸오(TouTiao)에서부터 콘텐츠 그래프를 발전시켜왔다.

두 번째 성공 요인은 코로나19 팬데믹이다. 팬데믹에 따른 록다운(lockdown)도 틱톡 이용 시간 급증에 적지 않은 기여를 했다. 2020년 3월 한 달 동안 틱톡 앱 다운로드는 1억1,300만 회였다. 록다운 시작 이후 1년 동안 틱톡 이용 시간은 총 32만 년에 이르렀다. 일반적으로 3~4년 정도 걸리는 성장 수치를 틱톡은 코로나19 팬데믹 기간 1년 동안에 이뤄낸 것이다. 그만큼 매출도 증가했다. 틱톡 모회사 바이트댄스의 2020년 매출은 전년 대비 111% 성장한 343억 달러를 기록했다. 이러한 매출 성장은 앞서 설명한 것처럼 2021년과 2022년에도 이어지고 있다.

 2022년 6월 21일 월스트리트 저널에서는 애플이 2021년 하반기 광고를 위한 트래킹을 제한하자 페이스북, 인스타그램의 메타는 2022년 약 100억 달러 매출 감소 가능성을 스스로 예고했다. 여기서 100억 달러의 광고주 중에는 중소형 기업과 이커머스 기업이 다수다.

 월스트리트 저널에 따르면 이 100억 달러 중 약 30억 달러에서 50억 달러가 틱톡으로 이동하고 있다. 2022년 틱톡 매출이 전년 대비 200% 성장해도 디지털 광고 시장에서 구글과 메타의 지배력은 쉽게 꺾이지 않고 있다. 다르게 표현하면 틱톡이 차지하고 싶은 광고 시장의 파이는 아직도 크다는 뜻이다. 문제는 '틱톡이 어떤 수단으로 광고 매출을 계속 성장시킬 수 있는가'다.

 2022년 틱톡 매출 성장의 주요 원인은 첫째, 약 10억 명을 넘어서고 있는 틱톡 적극 이용자 규모, 특히 Z 세대 도달률이다. 두 번째, 원인은 앞서 설명한 애플의 정책 변화 같은 외부 변수다. 세 번째의 성공 요인은 막대한 마케팅 비용 지출이다. 틱톡이 2019년 미국에서 쓴 광고 비용은 무려 10억 달러다. 유럽 축구 경기에서도 틱톡 광고를 쉽게 접할 수 있다. 틱톡은 유로 2020의 공식 스폰서다. 어떤 언론에서도 틱톡이 세계시장에서 뿌린 마케팅 비용이 어느 수준인지 밝혀내고 있지 못하지만, 세계 각국에서 TV 광고를 대량으로 오랫동안 지속

했다는 점에서 틱톡의 마케팅 비용을 간접적으로 예상해볼 수 있다.

마지막 틱톡의 성공 요인은 이용자의 참여다. 정확하게 표현하면 유튜브, 인스타그램에서 아직 많은 구독자 및 팔로워를 확보하지 못한 젊은 창작자에게 도전 의식을 심어주었다. 콘텐츠 그래프 기반 추천 탭은 팔로워가 없거나 매우 적은 이용자에게도 도전의 동기를 제공한다. 틱톡에서는 아직 팔로워가 많지 않은 이용자도 밈으로 확산될 수 있는 동영상을 발행한다면 이것이 추천 피드 탭에 노출될 가능성이 존재한다.

이때 폭발적인 수의 시청 수(view), 좋아요, 댓글 등이 추가되면서 이용자는 적지 않은 규모의 팔로워를 한꺼번에 얻을 확률이 높다. 창의성이 높은 이용자가 틱톡에 도전할 수 있는 동기 부여를 틱톡의 콘텐츠 그래프 알고리듬이 선사하고 있는 것이다. 그렇다 보니 틱톡의 다양한 해시태그나 해시태그 챌린지에서 독특한 이용자 참여 현상을 확인할 수 있다.

한편 조시 콘스틴(Josh Constine)[11]은 숏폼 영상이 매력적인 가장 큰 이유로 콘텐츠 밀도(content density)를 든다. 그는 숏폼 영상을 미니 예능(mini entertainment)이라 부른다. 그의 주장에 따르면, 동영상 길이가 짧다는 것은 창작자가 이용자의 관심과 인정을 받을 수 있는 시간이 짧다는 뜻이며, 이 시간이 짧으면 짧을수록 창작자는 영상에 더 많은 창작력을 집중할 수밖에 없고, 그 결과 매우 매력적인 영상

---

11. IT 전문 기자이자 시그널파이어(SignalFire)의 벤처 파트너.

콘텐츠가 탄생한다고 했다. 조시는 창작력의 집중을 콘텐츠 밀도라고 부르며, 숏폼 영상은 이 콘텐츠 밀도가 높다고 평가한다.

틱톡의 성장은 계속될 것인가?

2020년 6월 인도 정부는 중국과의 국경 분쟁 과정에서 왓츠앱을 포함 60여 개 중국 앱의 자국 서비스를 금지했다. 여기에 틱톡이 포함되어 있었다. 인도는 미국, 유럽 등 여러 모바일업체의 거대 시장으로 발전하고 있는데, 이 시장에서 자리를 잃는 것은 틱톡에는 매우 큰 손실이다.

틱톡은 이를 만회하기 위해 다양한 노력을 하겠지만 인도와 중국 정부가 극적으로 화해하지 않는 한 틱톡의 인도 재진출은 어려울 것이다. 인도-중국 갈등, 미국-중국 갈등, 반중 정서 등을 근거로 틱톡의 성장에 한계가 있다고 주장할 수 있다. 그러나 지정학적 갈등 및 위험은 틱톡뿐 아니라 앞으로 글로벌 시장을 노리는 모든 테크 기업에 해당된다.

실리콘밸리 기업이 지배하는 세계시장에 도전장을 낸 미국 이외의 모든 기업은 지정학적 갈등을 피할 수 없다. 틱톡은 아마 화웨이 등의 전철을 밟지 않기 위한 전략적 고민을 충분히 하고 있을 것이다. 2022년 8월 미국 오라클이 발표한 틱톡 알고리듬에 대한 감사 결과는 이런 전략 중 하나로 평가할 수 있다.

각국 정부가 이미 10억 명의 이용자를 확보한 틱톡을 금지하는 일은 불가능에 가깝다. 이보다는 여느 테크 기업에 대한 정부의 강력한 규제처럼 틱톡의 개인 정보 이슈와 혐오 콘텐츠 관리 이슈, 오정보 유통 관리 이슈 등에 대한 보다 엄밀한 규제 정책을 입안하고 실행하는 적극적 대응 방향이 더 현실적으로 보인다.

릴스 vs 틱톡, 최종 승자는?

스냅챗의 스토리가 인스타그램의 주요 기능으로 자리 잡은 것처럼 숏폼 영상이 인스타그램의 릴스, 나아가 페이스북에서도 이용자의 선택을 받을 수 있을까? 답은 '그렇다'다. 그 이유는 다음과 같다.

첫 번째, 인스타그램과 페이스북 이용자 중 많은 사람이 틱톡을 이용하기에는 나이가 많다. 인스타그램을 이용하는 40대 또는 50대 이용자가 릴스를 통해 숏폼 영상의 매력에 빠질 수 있다. 그런데 이 40대 또는 50대 이용자가 틱톡 적극 이용자가 되기는 어렵다. 틱톡 영상 콘텐츠 중 다수는 젊은 이용자를 지향하기 때문이다.

틱톡 월간 활성 이용자 수는 2021년 9월 10억 명에 도달했다면, 인스타그램은 2021년 11월 20억 명을 넘어섰다. 단순화하면 인스타그램 이용자 중 10억 명 정도는 틱톡에 대한 거부감을 표현할 수 있다. 반면 나머지 10억 명 중 릴스를 통해 숏폼 영상에 매력을 느낀 30대 또는 40대 인스타그램 이용자가 틱톡으로 빠르게 이동할 가능성도 존재한다. 다음 표처럼 미국에서 30대 및 40대 틱톡 이용자가 점차 증가하고 있는 점도 이를 입증한다.

인스타그램과 페이스북 이용자 중 숏폼 영상을 좋아하나 틱톡으로 넘어가기에는 젊은 콘텐츠를 부담스러워하는 이용자 규모가 어느

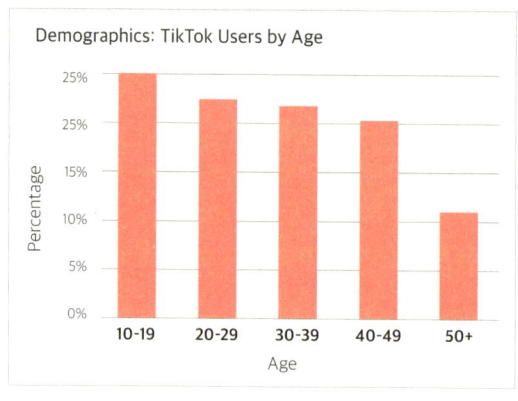

2021년 기준 연령별 틱톡 이용자 비율. 출처: Backlinko

정도인지가 중요하다. 이 규모가 크면 클수록 인스타그램과 페이스북이 틱톡과의 경쟁에서 생존할 가능성이 커지기 때문이다.

두 번째, 페이스북 및 인스타그램은 넉넉한 현금을 갖고 있다. 이용자들이 인스타그램이냐 틱톡이냐 또는 릴스냐 틱톡이냐를 선택하는 데 중요한 요소는 '각 플랫폼이 얼마나 창의적인 숏폼 영상 창작자를 보유하고 있는가'일 수 있다. 더 많은 창작자를 확보하기 위해 인스타그램, 틱톡, 유튜브는 2021년부터 이른바 돈의 전쟁을 시작했다. 2022년 2월 4일 월스트리트 저널 보도에 따르면 인스타그램과 페이스북은 막대한 현금을 풀며 틱톡 및 스냅의 크리에이터 영입에 나섰고, 이 현금 유혹은 성과를 보이고 있다.

틱톡은 아직까지 크리에이터와 광고 매출 공유를 공식화하지 않고 있다. 이 상태가 지속된다면 틱톡 크리에이터가 릴스와 유튜브 쇼츠로 계속 이동할 가능성도 있다. 크리에이터 이동은 틱톡에는 위협 요소이며 인스타그램과 페이스북에는 기회다.

세 번째, 인도의 틱톡 금지는 다른 미디어들에 기회가 되었다. 인도는 인도 정부가 2020년 6월 틱톡을 금지하기 전까지 틱톡에 가장 큰 시장이었다. 틱톡 금지 이후 인도에서 틱톡 이용자는 약 3억 명이 빠져나갔다. 이 빈자리를 채우며 빠르게 성장한 서비스는 '스냅(Snap)'이다. 스냅은 2020년 틱톡의 서비스를 카피한 숏폼 영상 기능 '스포트라이트(Spotlight)'를 선보이면서 특히 인도에서 빠르게 성장했다.

인도에서 숏폼 영상으로 성공한 서비스는 스냅뿐 아니라 인스타그램 릴스와 유튜브 쇼츠도 포함된다. 두 서비스 모두 인도를 발판으로 전 세계 숏폼 영상 서비스를 강화하고 있다.

이상 세 가지 측면에서 릴스와 틱톡의 경쟁 구도를 결정하는 요소를 살펴보았다. 이 중 세 번째 요소는 전체 경쟁 구도에서 이제 큰 영향력이 없다. 경쟁 서비스가 초기에 숏폼으로 안착하게 도와주었을 뿐이다. 나머지 시장, 즉 아시아, 북미, 남미, 유럽 등에서 이용자가 틱톡이 아닌 릴스를 선택할지 여부는 2023년에 판가름 날 가능성이 높다. 인스타그램과 페이스북이 틱톡과 유사한 추천 피드를 본격화한 이후 틱톡과 릴스 전쟁의 승자를 판단할 수 있을 것이다. 여기서 만약 틱톡이 승리한다면 메타는 디지털 광고 시장에서 빠르게 힘을 잃어가며, 메타버스를 추진해나가는 힘을 상실할 수도 있다.

검색의 변화와 온라인 활동의 사회적 신분화 현상

구글과 네이버에 닥친 도전, 검색 형태의 변화

소셜 미디어의 지형 변화는 검색 시장에도 영향을 미치고 있다. 태어날 때부터 스마트폰과 소셜 미디어를 경험한 세대는 다른 세대적 특징을 지니고 있다. 이들의 검색 습관은 그 이전 세대와 다르다. 검색 습관의 변화는 구글 및 네이버가 직면한 도전이다.

2022년 7월 13일 테크크런치 보도에 따르면, 구글 내부 데이터는 Z 세대 이용자의 약 40%가 구글 검색보다 인스타그램과 틱톡 검색을 선호한다고 밝히고 있다. 구글 수석 부사장 프라바카르 라그하반은 "우리 연구에 따르면 약 40%의 젊은 이용자는 점심 식사 관련 검색을 할 때 구글 지도나 구글 검색을 이용하지 않는다. 그들은 틱톡이나 인스타그램을 이용한다"라며 젊은 이용자의 검색 소비 변화를 설명하고 있다.

젊은 이용자가 구글 검색에 등을 돌리는 이유를 분석하기 위해 먼저 세대의 구별 및 세대의 차이가 왜 발생하는지 살펴보자. 블로거이자 팟캐스터 멀린 만(Merlin Mann)은 다음과 같은 표현으로 새로운 세대가 탄생하고 있음을[12] 묘사했다.

"매일매일 〈프린스톤 가족(The Flintstones)〉을 보지 않는 사람이 태어나고 있다." 이렇게 멀린 만은 서로 다른 문화 경험을 세대 구분에 사용하고 있다. 경제적 계층 또는 문화적 계층에 따라 세계를 알아가고 이해하는 방식은 다르다. 소셜 미디어 경험, 정확하게는 소셜 미디어를 통해 각자의 사회적 신분(social status)을 축적하고 이를 통해 사회적 자본(social capital)을 형성하는 방법의 차이가 세대의 핵심 차이다.

소셜 미디어를 통해 사회적 신분을 쌓는데 익숙한 세대

클레이 셔키는 2011년 저서 《많아지면 달라진다(Cognitive Surplus)》에서 "세대는 서로 다르다. 사람이 다르기 때문이라기보다는 기회가 다르기 때문이다"라고 세대가 다른 특징을 보이는 이유를 설명하고 있다. 여기서 '서로 다른 기회(opportunities)'에 주목할 필요가 있다. 셔키의 주장을 더 들어보자. "세대 이론은 정신적 또는 심리적 차이보다 생활 환경적 차이와 관련된 이론으로 설명될 때 의미를 가진다.", "사람들, 특히 젊은이는 특정 실험에서 잃을 것이 적고 얻을 것이 많을 경우 이 실험에 더 적극적으로 반응한다."

극단적으로 표현하면 젊은 세대는 구글 검색과 구글 지도가 아닌 인스타그램과 틱톡을 이용할 때 잃을 것이 적고 얻을 것이 많다. 이 주장을 뒷받침하는 논리를 2019년 유진 위(Eugene Wei)가 쓴 〈Status as a Service〉[13]라는 글에서 찾을 수 있다. 2004년 페이스북, 2005년 유튜브, 2006년 트위터, 2010년 인스타그램 등이 탄생하고 성장하면서 소셜 미디어는 인터넷 이용자의 일상이 되었다. 유진 위에 따르면 10대 또는 젊은 세대는 유튜브, 트위터, 인스타그램 등의

12. 미국 관점에서 설득력 있게.
13. 서비스로서의 지위.

소셜 그래프와 랭킹에 익숙하다. 이들 젊은 층은 친구 수, 팔로워 수, 구독자 수, 좋아요 수, 도달률 등 소셜 미디어의 특징인 랭킹이 사회적 신분을 표현하는 사회적 자본의 주요 수단임을 자연스럽게 수용하고 있다. 사회적 자본의 주요 수단은 클레이 셔키가 이야기하는 '기회'와 동일한 의미를 지닌다. 그러나 젊은 세대는 실험에도 열린 태도를 가지고 있다. 유진 위에 따르면 성공한 전통 소셜 미디어는 이용자에게 오래된 경작지와 같으며, 이용자는 여기서 자신의 사회적 신분을 마치 식물을 키우는 것처럼 만들어가고 있다고 말한다. 그러나 좀 더 효과적으로 사회적 신분을 키우기 위해 젊은 이용자는 새로운 경작지, 다시 말해 새로운 소셜 미디어를 찾는다.

    서비스가 바뀔 뿐 젊은 세대는 소셜 미디어에서 사회적 신분을 축적하는 데 큰 관심을 갖고 있다. 젊은 층이 틱톡 영상을 제작하고, 이어찍기나 듀엣 등으로 틱톡 커뮤니티에 참여하고, 트위치에 흥미로운 영상을 스트리밍하면 잃을 것은 없고 얻을 것은 많다. 10대가 Z 세대가 되었고 이제 20대에 본격 진입하고 있다. 또 비로소 10대가 된 새로운 세대가 있다.

    Z 세대와 새로운 10대는 인터넷에서 그들의 시간을 어떻게 사용할지와 관련해 다른 세대와 비교해 다른 동기를 지니고 있다. 유진 위는 성공하고 싶은 새로운 서비스는 사회적 신분을 축적할 수 있는 소셜 미디어의 특징을 갖추어야 한다고 주장한다. 다시 말해 신규 서비스는 이용자가 빠르게 사회적 신분을 매력적으로 축적하는 방법을 제공해야 한다. 새로운 서비스가 소셜 미디어든 아니든 상관없다. 성

공하기 위해서는 젊은 세대에게 익숙한 소셜 미디어의 핵심 유익을 새로운 맥락에서 제공해야 한다.

구글 검색과 구글 지도의 한계, 사회적 자본에 대한 동기부여 부재

구글 검색 및 구글 지도에는 큰 약점이 있다. 사회적 신분을 축적할 방법을 전혀 제공하지 않는 서비스라는 사실이다. 젊은 이용자 입장에서 구글 서비스를 이용해도 사회적 자본 관점에서 얻을 것이 없다는 뜻이다.

10대 또는 20대의 검색과 발견 경험은 다른 세대와 구별된다. 이들에게는 네이버와 구글의 검색 기능에 흥미를 느낀 경험이 없다. 또 일상에서 24시간 내내 인터넷을 경험하며 성장한 세대다. 반면 데스크톱 세대의 절대 다수는 인터넷을 일상이 아닌 집, 학교, 직장이라는 특수한 상황에서 경험한 세대다.

구글 및 네이버, 인스타그램 및 틱톡, 아마존 및 쿠팡 또는 당근마켓 등은 서로 다른 발견(discovery) 기회를 제공한다. 서로 다른 생활 환경에서 성장한 세대는 각자의 방식으로 발견의 기회와 방법을 체득하고, 세계가 어떻게 작동하는지 자연스럽게 배워가고 있다. 그 때문에 서비스와 이용자 문화와 관련해 완전하게 다른 역학이 발생한다. 서비스 이용 패턴과 선호는 어떤 방향으로 전개될지 모르며, 세대에 따라 서로 다른 규모와 효과를 만들어낸다.

구글 사례를 조금 더 자세히 살펴보자. 구글 수석 부사장 라그하반은 구글에서 검색 서비스를 총괄한다. 라그하반의 이야기를 더 들어보자. "우리가 계속해서 끊임없이 배우고 있는 것은 다름이다. 새로운 인터넷 이용자는 우리가 익숙한 기대와 사고방식을 갖고 있지 않다.", "새로운 인터넷 이용자가 던지는 쿼리는 완전히 다르다.", "그들은 키워드를 입력하지 않는 경향이 있다. 그들은 디스커버리 콘텐츠를 새로운 방식으로, 실감형 방식으로 찾아보는 경향이 있다."

라그하반의 이야기가 새롭지는 않다. 놀라운 점은 그 결과다.

새로운 인터넷 이용자의 40%가 구글 검색과 구글 지도가 아닌 다른 앱 서비스를 이용한다는 결과 말이다. 인터넷 이용 패턴이 앱을 중심으로 바뀐 점은 구글에 늘 도전이었다. 웹과 달리 앱과 앱 안의 콘텐츠를 검색을 위해 인덱싱하는 일은 쉽지 않기 때문이다. 또 검색 결과에 앱의 해당 콘텐츠로 연결하는 딥 링크(deep link)를 제공하는 것은 불가능에 가깝다. 그러나 구글 검색의 진정한 문제는 인덱싱이 아니다. 구글 검색의 문제는 앱 서비스와 이용자의 상호작용 패러다임이 구글 검색과 웹사이트의 상호작용 패러다임과 다르다는 것이다. 웹사이트 상호작용의 핵심은 인링크 및 아웃링크의 구조화다. 이 구조화의 결과물이 검색 서비스다. 하지만 구글은 이용자 상호작용을 검색에 포함하지 않는다.

구글의 고민은 여기서 멈추지 않는다. 미국의 경우 제품 검색의 약 55%가 구글이 아닌 아마존에서 이루어지고 있다. 또 제품 검색에서 인스타그램과 틱톡이 차지하는 비율도 점차 증가하고 있다. 라그하반은 이러한 구글의 숙제를 다음과 같이 표현하고 있다.

"젊은 층은 텍스트보다는 시각적 이미지에 익숙하며, 검색 서비스에서도 시각적 결과값을 더 선호한다. 이는 음식과 맛집에 제한된 현상이 아니다.", "젊은 이용자는 종이로 만든 지도를 경험하지 못했다. 지도 이미지를 종이 지도로 표현하면 그들은 우리를 올드하다고 느낀다. 구글 지도 서비스는 종이 지도에 기초한 UI다."

참고로 아직도 플로피 디스켓 이미지로 저장하기 기능을 표현하는 서비스가 많다. 하지만 젊은 세대는 종이 지도와 플로피 디스켓을 경험하지 못한 세대다. 라그하반은 보이스 입력 또한 젊은 이용자 사이에서 크게 증가하고 있다고 말한다. 라그하반에 따르면 일부 국가에서는 보이스 쿼리가 30%를 넘어서고 있다.

2010년대 인터넷, 특히 모바일과 관련된 기술 및 서비스는 과거에 경험하지 못한 큰 성장을 경험했다. 그러나 2010년대가 끝나고 새로운 습관을 지닌 새로운 세대가 인터넷의 주요 이용자 집단을 형성하기 시작했다. 이들의 핵심 특징을 고려한 서비스 기획이 필요한 시기다.

소셜과 커머스를 연결하다!
링크 인 바이오 서비스의 확장

소셜 미디어 플랫폼과 커머스 플랫폼의 연결,

링크 인 바이오(link in bio) 서비스의 가치

소셜 미디어 인플루언서 생태계가 크게 성장하면서 소셜 미디어는 커

머스 플랫폼으로 진화하고 있다. 서로 다른 두 생태계를 연결하는 서비스가 링크 인 바이오(link in bio) 서비스다. 관련 서비스의 원조 격인 링크트리(Linktree)의 기업 가치가 13억 달러에 이르고 있다. 최근 가장 빠르게 성장하는 링크인 바이오 서비스 기업은 코지(Koji)다. 그 밖에도 쇼피파이도 링크팝(Linkpop)이라는 링크 인 바이오 서비스를 시작했다.

비콘스(Beacons), 스닙피드(Snipfeed), 라이트릭스(Lightricks) 등 링크 인 바이오 서비스가 우후죽순 생겨나며 경쟁하고 있다. 테크크런치는 두 가지 측면에서 링크 인 바이오 서비스의 시장 잠재력을 평가한다.

첫 번째, 링크트리는[14] 다양한 부가 기능을 선보인다. 예를 들어 페이팔(PayPal)과 쇼피파이를 링크트리에 통합했다. 이를 통해 인플루언서는 자신의 팬에게 상품 판매를 쉽게 할 수 있다.

두 번째, 링크트리는 최근 음악을 위한 링크를 제공하는 오데슬리(Odesli)[15]를 인수했다. 이를 통해 링크트리는 음악 링크(music link) 기능을 도입했다. 뮤지션의 경우 링크트리를 이용해 자신의 음악 영상 및 음악 파일을 인스타그램, 틱톡 등 여러 플랫폼에 알릴 수 있다.

요약하면 링크트리는 간편 결제 서비스와 음악 판매 서비스로 서비스 통합을 꾀하고 있다. 링크트리 회원 수는 2021년 초반 1,200만

---

14. 서비스 매력을 유지하기 위해, 그리고 다른 링크 인 바이오 서비스와 차별 경쟁력 확보를 위해.
15. Automated, on-demand smart links for songs, albums, podcasts and more. For artists, for fans, for free.

명 수준이었으나, 2022년 3월 2,400만 명으로 성장했다. 말 그대로 폭발적인 성장이다. 이 성장세와 서로 다른 플랫폼과 플랫폼을 연결하는 링크트리가 더 크게 성장할 가능성을 함께 계산한다면 기업 가치 13억 달러는 과하지 않은 듯하다. 참고로 페이스북은 2012년 인스타그램을 인수할 때 13억 달러를 지불했다.

링크 인 바이오 서비스는 관련 전문 서비스뿐 아니라 다양한 소셜 미디어 사업자가 직접 제공해야 할 기본 기능이다. 페이스북이 인스타그램을 인수한 2012년과 2022년은 단순 비교가 불가능할 정도로 디지털 경제의 규모가 엄청나게 팽창했다. 크건 작건 의미 있는 플랫폼 서비스를 제공할 수 있다면 플랫폼의 기업 가치는 매우 높아졌다.

나아가 소셜 미디어 플랫폼을 통해 인플루언서는 타 브랜드를 홍보하는 역할을 넘어 자신만의 수익 비즈니스를 확대하고 있다. 가장 큰 변화는 인플루언서가 인스타그램, 유튜브, 틱톡 등의 플랫폼을 자신의 상품 브랜드를 알리는 상층 깔때기로 이용하기 시작했다는 것이다. 틱톡, 인스타그램, 스냅 등은 이용자 프로필에 링크 인 바이오를 기본 기능으로 제공할 가능성이 높아지고 있다.

링크트리가 발전하는 방향은 상층 깔때기 역할을 담당하는 소셜 미디어 플랫폼을 중간층(middle of funnel)에 포함될 수 있는 이커머스 플랫폼과 연결하는 방향이다. 링크트리는 2개의 퍼널 연결을 선점하고 있기 때문에 앞으로 더욱 성장할 잠재력을 갖추었다. 그러나 링크트리에는 치명적 약점도 존재한다. 링크트리가 소셜 미디어 플랫폼에 종속되어 있다는 점이다. 그렇다고 해도 인스타그램, 틱톡 등이 자신의 링크 인 바이오 서비스를 제공하면서 링크트리 기능을 제한할 수 있어도 링크트리 서비스를 차단할 확률은 매우 낮다. 미국, 유럽 등 규제 당국이 이러한 시장 지배 사업자의 우월적 지위 남용을 허용하지 않을 것이기 때문이다.

한편 링크 인 바이오 서비스가 우후죽순 생기고 있지만, 결국 링크트리가 관련 수요를 과점할 가능성이 높다. 링크트리는 다양한 플랫폼에서 활동하고 있는 다수 인플루언서를 흡입할 수 있는 서비스 매력을 갖추고 있기에 현재 이용자가 폭발적으로 증가하고 있다.

인플루언서 사이에서 링크트리 형식의 URL[16]은 마치 20년 전 'Get your free Email at Hotmail' 또는 hanmail, gmail 주소처럼 가능한 한 빨리 선점하는 경쟁이 발생하고 있기 때문이다. 링크트리는 아직까지 링크트리를 통해 상품 판매가 이루어질 경우 수수료를 받지 않고 있다. 지금 중요한 것은 시장을 선점하고 네트워크 효과에 집중할 때이기 때문이다. 그러나 충분한 이용자를 확보할 경우 수수료 도입은 시간문제일 뿐이다.

팬 입장에서도 링크트리의 피드를 구독하면 다양한 장점이 있다. 자신이 좋아하는 창작자가 여러 소셜 미디어 플랫폼에서 발행하는 다양한 콘텐츠를 한곳에서 편하게 소비할 수 있기 때문이다. 이러한 측면에서 링크 인 바이오 서비스는 CMS(Content Management System)[17] 서비스라고 볼 수 있다. 링크트리는 이미 구독 모델을 도입했다. 무료부터 한 달에 21달러까지 네 가지 모델이 존재한다. 이용자는 월 구독도 선택하지만 샤웃아웃(shoutout)[18] 상품도 구매할 수 있다. 그 때문에 링크트리는 샤웃아웃으로 큰 수익을 올리고 있는 앱 서비스 카메오(Cameo)[19]를 직접 위협하고 있다. 링크트리는 유료 구독의 경우 인플루언서와 수익을 배분하고 있다. 이는 인플루언서 입장에서 또 다른 수익 모델이다. 테크크런치 기사에 따르면 링크트리에서 다른 이커머스 사이트로의 클릭이 2021년 12억 회 발생했다. 이는 링크 인 바이오 서비스가 소셜 미디어 플랫폼과 이커머스 플랫폼을 연결 및 결합하고 있음을 증명한다.

끝으로 소셜 미디어 또는 커뮤니티의 발전 방향에서 메타버스가 가지고 있는 의미를 살펴보도록 하자. 메타버스는 웹2.0 기반 메타버스에서 웹3.0 기반 메타버스로 진화하고 있다. 웹3.0 기반 메타버스는 어떤 모습일까?

---

16. http://linktr.ee/인플루언서_이름
17. 콘텐츠 관리 시스템.
18. https://linktr.ee/ShoutOut. '크게 외친다'는 단어에서 파생돼 '공개적으로 축하 혹은 감사를 전한다'는 뜻으로 쓰인다. 여기에선 '나만을 위한 축하 서비스'를 지칭한다.
19. 유명인이 나만을 위해 보내주는 영상 메시지를 받아볼 수 있는 앱 서비스. 내가 좋아하는 TV스타에게 돈을 지불하면 내 이름을 불러주며 영상 편지를 만들어 보내준다.

메타버스의 새로운 진화, 웹3.0 메타버스의 다양한 확장

모든 브랜드에 웹3.0(Web3) 메타버스 전략이 필요하다!

빅 테크 기업부터 전통 기업까지 메타버스와 NFT 열기가 지속되고 있다. 일찍이 저커버그는 "메타버스가 우리의 미래다"라고 선언하며 메타버스에 올인하고 있다. 마이크로소프트(MS)의 대표 사티아 나델라(Satya Nadella)도 "메타버스는 이미 현실이다. 메타버스는 우리가 세계를 보는 방법뿐 아니라 세계에 참여하는 방식을 바꾸고 있다"라고 주장한다. 구글의 대표 순다르 피차이(Sundar Pichai)는 메타버스라는 용어를 쓰지 않지만 이용자 중심 경험이 "AR 기반 실감형 컴퓨팅(immersive computing)"으로 진화할 것이라고 전망하고 있다. 디즈니 대표 밥 차펙(Bob Chapek)은 "디즈니는 메타버스 준비가 끝났다. 메타버스는 물리적 세계와 디지털 세계의 경계를 허물고 연결시킨다"라며 메타버스 비즈니스에 대한 자신감을 표현하고 있다. 애플의 팀 쿡은 메타버스라는 용어를 거부하면서도 AR을 이른바 다음 아이폰 모먼트(the next iPhone moment)의 열쇠로 평가하고 있다.

 모두가 메타버스를 이야기하지만, 만약 여러분이 50명의 다른 사람에게 '메타버스가 무엇인가' 물어본다면 모두 다른 답을 줄 것이다. 그렇다면 메타버스는 어떻게 정의할 수 있을까?

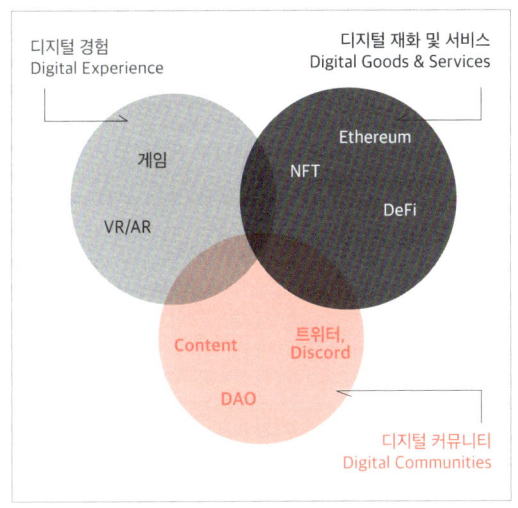

그림 강정수

웹3.0 메타버스 정의

첫째, 메타버스는 3.0(Web3)으로 나아가고 있다. 극단적으로 단순화하면 웹1.0(Web1)은 데스크톱 중심의 인터넷 서비스가 지배하는 세계다. 구글과 네이버의 검색 서비스가 대표 서비스에 속한다. 웹1.0과 공존하는 웹2.0(Web2)은 스마트폰을 매개로 하는 인터넷 생태계다. 다양한 모바일 쇼핑, 인스타그램, 그리고 틱톡이 대표 서비스다. 역시 웹1.0, 웹2.0과 공존하는 3.0은 NFT, DAO,[20] 그리고 트위터 및 디스코드로 대표되는 블록체인 기술과 커뮤니티 중심의 인터넷 세계다. 웹3.0 메타버스 정의에 따르면 제페토, 로블록스, 포트나잇 등은 웹2.0 메타버스라고 부를 수 있고, 샌드박스(The Sandbox)[21]와 디센트럴랜드(Decentraland)[22]가 웹3.0 메타버스로 분류될 수 있다.

둘째, 메타버스는 세 가지 영역이 교집합을 형성하는 방향으로 진화하고 있다. 첫 번째 영역은 3D, 실감형 컴퓨팅, 공간감 오디오 (spatial audio) 등 기술 진화와 함께하는 디지털 경험이다. 두 번째 영역은 NFT로 대변되는 거래 가능한 디지털 재화의 등장과 확산이다. 마지막 영역은 이 두 영역에 성장과 지속성을 부여하는 커뮤니티다. 트위터 및 디스코드가 현재의 대표 커뮤니티에 속한다. 다른 커뮤니티의 등장 및 성장도 충분히 가능하다. 이 세 영역이 만나는 지점에서 웹3.0 메타버스가 태어났고 진화하고 있다.

위 세 영역의 교집합을 점유하는 대표적인 웹3.0 메타버스 사례로는 아디다스와 BAYC(Bored Ape Yacht Club, 게으른 원숭이들의 요트 클럽, 이하 BAYC)의 협업을 들 수 있다. 아디다스는 인투더메타버스(Into The Metaverse)라는 프로젝트에서 샌드박스에 144 구획(parcels)의 랜드(land)를 매입해 체험 공간을 운영하고 있으며, 아디다스는 이 가상 부동산에서 BAYC 등 3개의 NFT와 협업해 총 3만 개의 NFT를 발행했다. 이 NFT를 소유할 경우 샌드박스 아디다스 랜드에서 디지털 재화를 얻을 수 있고, 이곳에서 제공하는 코믹 등 다양한 콘텐츠를 즐길 수 있을 뿐 아니라 한정 생산된(limited) 아디다스 스니커즈를 구매할 권리를 갖게 된다. 이 프로젝트 커뮤니티는 디스코드에 자리를 잡고 운영되었다.

---

20. Decentralized Autonomous Organization. 탈중앙화된 자율 조직.
21. 샌드박스 게임은 모래 장난감처럼 사용자가 특별한 목표 없이 자유롭게 무언가를 할 수 있는 게임 장르다. 더 샌드박스 게임에서는 VoxEdit으로 아바타와 NFT 아이템을 만들고, GameMake로 코딩 없이 게임을 제작할 수 있다.
22. 이더리움 블록체인을 기반으로 하는 가상현실 플랫폼. 이용자들은 이곳에서 콘텐츠 및 응용 프로그램을 만들고 경험하며 수익을 창출할 수 있다.

사회적 신분 상징으로서의 NFT

NFT는 특정 물리적 재화에 대한 접근권을 의미한다. 이 상징성을 자랑하고 과시하는 유행이 형성되고 있다. BAYC, 아디다스 NFT 등 성공적으로 운영되는 NFT는 이를 소유한 사람에게 사회적 자산 또는 사회적 신분 상징(status symbol)으로 기능하고 있다. 여기서 먼저 결론부터 이야기하면 NFT는 특정 재화(product)가 아니라 사람 또는 구매자(buyer)를 의미한다. NFT가 사회적 신분 상징으로 어떻게 작동하는지 자세히 살펴보자.

첫째, 트위터와 인스타그램은 NFT 소유자에게 자신의 NFT 이미지를 프로필 이미지(profile picture)로 사용할 수 있는 서비스를 시작하거나 곧 개시할 계획이다. 이를 위해 NFT를 담고 있는 디지털 월렛(wallet)을 검증하는 절차(verification)를 제공한다.

둘째, 자신이 소유한 NFT 이미지를 애플 워치에서 보여주는 문화가 인기를 얻고 있다. 이 유행을 반영해 태그호이어(Tag Heuer)도 NFT 이미지를 강조하는 스마트 워치를 출시했다. 이렇게 NFT를 담은 스마트 워치는 과거 롤렉스(Rolex)가 담당했던 상징 역할을 하고 있다.

극단적인 경우지만, 자신이 가진 람보르기니 스포츠카를 팔고 그 돈으로 지루한 원숭이들의 요트 클럽 NFT(Bored Ape)[23]를 구입한 경우도 있다.

스마트 워치에 자신의 NFT를 배경 화면으로 깔아서 보여주는 이용자.
출처: 트위터

태그호이어에서 출시한 NFT 이미지를 강조한 스마트 워치.
출처: 트위터

브랜드들의 메타버스 프로젝트 사례

웹2.0 메타버스라고 할 수 있는 로블록스 또는 제페토에 입점한 브랜드는 셀 수 없이 많다. 웹3.0 메타버스 프로젝트를 진행하는 브랜드의 수도 천천히 늘고 있다. 삼성전자는 샌드박스와 디센트럴랜드에 가상 부동산을 구매한 이후 체험관을 열었다. 2022년 3월에는 디센트럴랜드에서 메타버스 패션 위크(Metaverse Fashion Week)를 진행했고 여기에 돌체앤가바나, 에스티 로더 등 10여 개 브랜드가 참여했다.

앞서 설명한 아디다스의 프로젝트는 웹3.0 메타버스의 성공 사례

---

23. 지루한 원숭이들의 요트 클럽 NFT.

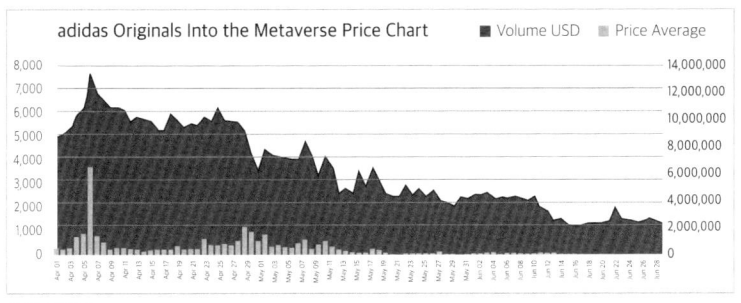

출처: NFT-Stats.com

로 평가할 수 있다. 다음 표에서 확인할 수 있는 것처럼 2022년 6월 NFT 거래량이 뚝 떨어졌지만 지금까지 아디다스 NFT 총 거래액은 1억 달러를 넘어서고 있다. 아디다스는 스마트 계약(smart contract)을 통해 2차, 3차 거래 등에서 거래액의 10%가 아디다스로 흘러가게 설정했다. 산술적으로 아디다스는 이번 프로젝트를 통해 지금까지 약 1,000만 달러의 매출을 올렸다.

 나이키 또한 2022년 아디다스와 유사한 웹3.0 메타버스 프로젝트를 진행했다. LVMH의 경우 웹3.0 메타버스에 대해 적극적인 모습과 부정적인 태도를 동시에 보이고 있다. LVMH의 대표 베르나르 아르노(Bernard Arnault)는 메타버스와 NFT가 버블이라고 주장한다.

 특정 기술과 상품은 버블을 겪으며 시장에서 사라질 수도 있고, 때론 버블을 겪은 후에야 대중성을 얻는 경우도 있다. 1840년대 철도 광기(Railway Mania)라는 버블을 통과한 후에야 철도는 영국에서 주요 대중교통 수단으로 자리를 잡았다. 철도는 버블과 투기의 대상으로 시작되었지만 이동의 욕망을 실현한 기술 진보의 상징이 되었다.

NFT는 그 이름이 다른 무엇으로 바뀔 수 있다. 그러나 디지털 재화에 희소성을 부여해 디지털 재화의 거래 가능성을 증대시키는 기술은 지금보다 비교할 수 없는 수준으로 간단하게 이용할 수 있도록 발전할 것이다.

LVMH의 베르나르 아르노가 메타버스와 NFT에 소극적이라면 그의 아들의 태도는 다르다. 태그호이어의 CEO를 맡고 있는 프레데리크 아르노(Frédéric Arnault)와 티파니 CEO 알레상드르 아르노(Alexandre Arnault)는 매우 적극적으로 NFT와 메타버스 프로젝트에 뛰어들고 있다. 티파니의 경우 특정 보석을 구매할 수 있는 자격을 부여하는 NFT를 발행하고 있다.

사례 분석 1: 게으른 원숭이들의 요트 클럽(Bored Ape Yacht Club)

BAYC가 처음으로 발행(minting)된 시기는 2021년 4월 24일이다. 총 1만 개 발행된 원숭이 NFT는 가장 저렴한 것이 약 20만 달러, 가장 비싼 것은 290만 달러에 판매된 경우도 있다. 지금까지 거래 액수는 30억 달러다. BAYC를 발행한 기업 유가 랩스(Yuga Labs)는 한때 40억 달러의 기업 가치를 기록했다. 유가랩스는 크립토펑크(CryptoPunks)라는 NFT IP를 구매하는 등 NFT IP 확장을 꾀하고 있다. 지난 2022년 3월 17일에 발행된 코인 APE[24]의 시가총액은 4월 29일 74억6,000만 달러를 기록했고, 6월 28일 APE 코인의 시가총액

---

24. 유가랩스가 발행한 디지털 코인의 이름.

은 16억 3,000만 달러에 이른다.

BAYC의 성공 요인을 간략하게 살펴보자. 첫 번째 성공 요인은 인플루언서 또는 셀럽이 초기에 원숭이 NFT 소유자로 등장한 점이다. 미식축구 스타 톰 브레이디(Tom Brady), 농구 스타 벤 시먼스(Ben Simmons), 축구 스타 네이마르(Neymar Jr.) 등 소셜 미디어 팔로워 파워를 자랑하는 스포츠 선수들과 마돈나, 저스틴 비버, 릴 베이비 등 뮤지션들이 원숭이 NFT 소유주 리스트에 이름을 올린다. 2022년 5월 3일 일론 머스크도 트위터 프로필 이미지를 자신이 소유한 원숭이 NFT로 바꾸면서 이른바 원숭이 셀럽 대열에 합류한다.

두 번째 성공 요인은 매력적인 온라인 및 오프라인 이벤트다. LA, 뉴욕 등에서 열리는 다양한 파티는 원숭이 NFT 소유자만 참여할 수 있다. 이 파티에 원숭이 셀럽이 참여한다는 점은 원숭이 NFT의 매력을 한층 끌어올린다.

세 번째 성공 요인은 특정 원숭이 NFT를 소재로 한 뮤직비디오가 200만 뷰를 기록하고, 지미 팰런이 진행하는 〈투나잇 쇼(The Tonight Show)〉에 원숭이 NFT가 주요 소재로 활용되는 등 BAYC가 이른바 메인 스트림에 자주 등장한 점이다.

네 번째 성공 요인은 원숭이 NFT를 소유한 사람에게만 판매하는 티셔츠 등 혜택이 지속적으로 업그레이드되고 있다는 점이다. 이네 가지 성공 요인은 유가랩스의 꼼꼼한 사전 기획력에 기초한다. 유가랩스는 회사의 목표를 'Web3 Lifestyle Company'라고 밝히고 있다. NFT를 발행하는 기술 기업이 아니라 이에 기초해 21세기 디즈니가 되겠다는 목표를 제시하고 있다.

사례 분석 2 : 나이키 & RTFKT

RTFKT[25]는 유가랩스와 유사한 NFT 스튜디오다. NFT를 기획하고 제작하는 팀뿐 아니라 이벤트 기획자, 마케터, 커뮤니티 담당자 등도 RTFKT의 주요 구성원이다. 아디다스가 BAYC를 운영하는 유가랩스와 협업했다면 나이키는 2021년 12월에 RTFKT를 인수했다. 이 인수를 통해 나이키는 다양한 NFT 인재뿐 아니라 RTFKT가 운영하는 복수의 NFT 커뮤니티에 대한 접근권을 함께 얻게 된다. 인수 가격은 공개되지 않았지만 1억 달러 이상으로 추정된다. 나이키와 RTFKT는 2022년 2월 5일 안에 담긴 내용을 알 수 없는 상자 모양의 NFT를 2만 개 발행한다. 이 상자 모양의 NFT 이름은 MNLTH[26]다. 이 NFT가 무엇을 뜻하는지는 이름 MNLTH로는 알 수 없다.

그 이후 다양한 커뮤니티에서는 무료로 배포(airdrop)된 MNLTH가 어떤 NFT일까, 라는 수수께끼를 풀고 싶어 하는 다양한 목소리가 확산된다. 이렇게 MNLTH는 초기 마케팅에 성공한다. MNLTH 발행 약 두 달 후 그 상자 내부가 공개되었다. 2022년 4월 23일 공개된 MNLTH 내부에는 크립토킥스(CryptoKicks)라는 디지털 스니커즈 시리즈가 담겨 있었다. 이 스니커즈 시리즈를 모으려는 열기로 디지털 스니커즈 NFT는 최대 13만 달러에 거래됐다. 나이키는 아디다스 사

---
25. 아티팩트(artifact)라고 읽는다.
26. 모노리스(monolith)라고 읽는다.

나이키가 공개한 크립토킥스 디지털 스니커즈. 출처: cnet.com

례처럼 NFT 2차 시장(the secondary market)에서 매출을 이끌어냈다. 크립토킥스 NFT는 물리적으로 생산된 동일한 이름의 스니커즈를 구매할 권리를 부여한다.

웹3.0 메타버스 전략 실현을 위해 브랜드에 필요한 것

1) 혼자 하기(do it alone!) 대표 사례로는 구찌(Gucci)가 있다. 구찌는 구찌 가든(The Gucci Garden) 등 독자적으로 다양한 메타버스 프로젝트를 진행하고 있다. 유튜브와 구글 클라우드는 각각 웹3.0 팀을 구성하기 시작했다. 빅 테크 기업뿐 아니라 디즈니 등 전통 기업도 웹3.0 인재 확보에 나서고 있다.

2) 파트너십 아디다스와 BAYC 협업이 대표 사례다. 브랜드와 브랜드, 브랜드와 NFT 스튜디오 등 다양한 협업이 웹3.0 메타버스의 주류를 형성할 가능성이 높다.

3) M&A 크고 작은 NFT 스튜디오가 생겨나고 있다. 이 스튜디오가 나이키의 RTFKT 인수 사례처럼 대형 브랜드에 인수되는 사례가 많아질 것이다. NFT 스튜디오 인수는 신뢰할 만한 인재와 작동하는 커뮤니티에 대한 접근권을 동시에 확보할 수 있다는 장점을 지니고 있다.

웹3.0 메타버스가 어떤 모습으로 진화할지, 크립토 겨울을 맞고 있는 현재 시점에서 예측하는 일은 쉽지 않다. 그렇다고 웹3.0 메타버스 시장이 성숙할 때까지 기다리면 시장 기회를 놓칠 수 있다. 브랜드는 웹3.0 메타버스 관련 인재를 확보하는 일부터 시작해야 한다. 그래야 때가 왔을 때 새로운 가능성을 찾고, 이를 현실화하는 것이 가능하기 때문이다.

DIGITAL
MEDIA
INSIGHT
2023

PART 05

OTT의 'TV'화와 방송 시장의 변화
2023년, OTT가 새로운 TV를 만드는 원년

거실과 안방에 놓인 TV는 여전히 큰 위력을 발휘한다. 그런데 TV를 통해 시청하는 콘텐츠는 많이 달라지고 있다. 지상파와 종편을 포함한 케이블 PP(Program Provider)를 보는 것이 중심이었다면 이제는 유튜브와 넷플릭스, 웨이브의 콘텐츠를 보는 비중이 커졌다. 스트리밍 기반으로의 전환이다.
OTT 전쟁과 함께 방송 시장이 격변을 맞고 있다. 2023년은 OTT가 'TV화'하는 원년이자 새로운 TV가 탄생하는 시작점이 될 것이다.

DIGITAL MEDIA

한 정 훈

2003년부터 미국과 한국을 오가며 미디어 전문 기자로 일하고 있다. 소속은 계속 바뀌었지만 2년을 제외하고는 미디어와 콘텐츠, 플랫폼, 테크놀로지와 호흡하며 살고 있다. 2019~2020년 미국 네바다 리노 네바다 주립대학교(UNR) 저널리즘 스쿨(레이놀즈)에서 방문 연구원으로 일했다. 네바다 주립대학교와는 글로벌 저널리즘 스쿨, 저널리스트 디벨로프먼트 코스를 함께 운영했다. 《스트리밍 전쟁》(2020)과 《넥스트 인플루언서》(2021) 등의 책을 썼다. 현재는 스트리밍 서비스와 크리에이터 이코노미, 엔터테인먼트 테크놀로지 분야를 집중 취재하는 뉴스레터(다이렉트미디어랩)를 운영 중이다.

INSIGHT

팬데믹 이후 글로벌 스트리밍 시장의 변화

2022년 들어 시작된 불경기는 유료 방송업계에 악재로 다가왔다. 2020년에 시작된 코로나19 영향에서 벗어나나 했지만 소비가 다시 위축됐다. 이에 미국에서는 이른바 '코드 커팅(cord cutting)'[1] 현상 도 가속화하고 있다.

최근 스트리밍 서비스가 급격히 늘어나고 각 서비스가 월 이용 가격을 높이자 비용 부담을 느끼는 소비자도 늘고 있다. 급기야 인플레이션, 고유가 등의 영향으로 구독 기반 스트리밍 서비스(SVOD)[2]에

---

1. 코드 커팅이란 케이블TV 등 유료 방송을 해지하고 더 저렴한 미디어 시청 수단인 스트리밍 서비스로 옮기는 것을 뜻한다.
2. Subscription Based Video On Demand.

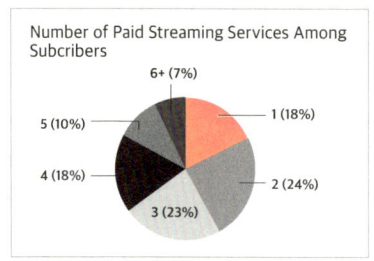 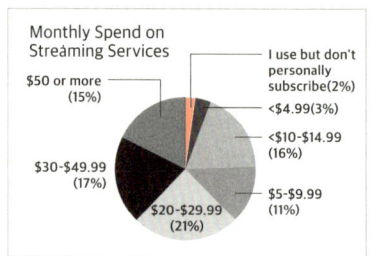

스트리밍 서비스 이용 비용 및 개수. 출처: 버라이어티

쓰는 비용도 다소 줄어들 수 있다는 전망도 나온다.

〈버라이어티〉지 의뢰로 시청률 조사 기관 닐슨이 실시한 최신 조사 결과, 미국 소비자 대다수는 월 50달러 미만을 스트리밍 서비스에 쓰는 것으로 나타났다. 월 100달러에 육박하는 케이블TV 월 요금에 비해서는 상당히 저렴한 비용으로, 스트리밍 서비스가 여전히 가격경쟁력이 있다는 뜻이다. 월 50달러 이상을 쓰는 가구도 상당히 많다. 가격 문제로 코드 커팅하는 가정의 경우 경기에 따라 속도를 조절하겠지만 2023년에는 더욱 늘어날 수밖에 없을 듯하다.

구독 기반 스트리밍 서비스에 부담을 느낀 고객들은 광고 기반 저가 스트리밍 서비스(AVOD)[3]나 무료 스트리밍 서비스(FAST)[4]를 찾고 있다. 2022년 1분기 미국 가정은 월 4.5개의 스트리밍 서비스를 이용하는데, 2년 전인 2020년 3개에서 크게 늘어난 것이다.

스트리밍 이용이 증가하면서 가정 내 콘텐츠를 제공하는 서비스 플랫폼도 늘고 있다. 〈버라이어티〉가 조사한 시청자별 평균 TV 소스는 2022년 2분기 7.4개로 증가했다.

스트리밍 서비스 이탈과 고객 지키기(streaming churn)

경기 불황은 늘 사업자를 괴롭힌다. 스트리밍 서비스 시장에서도 고객 확보보다 '기존 고객 지키기'[5]가 중요한 전략이 됐다. 고객의 주머니가 가벼워지면서 이들을 잡기 위한 전쟁이 펼쳐지고 있다. 넷플릭스와 디즈니+가 광고 모델을 채택한 것도 같은 이유다.

2022년 고금리 등으로 경제 상황이 악화되자 스트리밍 구독 가격은 선택에 중요한 요소가 되었다. 넷플릭스는 2022년 1월 북미와 남미에서 대대적으로 서비스 요금을 인상한 후 높은 이탈률을 기록했다. 버라이어티가 2022년 4월 조사한 바에 따르면 넷플릭스 이용을 취소한 고객 중 상당수는 '가격 때문(69%)'이라고 답했다.

2022년 경기 침체기, 글로벌 스트리밍 구독자들은 '이탈과 복귀'를 반복했다. 좋아하는 콘텐츠가 개봉할 때 서비스에 가입했다가 끝나면 이탈하는 식이다. 스트리밍 구독 개수를 영구적으로 줄이기보다 '적정 수준의 비용'으로 최대한의 효과를 내기 위한 사용법이다. 예를 들어 한 달에 구독하는 유료 스트리밍 서비스의 개수는 같지만 종류는 달라질 수 있다.

'이탈과 복귀' 경향은 콘텐츠에 대한 호불호가 강한 Z 세대 사이에서 더 강하게 나타났다. 구독 미디어 전문 조사업체 안테나(Antenna)의 2022년 상반기 자료에서도 디즈니+, 넷플릭스, HBO

---

3. Advertising video on demand.
4. Free Ad-supported Streaming TV.
5. Retaining Subscribers.

MAX 중 HBO MAX의 월간 활성 이탈률[6]이 가장 높았다.

경기 불황의 최대 피해자, 유료 방송

경기 불황이 지속되면서 2022년 고가 유료 방송을 중단하는 코드 커팅 현상이 계속됐다. 미국 내 케이블TV 등 유료 방송 가입 가구는 2022년 1분기 5,370만 명으로 지난 분기[7]에 비해 200만 명이 줄었다. 앞으로도 유료 방송 가입자들의 이탈과 스트리밍 전환이 계속될 것으로 보인다. 훌루(Hulu) 라이브TV 등 고가의 유료 방송 대신 인터넷으로 스포츠, 예능 등 유료 방송 콘텐츠를 제공하는 가상 유료 방송 서비스(vMVPD)[8] 구독자도 늘고 있다.

OTT 콘텐츠 투자의 가속화가 이루어질 예정

스트리밍 확산은 콘텐츠 투자도 증가시켰다. 애플과 아마존 등 빅 테크 기업들이 스트리밍 시장에 가세하면서 판이 더 커졌다. 웰스파고(Wells Fargo)[9]에 따르면 미국 미디어와 테크놀로지 기업은 2022년에만 1,405억 달러를 투자한 것으로 분석됐다. 1년 전에 비하면 10% 늘어난 수치다. 또 스트리밍 서비스와 테크놀로지 기업이 오는 2025년까지 1,720억 달러를 쓸 것으로 예측했다. 전통 미디어 기업의 경우 실시간 TV 채널에 대한 투자도 늘려 투자비는 계속 늘어날 것으로 보인다.

디즈니는 매우 공격적인 행보를 이어가고 있다. 2022년 회계연도[10] 콘텐츠 투자 금액을 330억 달러(약 47조2,590억 원)로 늘린다고 밝혔다.

이는 2021년 11월에 디즈니가 미국 증권거래위원회(SEC)에 제출한 연례 보고서에서 공개됐다. 2022년 들어 고유가, 인플레이션 등으로 다소 주춤했지만, 디즈니는 여전히 많은 금액을 스트리밍에 쏟아붓고 있다.

다른 스트리밍 기업의 투자 규모도 늘어나고 있다. 파라마운트 글로벌은 스트리밍 서비스 파라마운트+(Paramount+) 등에 2022년에만 38억 달러를 투자 중이다. 파라마운트 글로벌은 2024년까지 DTC(Direct To Content) 콘텐츠 투자 비용을 연간 60억 달러(약 8조 2,900억 원)로 끌어올릴 계획이다.

NBC유니버설도 피콕(Peacock) 등 스트리밍 서비스에 2022년 30억 달러를 쏟아부었다. 시장조사업체 암페어 애널리시스(Ampere Analysis) 역시 2021년 2월, 미국 9개 대형 콘텐츠 사업자가 2022년에만 1,260억 원을 시장에 투자할 것이라고 봤다. 암페어는 이들 사업자를 포함한 전 세계 사업자의 콘텐츠 지출이 2022년 2,330억 달러에 달할 것으로 예상했다. 2021년 대비 6% 늘어난 수치다.

PwC 글로벌 엔터테인먼트 & 미디어는 향후 전망[11]을 통해 미국 SVOD 매출이 2022년 253억2,000만 달러(약 36조2,900억 원)를 기록해 전년 대비 13% 성장할 것이라고 밝혔다. 아울러, 미국을 포함한

---

6. Active Monthly Svod Churn.
7. 2021년 4분기.
8. Virtual Multichannel Video Program Distribution.
9. 웰스 파고 앤드 컴퍼니. 미국의 다국적 금융 서비스 기업.
10. 2021년 10월 1일 시작.
11. PwC's Global Entertainment & Media Outlook 2022~2026

전 세계 스트리밍 서비스 시장은 전년 대비 22.8% 성장한 791억 달러(약 113조4,200억 원)를 넘어설 것으로 분석했다.

미국 스트리밍 시장은 최근 2년 사이 뜨거웠다. 지난 2021년 미국 스트리밍 시장의 성장률은 19.5%였다. 팬데믹이 한창인 2020년에는 무려 37% 증가했다. 2021년 성장이 줄어든 것처럼 보이는 이유는 소비자의 잇단 스트리밍 서비스 가입 전환으로 어느 정도 시장이 포화됐고 신규 사업자들도 계속 등장했기 때문이다.

PwC는 오는 2026년 글로벌 엔터테인먼트&미디어 시장 규모가 3조 달러(약 4,303조 원)에 근접할 것으로 전망했다. 2022년 E&M 시장[12] 규모는 전년 대비 7.3% 성장한 25조 달러(약 3경5,860조 원)로 추정했고 2026년까지 매년 4.6%씩 성장할 것으로 예측했다.

하루 3분의 1은 '스트리밍'을 이용하는 시대

스트리밍 서비스가 2022년 6월 새로운 기록을 세웠다. 미국에서 TV 소비 시간의 3분의 1인 33.7%를 차지한 것이다. 하루에 TV를 10시간 본다면 3시간은 스트리밍 서비스를 시청한다는 이야기다. 닐슨이 2021년 5월 '스마트TV를 통해 시청하는 플랫폼별 시간'[13] 측정을 시작한 이후 가장 높은 비율이다. 상승세는 7월과 8월에도 이어졌다. 8월의 스트리밍 점유율은 35%까지 올라갔다. 이에 반해 케이블TV와 지상파 TV 시청 점유율은 계속 줄어들고 있다.

---

12. Entertainment & Media 시장.
13. 일 시청 시간 기준.

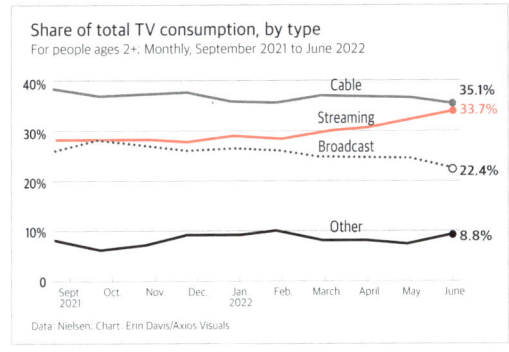

TV 플랫폼별 TV 통합 시청 점유율. 출처: 악시오스

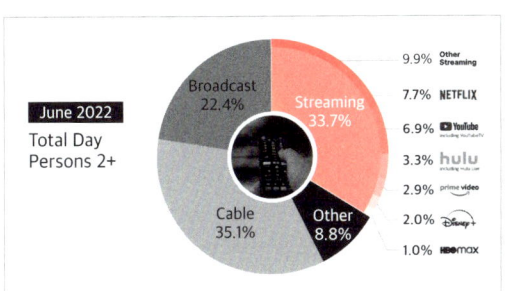

TV 시청 점유율. 출처: 닐슨

　　스트리밍은 안방 TV의 절대 강자인 케이블TV도 위협하고 있다. 2022년 6월 케이블TV의 통합 시청 점유율은 35.1%, 지상파 TV는 22.4%였다. 스트리밍 시청량은 미국에서 지상파 TV를 넘어선 지 오래됐으며 이제 케이블TV를 넘어 1위 자리를 노리고 있다. 총 TV 이용 시간에서 스트리밍 점유율은 계속 높아지고 있다. 2022년 5월과 6월 전체 TV이용이 2% 늘어난 가운데 스트리밍 서비스 이용은 8% 증가했다. 결과적으로 스트리밍 서비스 이용량 증가가 전체 TV 시청량도 확대시킨 모양새다.

　　서비스별로 보면 넷플릭스의 성장세가 무섭다. 2022년 2분기 연속 가입자가 감소했지만 여전히 강자다. 조사에서 넷플릭스의 총 TV 시청 점유율[14]은 7.7%로 스트리밍 서비스 1위 자리를 유지했다. 이는 2022년 5월 조사에서 나온 6.8%에서 크게 높아진 수치다. 2022년 초만 해도 유튜브와 수위를 다퉜지만 이젠 여유 있게 유튜브를 따돌린 모양새다. 닐슨은 넷플릭스가 시청 점유율에서 강세를 보인 것에 대해 〈기묘한 이야기〉 시즌4 등 신작 콘텐츠 영향 때문으로 분석했다.

글로벌 스트리밍 서비스 시장 경쟁은 보다 치열해지고 있다. 신규 서비스가 잇달아 등장했고 고유가, 고물가, 인플레이션 등이 구독료 납부를 가로막고 있다. 일부 가입자가 서비스를 이탈하면서 포화 상태에 가까워졌다는 비관론도 나온다. 그러나 2022년 7월 26일 2분기 실적 발표에서 넷플릭스 공동 CEO 리드 헤이스팅스는 "분기 실적이 예상보다 덜 나빴다"며 "향후 5~10년 안에 실시간 TV의 시대는 끝난다"고 자신감을 드러냈다.

더욱 치열해질 2023년 글로벌 OTT 전쟁

2022년 스트리밍 투자는 거시 경제의 불확실성으로 예상보다 위축됐다. 팬데믹 이후 제작비가 인상돼 TV 콘텐츠 거품[15]이 왔다는 인식도 확산됐다. 스튜디오들이 제작 비용 효율화에 나서면서 일부 고비용 프로젝트들의 제작비가 삭감됐다. 대부분 미디어 관련 리서치 회사들도 2022년 초 내놓았던 콘텐츠 투자 전망을 2022년 말 다시 수

---
14. total TV consumption.
15. peak TV content bubbled.

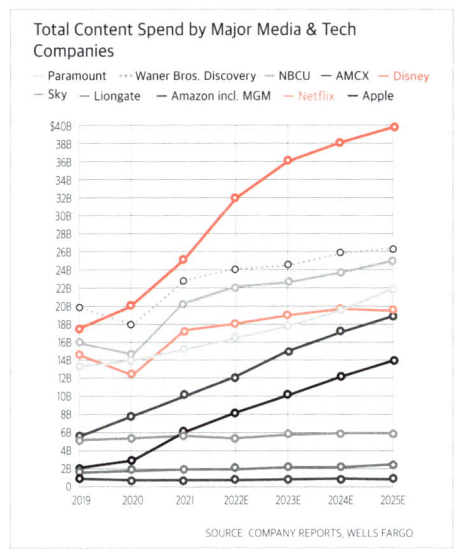

메이저 미디어&테크 기업 투자 규모 전망. 출처: 버라이어티

정해야 했다.

워너 브러더스 디스커버리(WBD)도 2022년 합병한 이후 콘텐츠 마케팅비를 대폭 줄였다. 급기야 넷플릭스는 2022년 1분기 창업한 이후 처음으로 가입자가 줄어드는 경험을 했다. 이에 세 차례에 걸쳐 500명에 가까운 인원을 구조 조정하기도 했다.

2023년 할리우드 스튜디오들은 투자에 더 신중할 것으로 보인다. 버라이어티는 할리우드 스튜디오가 드라마보다 투자 대비 효율을 높일 수 있는 예능, 리얼리티, 스포츠 장르에 더 많은 투자를 할 것으로 예상했다.

글로벌 스트리밍 서비스 시장은 2023년 치열한 경쟁을 벌일 것으로 보인다. 특히 넷플릭스와 디즈니+가 광고를 포함한 저가형 모델을 내놓으면서 글로벌 1위를 향한 점유율 싸움은 다양한 전선에서 더욱 촘촘하고 저인망식으로 이뤄질 가능성이 높다. 2022년 4월 합병을 완료한 워너 브러더스 디스커버리 역시 HBO MAX와 디스커버리의 통합 스트리밍 서비스를 내놓는다.

넷플릭스, 광고시장 진출로 돌파구 모색

2022년 글로벌 스트리밍업계의 가장 큰 뉴스는 중 하나는 넷플릭스와 디즈니+의 광고 시장 진출이다. 넷플릭스는 2022년 말 광고 기반 저가 상품을 내놓기로 했지만, 했다. 월스트리트저널은 넷플릭스가 2022년 말 미국에 광고 기반 상품을 내놓고 2023년 본격적인 영업을 시작할 것이라고 보도했다. 디즈니 역시 2022월 12월 8일 (미국) 광고 포함 디즈니+를 서비스한다. 한국도 비슷한 시기에 디즈니+ 광고가 시작될 것으로 보인다. 이들이 내놓는 광고 포함 서비스는 기존과 다르다. 바로 구독자(가입자)의 개인 정보와 기호 데이터를 활용한 '맞춤형 스트리밍 광고'다. 이를 위해 넷플릭스와 디즈니는 기술 대기업과 손잡았다.

마이크로소프트와 손잡은 넷플릭스

넷플릭스는 2022년 7월 14일 마이크로소프트와 협업해 개인에 최적화된 광고 등을 개발한다고 밝혔다. 넷플릭스는 2022년 1분기에

20만 명의 구독자를 잃었는데, 이는 10년 만의 첫 가입자 감소였다. 2022년 1월 북미 지역 월 이용 요금을 올린 것이 화근이었다. 이때 넷플릭스는 광고를 편성하는 대신 월 이용 가격을 낮추는 '저가 버전'을 내놓겠다고 깜짝 발표했다.

넷플릭스는 그동안 광고 시장에 진출하기 위해 다양한 협업 파트너와 협상을 벌여온 것으로 알려졌다. 광고 영업 경험이 풍부한 NBC유니버설, 구글, 트레이드 데스크(Trade Desk) 등이 포함돼 있다. 트레이드 데스크는 글로벌 애드 테크(ad tech) 기업으로 콘텐츠 기업의 IP를 이용해 광고를 자동 노출하는 기술을 보유했다. 이 회사는 디즈니와도 계약을 체결했다.

넷플릭스가 광고 시장 진출을 밝힌 것은 2021년이다. 이때부터 넷플릭스는 엔지니어를 모으고 기술적인 실험을 했다. 동시에 광고 시장 진출을 위한 외부 파트너를 물색했다. 기술과 함께 영업 조직도 필요했다. 2022년 봄에는 공개적으로 광고 시장 진출 관련 협업 파트너를 모집했다. 당시 넷플릭스는 20만 명의 구독자를 잃고 주가가 폭락하던 시기였다. 알파벳과 구글, 컴캐스트, NBC유니버설, 마이크로소프트 등 빅 테크 기업이 입찰에 참여했다.

처음엔 NBC유니버설이 최종 낙찰을 받을 가능성이 큰 듯했다. 모회사 컴캐스트의 비디오 광고 플랫폼업체 프리휠(FreeWheel)이 스트리밍 광고 관련 기술 개발 경험이 많았고, NBC유니버설은 미국뿐 아니라 영국 등 해외에서 영업력이 강했기 때문이다. 그러나 넷플릭스의 최종 판단은 다크호스였던 마이크로소프트였다. 월스트리트 저널에 따르면 넷플릭스의 목표는 '최소 보장(minimum guarantee)'이었다. 재정적 리스크를 줄이기 위해 일정 수준의 광고 수입 보장을 원했던 것이다. 넷플릭스는 또한 광고 분야에서 경험이 많은 '임원'이 필요했다.

넷플릭스는 전체 광고 상품의 감독을 위한 C레벨 임원을 확보하기 위해 여러 사람을 인터뷰했다. 모펫 네이선슨(Moffett Nathanson)은 넷플릭스가 2025년 미국에서 12억 달러(약 1조7,200억 원)의 광고 매출을 기록할 것으로 예상했다.

업계에서는 넷플릭스의 광고 포함 저가 버전이 이르면 2023년 초 론칭될 것으로 보았다. 넷플릭스 입장에서는 DVD 대여 비즈니스에서 스트리밍 서비스로의 전환만큼 큰 사건이다. 창사 이후 계속 성장했던 넷플릭스가 역성장[16]과 후발 주자의 추격이라는 이중고에 빠진 상황에서 이 카드가 유효한 돌파구가 될지 주목된다.

넷플릭스의 궤도 수정은 스트리밍 서비스의 치열한 경쟁을 의미한다. 광고 시장에서 넷플릭스는 오히려 스트리밍 후발 주자를 따라가야 하는 위치다. HBO MAX, 피콕, 파라마운트+, 훌루 등은 현재 모두 광고 버전 저가 상품을 내놓고 있다.

게다가 광고만을 재원으로 하는 무료 스트리밍 서비스도 넷플릭스와 경쟁 관계에 놓일 것으로 보인다. 플루토TV(Pluto TV)와 프리비(Freevee) 등은 무료 스트리밍 서비스(FAST)지만 오리지널 콘텐츠를 편성하고 있다. 웬다 해리스 밀라드(Wenda Harris Millard) 미디어링크(MediaLink) 전 부사장은 월스트리트 저널과의 인터뷰에서 "스트리밍 서비스는 이제 광고 시장에서 품질 경쟁에 직면해 있다"며 "넷플릭스는 이제 완전히 다른 시장에서 싸워야 한다"고 강조했다.

넷플릭스 광고 요금 기준은 1,000뷰당 80달러

넷플릭스도 광고 시장에 대한 기대가 크다. CEO 헤이스팅스와 다른 임원들은 2022년 7월 투자자들과 광고업계 임원들에게 "광고 요금이 1,000회 노출당 80달러[17] 정도로 책정될 것"이라며 "타깃 광고 등 광고주들의 효용성을 높이기 위한 기술을 개발하고 있다"고 설명한 바 있다. CPM 80달러는 미국 프로 미식축구(NFL) TV 광고료 수준으로 꽤 높은 편이다.

현재 넷플릭스는 광고 버전의 월 이용 요금을 공개하지 않고 있다. 그러나 미국 언론들은 월 10달러(9.99달러) 미만으로 책정될 거라고 예측하고 있다.

넷플릭스는 비밀번호 공유 제한도 추진하고 있다. 이 역시 넷플릭스가 잠재적인 매출 하락의 주범으로 꼽는 문제다. 리드 헤이스팅스는 2016년부터 비밀번호 공유 비용을 과금할 계획을 밝혀왔다. 넷플릭스는 비밀번호를 공유하는 이용자의 수가 1억 명이라고 추산하기도 했다. 하지만 월스트리트 저널은 "최근 비밀번호를 공유해 쓰는 사용자는 정체 상태"라고 보도하기도 했다. 즉 비밀번호 공유 제한으로 유료 구독자 추가 확보 및 매출 증대 효과는 그리 크지 않을 수 있다는

---

16. 2분기 연속 가입자 감소 및 시가총액 급감 등.
17. CPM 80달러(한화 약 10만 300원).

분석도 제기되는 게 현실이다.

넷플릭스는 2억 2,000만 명의 구독자 기반을 공고히 유지하면서도 계속 확장해나갈 수 있는 서비스의 매력도 제고와 새로운 수익원 창출 등 숙제에 직면했다. 광고 기반 저가 상품과 비밀번호 공유 금지는 현재 구독자를 줄이는 부작용도 낳을 수 있다. 넷플릭스 유료 구독자 중 상당수는 '광고가 없는 서비스'에 매력을 느끼거나 비밀번호 공유에 대한 추가 과금에 불만을 가지고 있기 때문이다. 또 넷플릭스가 계속해서 가격을 인상하는 데 대해 분노를 표출하고 있기도 하다.

그러나 희망적인 전망도 있다. 글로벌 가입자 1위인 데다 광고 상품이 성공할 경우 더 많은 고객을 확보할 가능성이 크기 때문이다. 월스트리트 저널은 내부 관계자 말을 인용해 "넷플릭스는 향후 3년 내 5억 명의 구독자를 확보할 계획을 세우고 있다"고 보도했다. 시장 판도를 바꿔놓을 만한 규모이자 이슈다.

광고 사업 파트너를 선정하는 과정도 드라마틱했다. 거대 미디어 기업과 테크 대기업이 상당수 광고 사업 수주 경쟁에 참여했다. 월스트리트 저널에 따르면 구글은 유튜브와의 브랜드 파트너십과 비디오 광고 전문가, 디지털 광고 인프라 구축 등을 제시했다. 컴캐스트의 NBC유니버설은 넷플릭스 광고 용역 계약을 위한 내부 프로젝트 이름을 식용 오징어를 뜻하는 '칼라마리(Calamari)'로 지은 것으로 알려졌다. 넷플릭스 역대 최고 작품 중 하나인 한국산 오리지널 〈오징어 게임(Squid Game)〉과 유사한 이름을 지은 것이다. NBC유니버설은 자사 내 애드 테크 전문 기업인 프리휠의 전문 직원과 NBC유니버설의 광고 팀 파견을 제안했다. 마이크로소프트는 초기부터 상당히 공을 들인 것으로 전해졌다. 구글이나 컴캐스트에 비해 규모는 작게 광고 사업을 제안했지만 타사와 달리 '스트리밍 서비스'에 진출할 계획이 없다고 밝히고 많은 수익 보전과 파트너십에 집중할 것을 강조했다고 한다. 결국 넷플릭스는 마이크로소프트의 손을 잡았다.

관건은 넷플릭스 광고 모델이 얼마나 많은 사람을 끌어올지 여부다. 그동안 넷플릭스는 광고 편성의 기본 요건인 콘텐츠 시청률 등을 발표하지 않았다. 최근 시청 시간 기준 스트리밍 톱 10 리스트 등을 발표하지만 아직은 약하다. 광고 상품을 위해선 보다 표준화되고 투명한 콘텐츠 가치 측정 기준도 필요한 듯하다.

넷플릭스와 마이크로소프트의 협업 의미

넷플릭스와 마이크로소프트의 협업에는 여러 의미가 있다. 스트리밍 서비스 경쟁이 치열한 상황에서 광고 판매 조직 구성은 매우 어렵다. 그 때문에 자체 시스템 구축보다는 직원 스카우트 등 외부 자원을 적극 활용하고 타깃 광고, 개인화 편성 같은 애드 테크 활용이 절실한 듯하다. 이런 관점에서 마이크로소프트는 매우 좋은 협업 파트너다. 특히 스트리밍 서비스 이용률이 높아지고 있는 스마트TV 등 커넥티드TV 시장을 공략하기 위해서는 광고 기술을 보유한 테크 기업의 조력이 필수다.

넷플릭스가 광고 협업 파트너로 마이크로소프트를 선택한 이유는 비디오 광고와 관련해 이용자와 더 많은 광고주를 설득할 최신 기술을 원했기 때문으로 보인다. 예를 들어 시청 데이터를 이용, 이용자와 광고를 정확히 매칭하고 특정 세대와 성별 등에 맞춘 어드레서블 광고[18](addressable ads) 기술을 개발할 수 있다.

2022년 6월 마이크로소프트는 AT&T의 애드 테크 부문인 '잔다르(Xandr)'를 인수했다. 잔다르는 주로 프로그래매틱 광고(programmatic advertising)[19] 개발을 담당했다. 프로그래매틱 광고는 자주 검색하는 단어와 접속하는 웹사이트를 보고 사용자에게 필요한 것으로 보이는 광고를 보여줌으로써 기업 입장에서는 물론, 사용자 입장에서도 효과를 얻을 수 있는 광고 기법이다. 특히 SNS에서 자주 볼 수 있다.

넷플릭스는 성명에서 "우리는 초기 상태다. 그리고 많은 것을 극복해야 한다. 그러나 목표는 분명하다. 소비자에게 더 많은 선택권을 주고 광고주에게 실시간 TV보다 더 나은 프리미엄, 광고 효과를 주는 것"이라고 밝혔다. 그리고 "우리는 새로운 서비스를 위해 마이크로소프트와 협력하는 것이 즐겁다"고 설명했다.

광고주는 넷플릭스의 인기 콘텐츠에 광고를 편성할 수 있다는 점을 매력적으로 여길 확률이 높다. 시청자가 점점 자신들의 취향에 맞춰 TV에서 스트리밍 서비스로 옮겨 감에 따라, 기존 TV에 익숙했던 마케팅 담당자도 어떻게 하면 스트리밍 서비스에서 더 많은 광고 시

---

18. 어드레서블 TV 광고라고도 한다. 어드레서블 TV는 데이터에 기반한 TV 광고 구매 및 송출이 가능한 프로그래매틱 TV의 하위개념. 가구별 타깃 광고를 내보낼 수 있는 최신 광고 기술이다.
19. 노출 영역을 사전에 구매할 필요 없이 캠페인 목표에 맞게 원하는 시점에, 원하는 타깃 이용자를 대상으로 광고를 예약해 노출하고, 집행 데이터를 분석해 노출을 최적화할 수 있는 자동화된 구매 방식.

청자를 확보할 수 있을지 고민이 늘고 있다. 글로벌 시장에서 인기 프로그램이 많은 넷플릭스는 많은 광고주에게서 상당한 자금을 끌어올 수도 있다.

넷플릭스와 마이크로소프트는 광고 영업 조직을 발전시키고 광고주나 광고 기획사와 네트워크를 구축해야 한다. 협찬 스폰서의 경우 얼마나 많은 구독자가 광고를 보고, 어떤 소비자가 있는지에 관련된 자료를 요구할 수밖에 없다. 마케팅 담당자 또한 넷플릭스에 특정 수준의 시청률과 노출을 보장하라고 압박할 것이다. 또 자동차 전시장 방문이나 영화 티켓 구입 같은 사업과 광고를 연계할 수도 있다.

넷플릭스의 광고 진출 파급력은?

넷플릭스가 광고 상품 출시로 기대하는 것은 구독자 추가 확보와 수익 확대다. 넷플릭스는 저가 상품으로 더 많은 구독자를 확보할 수 있을 것으로 전망한다. 그러나 상황은 만만치 않다.

일부 애널리스트는 저가 서비스를 도입하면 오히려 고가 상품 이용자가 가격 부담을 줄이기 위해 저가 상품으로 갈아타는 현상이 나타날 수 있다고 본다. 버라이어티가 설문 조사를 실시한 결과 현재 넷플릭스 이용자의 41%가 광고 버전으로 갈아탈 것이라고 답했다. 저가 가입자는 늘 수 있지만 동시에 고가 가입자가 줄어드는 이른바 자기 잠식이 발생하는 것이다.

반면 넷플릭스에 가입 하지 않은 고객을 대상으로 조사한 결과, 53% 이상이 광고 버전이 나온다고 해도 가입할 생각이 없다고 답했다. 이는 넷플릭스 광고가 '스트리밍 콘텐츠 시청 편의성'을 훼손하지 않는다고 판단된 뒤에야 고객들이 광고 버전으로 움직일 것이라는 이야기다.

넷플릭스의 광고 시장 진출에 긍정적인 분석도 있다. 블룸버그 인텔리전스 테크&미디어 애널리스트 게타 랑가나단(Geetha Ranganathan)은 "오는 2024년 넷플릭스는 광고 포함으로 미국과 캐나다에서 연간 30억 달러(약 4조 3,080억 원) 혹은 20% 매출 상승을 달성할 것"이라고 전망했다. 랑가나단은 2024년 미국과 캐나다 구독자의 25%인 약 1,900만 명이 광고 기반 서비스를 이용할 것이라고 예측했다. 또 넷플릭스가 시간당 7분의 광고를 편성하면 분기당 광고 매출이 7억5,000만 달러(약 11조770억 원) 발생한다고 전망했다.

미국과 캐나다에서 넷플릭스의 연간 광고 수익 예측치는 30억 달러다. 보다 보수적인 예측으로도 블룸버그는 넷플릭스의 연간 광고 매출이 12억5,000만 달러(약 1조7,951억 원)에 달할 것으로 추산했다. 이는 한 고객이 넷플릭스 콘텐츠를 평균 2시간 정도 본다는 가정으로 예측했다.

현재까지 자동 광고는 전체 TV 광고 시장에서 비중이 크지 않다. 그러나 그 비중과 자리는 점점 증가하고 있다. 스마트TV 제조사와 광고주가 자동 광고 기술 개발에 더 많은 투자를 하고 있다. 스트리밍 서비스의 확산으로 가정 내 콘텐츠 시청 트렌드가 가족에서 개인으로 옮겨 왔고, 틱톡 등 소셜 미디어 서비스의 이용량도 크게 늘었기 때문이다. 개인 시청 데이터가 기록되고 TV가 아닌 인터넷 콘텐츠를 대거 소비하게 만드는 스마트TV의 확산 영향도 무시할 수 없다.

트레이드 데스크의 매출 담당 최고 책임자 팀 심스(Tim Sims)는 악시오스와 나눈 인터뷰에서 "현재 업계의 많은 사업자가 개인 데이터 타깃 광고에 많은 기대를 하고 투자를 늘리고 있다"고 설명했다.

2022년 2분기 매출 8.6% 상승, 수익 확대에 힘쓰는 넷플릭스

넷플릭스의 2022년 2분기 매출은 전년 대비 8.6% 오른 79억7,000만 달러(약 11조4,680억 원)를 기록했다. 미국 달러의 초강세로 글로벌에서 벌어들인 현지 수입이 평가절하됐다. 환율 영향 3억3,900만 달러를 제외하면 13%가 넘는 성장이다. 영업이익은 16억 달러이며 순이익은 14억 달러를 기록했다. 2022년 2분기 잉여 현금 흐름은 1,300만 달러(약 187억 원)로 전년 동기 8억200만 달러에 비해 크게 줄었다.

넷플릭스는 또한 수차례의 정리 해고로 인한 직원 보상금으로 7,000만 달러를 지급했다고 밝혔다. 넷플릭스는 2분기에만 전체의 5%에 달하는 500명에 가까운 인력을 구조 조정했다.

정리 해고와 함께 넷플릭스는 수익 확대에 힘쓰고 있다. 이와 관련해 넷플릭스는 1분기 프레젠테이션에서 비밀번호 공유 기능 제한과 광고 기반 저가 상품을 내놓겠다고 밝힌 바 있다.

비밀번호 공유 제한의 경우 7월 19일 라틴아메리카 5개 국가[20]에서 추가 과금을 실시한다. 기본 거주 지역 외에서 2주 이상 같은 계정

---

20. 아르헨티나, 엘살바도르, 과테말라, 온두라스, 도미니카공화국.

으로 넷플릭스를 이용하면 구독자는 추가 과금 고지를 받게 된다. 계정당 추가 요금은 1~3달러 수준이다. 그러나 모바일 기기에서 넷플릭스를 사용하거나 휴가 중이라면 추가 과금에 영향을 받지 않는다. 넷플릭스는 현재 비밀번호 공유로 서비스를 이용하는 무료 구독자가 1억 명을 넘는다고 공개한 바 있다.

넷플릭스는 2분기 주주 서한에서 광고 기반 상품 출시 시기를 2023년 초로 확정했다. 넷플릭스는 새로운 광고 모델에 대해 '소비자의 성향에 맞는 광고 파트너에게는 보다 더 큰 효능감을 주는 매끄러운 광고'[21]라고 규정했다. 광고 모델 구독자 확대에는 시간이 다소 걸릴 테지만 장기적으로는 저가 광고 모델 구독자가 큰 비중을 차지하고 전체 매출 성장에 기여할 것이라고 덧붙였다.

광고 모델 론칭을 앞두고 넷플릭스는 몰아 보기(Binge Watching) 콘텐츠[22] 전략도 손보고 있다. 콘텐츠 공급 주기를 조절해 단기 시청량을 극대화하고 이탈률도 줄이겠다는 생각이다. 〈기묘한 이야기〉 시즌4의 경우 5월 27일 7개 에피소드가 담긴 첫 번째 볼륨이 공개된 이후 7월 1일 마지막 2편을 볼륨2로 오픈했다. 결말을 보기 위해서는 최소 7월 1일까지 구독을 유지해야 하는 셈이다.

콘텐츠 투자 효율화 진행

넷플릭스는 2022년 180억 달러(25조5,600억 원)를 콘텐츠에 투자하겠다고 밝혔다. 2022년 2분기 실적 발표에서는 10년 이상 넷플릭스 오리지널 콘텐츠에 투자하면서 라이선스 유통사에서 벗어났다고 하며,

넷플릭스 오리지널 생산을 위한 내부 스튜디오 구축에 5년 이상 걸렸고, 현재는 전체 순콘텐츠 투자 중 60%가 넷플릭스 제작 오리지널이라고 밝혔다.

또 오리지널 콘텐츠 투자는 계속되며, 애니메이션 작품과 게임 기반 콘텐츠, 영화, 글로벌 구독자를 위해 비영어 기반 콘텐츠 등의 신작을 2022년 이후 선보일 것이라고 공개했다.

이 중 애니메이션의 경우 미래 어린이 구독자를 잡기 위해 강화한다. 애니메이션 〈씨 비스트(The Sea Beast)〉[23]는 시청자와 평단의 호평을 이끌었다. 넷플릭스는 론 하워드 감독의 〈The Shrinking of the Treehorn〉[24] 등을 만든 애니메이션 스튜디오 애니멀 로직(Animal Logic)을 인수한다고 밝혔다.

그러나 넷플릭스의 미래가 쉽지만은 않아 보인다. HBO는 2022년 8월 〈반지의 제왕(Game of Thrones)〉 프리퀄 〈하우스 오브 드래곤(House of Dragon)〉을 공개했고, 뒤이어 아마존 프라임 비디오는 〈반지의 제왕〉 TV판(Lord of the Rings: The Rings of Power)을 공개했다. 넷플릭스는 2022년 4분기 이후 대작 시리즈 〈더 크라운(The Crown)〉 신작으로 구독자 방어에 나설 계획이다.

또 넷플릭스는 구독자 확보뿐 아니라 이탈률을 줄이는 데도 많은

---

21. More seamless and relevant for consumers, and more effective for our advertising partners.
22. 방송 프로그램이나 드라마·영화 등을 한꺼번에 몰아 보는 것. 폭음·폭식을 뜻하는 빈지(binge)와 보는 워치(watch)를 합한 신조어.
23. 넷플릭스에서 1억200만 시간 시청.
24. 한국에서는 《줄어드는 아이 트리혼》이라는 그림책으로 출판되었다.

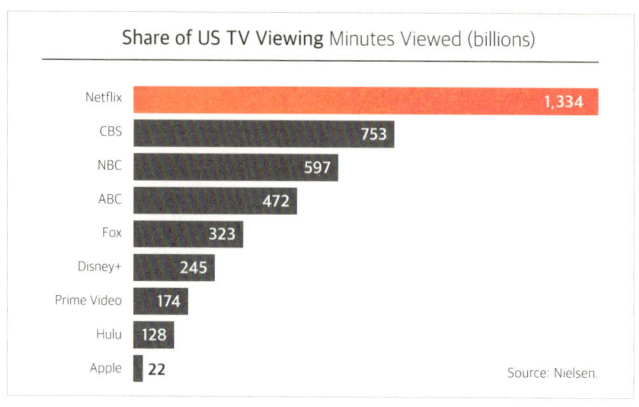

미국 TV 시청 시간. 출처: 닐슨

공을 들여야 할 것으로 전망된다. 2022년 1월 가격 인상에서 넷플릭스는 타사에 비해 더 많은 고객을 잃은 경험이 있다.

안테나는 2022년 1분기 넷플릭스를 해지한 고객이 다른 유료 서비스로 옮겨 간 비율이 2021년 4분기에 비해 35% 증가했다고 밝혔다. 당시 파라마운트+와 HBO MAX, 피콕 등이 넷플릭스 이탈의 수혜를 최대 70%가량 받은 것으로 조사됐다. 물론 넷플릭스의 이탈률은 경쟁사에 비해 낮지만 미래는 장담할 수 없다.

넷플릭스의 미래 기회는 글로벌에 있다. 특히 아시아다. 2022년 2분기 넷플릭스는 북미 지역에서 130만 명의 구독자를 잃었다. 지난해 같은 기간 40만 명에 비하면 큰 폭의 하락이다. 이 지역 매출은 10% 이상 올랐는데, 월 구독 가격의 인상 영향으로 보인다. 그러나 아시아 지역의 경우 매출이 23% 급증하고 110만 명의 신규 구독자가 증가했다. 라틴아메리카는 구독자는 정체였지만 매출은 19% 상승했다.

넷플릭스의 희망은 급격한 시청 트렌드 변화에 있다. 스트리밍 서비스 시장 경쟁이 치열하고 포화되었지만 새로운 구독자가 유입되고 있다는 확신이다.

미국의 경우 넷플릭스는 전통 TV 회사와의 경쟁에서도 절대 우위에 있다는 자료를 공개했다. 2021~2022년 TV 시즌 동안 다른 어떤 방송사보다 더 많은 TV 시청 시간을 기록했다. 이는 가장 많이 시청한 두 방송사 합계와 거의 같다.

CEO 리드 헤이스팅스는 2022년 7월에 닐슨의 통합 TV 시청률 점유율에서 넷플릭스는 역대 최고인 7.7%를 기록했다고 말하며 이용자의 더 큰 주목도를 끌어오는 능력을 보여주는 주요 사례라고 강조했다. 넷플릭스의 실적은 하나의 기업 이상으로 중요하다. 투자자에게 스트리밍 서비스의 현재와 미래를 볼 수 있는 시각을 제공하기 때문이다.

스트리밍과 엔터테인먼트업계 역시 미래는 불안정하다. 경제의 불확실성이 높아지고 있는 지금, 회복이나 침체의 시점을 알 수 없다. 이제 넷플릭스는 스트리밍 서비스의 모든 것이 아니다. 넷플릭스를 대체할 서비스도 많다. 게다가 넷플릭스는 현존하는 스트리밍 서비스 중 가장 비싼 상품이다.

버라이어티와 모닝 컨설트(Morning Consult) 조사에 따르면 미국인들은 이미 스트리밍 서비스에 대한 지출을 줄이기 시작했다. 넷플릭스도 변할 수밖에 없다.

한편 넷플릭스는 이용자의 체류 시간을 높이기 위해 모바일 게임도 강화하고 있다. 2022년 넷플릭스는 게임 개발을 위해 게임 스튜디오 3개[25]를 인수한 바 있다. 넷플릭스의 모바일 게임 라인업은 현재 24 종류에 달한다. 모든 연령대에 맞는 다양한 장르의 게임 편성이 목표다.

디즈니, 미디어 기업과 애드 테크 기업의 결합으로 시너지 예상

2022년 3월 4일 디즈니는 광고 버전 저가 스트리밍 서비스를 내놓겠다고 공개했다. 디즈니는 2022년 말 광고를 포함하고 가격을 낮춘 '디즈니+'를 미국 시장에 먼저 공개하고, 2023년 한국 등 글로벌 시장에 진출하겠다고 밝혔다.

하지만 가격 등 구체적인 정보는 아직 알려지지 않았다. 현재 미국에서 디즈니+의 월 이용료가 7.99달러인 만큼, 광고 포함 버전은 30~40% 수준인 4달러 이하가 될 것으로 보인다. 디즈니는 광고 버전 디즈니+가 2024년 목표인 2억3,000만~2억6,000만 명의 구독자 목표를 달성하는 주요 키포인트가 될 것이라고 강조했다.

디즈니의 광고 버전 발표 당시, 넷플릭스와 아마존 프라임 비디오는 광고를 포함하지 않았다. 하지만 바로 다음 달인 2022년 4월 넷플릭스가 광고 모델 도입을 공표하며 경쟁에 뛰어들었다. 이제 주요 스트리밍 서비스 중 광고를 포함하지 않은 플랫폼은 아마존뿐이다.[26]

디즈니의 스트리밍 사업부는 2022년 1분기 8억8,700달러의 손실을 기록했다. 전년 동기 대비 6억 달러 이상 손실이 증가했다. 콘텐츠 투자와 마케팅, 기술 투자 비용이 늘어난 탓이다. 디즈니는 스트리밍 사업부가 오는 2024년이 되어야 수익을 낼 것이라고 밝혔다.

디즈니+는 스트리밍 광고에 새로운 기술 접목도 준비하고 있다. 2022년 7월 12일 애드 테크 기업 트레이드 데스크(Trade Desk)와 손을 잡은 디즈니는 스마트TV 시대, 타깃 시청자를 위한 맞춤형 광고 콘텐츠를 제공하기 위해 노력하고 있다. 미디어 기업과 애드 테크 기업 결합은 여러모로 시너지가 날 가능성이 높다.

디즈니는 콘텐츠를 소비하는 이용자의 정확한 분석을 통해 광고 가치를 높이고 트레이드 데스크는 대형 할리우드 스튜디오와의 협력으로 많은 레퍼런스를 쌓을 수 있다. 타깃 맞춤형 광고 송출 자동화는 디즈니가 보다 많은 광고를 팔 수 있게 도와줄 것으로 보인다.

디즈니는 지난해 향후 4년간 전체 광고 판매의 절반 이상을 자동 광고 시스템을 통해 판매하는 것이 목표라고 밝힌 바 있다. 악시오스에 따르면 2021년의 경우 디즈니 광고 재원의 40% 이상이 광고 판매 설명회에서 자동화된 광고 시스템을 통해 팔려나갔다. 2022년 데이터는 디즈니가 아직 공개하지 않았지만 NBC유니버설은 10억 달러(약 1조4,000억 원) 이상의 광고가 타깃 광고 매칭 등 자동 시스템을 통해 판매됐다고 밝혔다.

---

25. Night School Studios, Boss Fight Studios, and Next Games.
26. 디즈니가 운영 중인 훌루(Hulu), ESPN+ 등 다른 스트리밍 서비스는 광고를 포함하고 있다.

스트리밍이 바꾸는 TV 광고 시장

스트리밍의 등장으로 TV 광고 기술도 진보하고 있다. 2022년 5월 뉴욕에서 열린 광고주 설명회(NewFronts)에서 피콕과 아마존은 콘텐츠 스트리밍 중간에 기업과 제품을 자동 삽입할 수 있는 '버추얼 PPL'[27] 기술을 선보였다. 또 스트리밍 플랫폼 로쿠(Roku)와 유통 기업 월마트도 시청자들이 TV를 보는 동안 광고 상품을 직접 살 수 있도록 하는 이커머스 시스템 구축 협업을 밝혔다. 고객들이 프레스 버튼을 누르기만 하면 자동으로 구매가 확정되는 이른바 '쇼핑 가능 광고(shoppable ads)'다.

스트리밍 서비스들의 광고 쟁탈 전쟁은 스마트폰이 아닌 TV에서 벌어질 가능성이 크다. 스트리밍 이용 형태가 모바일이 아닌 TV로 이미 옮겨 갔기 때문이다. 콘비바(Conviva)의 조사에 따르면 스트리밍 이용자 시간의 80% 가까이가 모바일이 아닌 TV에서 일어났다. 광고주 역시 스마트TV와 커넥티드TV에서 고객을 만나려 할 것으로 보인다.

스트리밍 서비스와 광고, 기술의 만남은 쇼핑에도 새로운 환경을 만들고 있다. 쇼핑 가능한 광고가 버추얼 PPL과 결합돼 모든 스트리밍 TV 콘텐츠와 영화를 가상 쇼핑 경험으로 바꾸는 상황도 예상할 수 있다. 디즈니, 넷플릭스 등 메이저 스트리밍 서비스가 광고 시장

---

27. Virtual Product Placement.

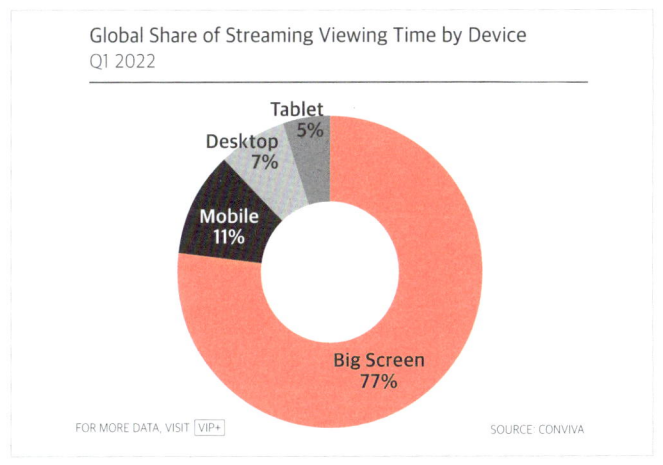

2022년 1분기 디바이스별 스트리밍 시청 시장. 출처: 버라이어티

에 진입한 만큼 이런 변화는 더욱 빨라질 것으로 예상된다.

시청 경험 훼손 최소화하는 애드 테크 관건

스트리밍 이용자는 시청 경험을 훼손하지 않는 광고를 선호할 수밖에 없다. 중간 광고나 프로그램 광고보다 콘텐츠에 삽입되는 PPL이 늘어날 것으로 전망하는 것도 이 이유다.

모닝 컨설트(Morning Consult)는 "대부분 소비자가 콘텐츠를 방해하는 광고에 부정적이지만, 스트리밍을 통해 광고가 노출되는 다른 형태(PPL)에 대해선 보다 호의적인 감정을 가지고 있다"는 설문 조사 결과를 발표했다.

특히 버추얼 PPL은 PPL의 장점을 살리면서도 시청 불편을 최소화할 수 있다. 순식간에 등장하고 개인 시청 데이터를 기반으로 '이용자가 관심 있는 PPL'만 노출할 수 있기 때문이다. 같은 드라마, 영화를 보더라도 시청자의 세대와 연령, 성별, 지역 등에 따라 다른 PPL이 나타날 수 있다.

NBC유니버설은 보도 자료를 통해 피콕이 공개한 버추얼 PPL은는 "개인에 더 최적화된 광고 노출을 위해 최고의 콘텐츠에서 최고의 순간을 찾는 것을 목표로 한다"며 "적절한 콘텐츠, 적절한 타이밍, 적절한 화면에서 적절한 제품을 선보임으로써 브랜드에 대한 친밀도를 극대화한다"고 밝혔다.

개인 정보 보호 이슈는 광고 시장 성장에 가장 큰 걸림돌이다. 아직 상당한 고객이 자신의 정보를 공개하기를 꺼리고 있다. 스트리밍 서비스가 준비 중인 개인화된 광고의 경우 동의를 통한 개인 정보 수집이 없다면 불가능하다. 그 때문에 디지털 공간에서의 개인 정보 보호 논란이 스트리밍 서비스로 옮겨 올 것이라는 것은 자명하다.

모바블 잉크(Movable Ink)의 최근 조사에 따르면 소비자는 일반적으로 개인화된 광고 경험을 선호하지만, 조사 대상자 거의 절반이 개인 데이터가 다른 회사에 팔리거나 공유될 때 불법 도용을 우려한다.

스트리밍 광고 시장이 계속 커지고 진화함에 따라, 스트리밍 사업자의 광고 기술은 시청 경험 훼손을 줄이면서도 개인 정보 보호와 사용을 최소화하는 균형에 집중될 것으로 보인다. 특히 광고 시장에서 새로운 구독자를 확보하기 위해 이런 밸런스는 매우 중요하다.

무료 스트리밍 시장의 성장 방향은?

미국 광고주 사이에 광고 기반 스트리밍 서비스의 인기가 점점 높아지고 있다. 광고 기반 스트리밍 서비스는 광고를 편성하는 대신, 구독료를 낮추거나 무료로 제공하는 플랫폼이다. 주로 비용 문제로 케이블TV나 프리미엄 스트리밍 서비스를 이용하지 않는 고객이 시청자다.

현재 무료 기반 스트리밍 서비스는 크게 두 종류다. 투비(Tubi), 플루토TV, 프리비, 수모(Xumo) 등 광고 기반 무료 스트리밍 채널[28]을 모아 서비스하는 FAST 플랫폼과 훌루, HBO MAX 등 VOD 콘텐츠에 광고를 편성하고 낮은 가격으로 제공하는 저가 프리미엄 스트리밍[29]이다. 통칭 이 둘을 합쳐 AVOD라고 부르기도 한다.

구분	AVOD (Ad-supported Video on Demand)	FAST (Free Ad-supported streaming TV)	FAST 서비스 혹은 플랫폼 (Free Streaming Service)
광고 유무	YES	YES	YES
실시간 채널	NO	YES, 전통 TV 개념	YES
비고	시청자 무료 제공	시청자 무료 제공 무료 스트리밍 서비스 용어와 혼동해 사용하기도 함	AVOD+FAST 전통 TV와 스트리밍이 합해진 개념으로 여러 FAST 채널을 묶어 서비스 유료 방송 플랫폼(케이블TV) 유사

---

28. Free Ad Supported Streaming TV, FAST.
29. Ad Supported Lower-Priced Streaming Service, AVOD.

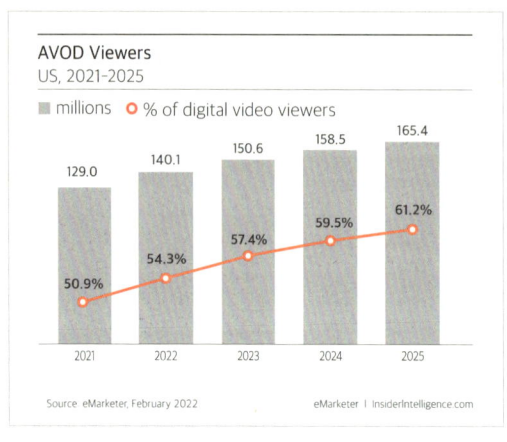

AVOD 시청자 증가 추이.
출처: 인사이더 인텔리전스

2022년 AVOD 시장은 190억 달러로 성장

인사이더 인텔리전스에 따르면 전체 미국 광고 기반 스트리밍 서비스 시장은 2022년 190억 달러 규모로 성장했다. 광고 기반 서비스를 이용하는 시청자도 연간 8.6%가 늘어 2022년 1억4,000만 명으로 증가할 것으로 보인다.

인사이더는 2025년에는 전체 디지털 비디오 시청자의 65.5%가 광고 기반 스트리밍 서비스 이용자가 될 것이라고 전망했다.

여기에 넷플릭스와 디즈니+가 스트리밍 광고 시장에 진입할 경우 규모는 더 커질 것으로 보인다. 케이블TV 가입자가 더 줄어들고 스트리밍 서비스로의 이전이 본격화될 경우 AVOD 광고는 더 성장할 수 있다. 〈버라이어티〉에 따르면 미국 2022년 2분기 케이블TV는 200만 명에 가까운 구독자를 잃어 5,370만 명으로 내려앉았다.

파라마운트 글로벌 계열 무료 스트리밍 서비스 플루토TV CEO

톰 라이언은 월스트리트 저널과의 인터뷰에서 "사람들은 자신들만의 케이블TV 번들을 만들고 있다"며 "사람들은 이제 자신들이 좋아하는 콘텐츠에만 돈을 쓴다. 우리는 그 간극을 메울 수 있다"고 설명했다.

광고 스트리밍 서비스 시장은 빅 테크와 미디어 대기업의 격전지이기도 하다. 2019년 아마존이 IMDB TV를 인수해 이 시장에 들어왔고, 2022년 6월 이름을 프리비로 바꿨다. 컴캐스트도 2020년 무료 광고 기반 스트리밍 서비스 수모(XUMO)를 인수했다. 폭스TV도 2020년 4억 9,000만 달러에 투비(Tubi)를 사들였다.

FAST 채널, 오리지널 콘텐츠 제작 편성 활발

광고 기반 스트리밍 서비스는 이제 콘텐츠 편성에도 차별화를 준다. 과거 콘텐츠만을 사왔던 서비스가 자체 오리지널도 만들고 있는 것이다. 특히 FAST채널의 오리지널 콘텐츠 제작과 편성이 활발하다.

스트리밍 플랫폼 로쿠는 영화사 라이언스 게이트(Lions Gate Entertainment Corp)와 자사의 무료 스트리밍 서비스 로쿠 채널을 위한 콘텐츠 제작 계약을 맺었다. 하나의 플랫폼에서 여러 스트리밍 서비스를 이용할 수 있도록 하는 스트리밍 플랫폼 로쿠는 2022년 7월 현재 미국 전역의 6,000만 가구에 설치돼 있다. 로쿠 플랫폼에서 가동되는 무료 채널은 시청자 수가 8,000만 명에 달한다.

로쿠의 프로그램 담당 부사장인 롭 홈스(Rob Holmes)는 월스트리트 저널과의 인터뷰에서 "우리는 이제 오리지널을 편성할 수 있는 규모가 됐다"고 말했다. 로쿠의 오리지널 콘텐츠 라인업에는 대니얼

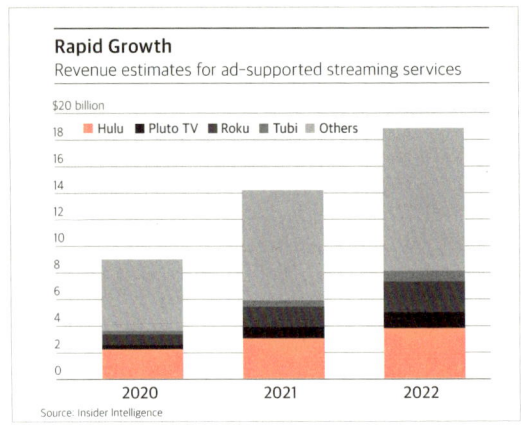

광고 기반 스트리밍 서비스 시장 규모. 출처: 월스트리트 저널

래드클리프가 출연하는 영화 〈위어드(Weird: The Al Yankovic Story)〉도 포함되어 있다.

로쿠는 2020년 출시 이후 8개월 만에 문닫은 숏폼 스트리밍 퀴비(Quibi)의 오리지널 콘텐츠도 인수해 편성하고 있다. 아마존이 보유한 무료 스트리밍 서비스 프리비는 코미디 프로그램 〈스프룽(Sprung)〉을 제작하고 있다.

투비는 2021년 피터 데이비슨이 출연하는 애니메이션 시리즈 〈프릭 브러더스(The Freak Brothers)〉를 선보였다.

치킨 수프 포 더 솔 엔터테인먼트(Chicken Soup for the Soul Entertainment)가 보유한 무료 광고 기반 스트리밍 서비스 크래클 플러스(Crackle Plus)의 경우 2019년 말 〈파산에서 출발하기(Going From Broke)〉라는 리얼리티 쇼를 론칭한 바 있다. 치킨 수프 포 더 솔 엔터테인먼트 CEO 빌 로하나(Bill Rouhana)는 월스트리트 저널과의 인터뷰에서 "우리의 광고 노출의 25%가 오리지널 및 독점 콘텐츠에서 발생했다. 수년간 오리지널 콘텐츠에 많은 투자를 하고 있다"고 설명했다.

광고 기반 무료 스트리밍 서비스의 성장은 인터넷에 연결해 TV를 시청하는 커넥티드TV의 확산 때문이기도 하다. 투비나 플루토TV 같은 무료 스트리밍 서비스는 FAST라는 이름으로 스마트TV 등 커넥티드TV에 미리 포함돼 있다. 미국 리히트먼 리서치 그룹에 따르면 미국 가정의 87%가 최소 1개 이상의 커넥티드TV 디바이스를 보유하고 있었다.[30]

커넥티드TV 광고 시장도 커지고 있다. 버라이어티는 오는 2025년 커넥티드TV 광고 시장 규모는 660억 달러까지 성장할 것으로 예측했다.

FAST 등 광고 기반 스트리밍 서비스는 젊은 세대를 중심으로 급속히 확산되고 있다. 플루토TV는 MTV 리얼리티 쇼, 코미디 센트럴의 〈사우스 파크(South Park)〉 등 젊은 세대가 좋아하는 콘텐츠를 대거 보유하고 있다. 이외에 크랙클(Crackle)은 2022년 7월 현재 4,000만 명 이상의 월간 활성 이용자 중 64%가 18~44세라고 밝힌 바 있다.

무료 광고 기반 스트리밍 플랫폼은 독립 제작자에게도 주목받고 있다. 극장 개봉작이 대규모 제작비가 투입된 작품 위주로 재편되면서 중간규모 이하 콘텐츠 유통 플랫폼으로 FAST 서비스가 각광받고 있는 것이다.

---

30. 지난 2020년 조사 시에는 80%였다.

2022년 미국 OTT 시장에 나타난 주목할 만한 이슈 두 가지

2022년 미국 OTT 시장에서는 두 가지 이슈를 살펴볼 수 있다. 스트리밍 기반 확대와 더불어 구글과 애플, 아마존 등 빅 테크 기업들이 스포츠 중계권 시장에 뛰어드는 등 스포츠 중계권 시장이 불붙고 있는 현상이다. 또 하나는 HBO Max와 디스커버리 플러스(Discovery+)의 통합이다. 두 사안 모두 'OTT의 TV화'를 급진전시키는 촉매제 역할을 할 가능성이 커 보인다.

2022년, 빅 테크의 스포츠 중계권 가세

구글과 애플, 아마존 등 빅 테크 기업들이 스포츠 중계권 시장에 뛰어드는 등 스포츠 중계권 시장이 불붙고 있다. 스포츠 중계권은 스트리밍 서비스에서 실시간 이용자 접점을 확보하기 좋은 강력한 라이브 콘텐츠다.[31] 빅 테크 기업들의 중계권 확보 전쟁과 별개로 NFL도 직접 경기를 중계하는 스트리밍 서비스 NFL+ 시작을 공식화하는 등 스트리밍의 중요성은 높아지고 있다. TV가 스트리밍 기반으로 전환해가는 움직임에 모두가 가속페달을 밟고 있는 셈이다.

아마존은 2022년 가을에 시작한 NFL의 목요일 중계권[32]을 10억 달러에 인수했고, 위성방송 디렉TV가 보유 중인 NFL 일요일 중계권은 애플과 아마존 외에 구글까지 인수전에 가세해 경쟁 중인 것으로 알려졌다.

참고로 애플은 2023년부터 미국 메이저 프로 축구 리그(MLS) 전 경기 중계권을 확보했다. 이는 기존에 중계권을 갖고 있던 케이블TV가 인수전에서 애플에 패한 것을 뜻하며 계약 금액도 연간 9,000만 달러에서 2.5배 이상 높아진 금액으로 타결됐다고 전해진다. 애플은 연간 8,500만 달러를 들여 격주 금요일 미국 프로 야구 경기(MLB)를 중계하는 계약을 맺기도 했다.

일부에선 중계권 확보 경쟁이 과열되었고, 치솟은 비용 부담은 수익성을 떨어뜨릴 것이며 결과적으로는 '승자의 저주'로 이어질 수도 있다고 문제를 제기하기도 한다. 하지만 스트리밍 기반으로의 전환은 이미 시작되었고, 2023년에는 좀 더 본격화할 전망이다.

HBO MAX와 디스커버리+의 통합

2022년 상반기 디스커버리와 워너미디어가 합병을 완료해 '워너 브러더스 디스커버리(Warner Bros. Discovery, 이하 WBD)'가 탄생한 가운데 2023년 각자의 스트리밍 서비스도 통합한다. HBO MAX와 디스커버리+가 합쳐져 새로운 서비스가 탄생하는 것이다. 통합 서비스는 미국에서 먼저 적용된다.

HBO Max와 디스커버리+의 통합은 미국 미디어 시장에서 제법 강력한 돌풍을 예고하고 있다. 드라마와 예능에 강한 HBO MAX와

---

31. 한때 넷플릭스의 리드 헤이스팅스처럼 "스포츠와 뉴스는 한번 보고 끝나기 때문에 스트리밍 서비스로서는 관심이 없다"고 하는 건 이제는 옛말이다. 가입자 감소와 치열한 경쟁은 새로운 콘텐츠를 찾게 한다.
32. Thursday Night Football. 아마존은 연간 중계권을 구입한 것.

다큐멘터리 및 리얼리티에 강점이 있는 디스커버리+, 두 서비스를 합치면 시너지가 클 것이어서 버라이어티에서는 '미니 케이블TV 번들(mini cable TV bundle)'이라고 설명하기도 했다. 두 서비스의 모기업 WBD는 뉴스 전문 채널 CNN도 보유하고 있다 보니, 종합적으로 웬만한 케이블TV 수준을 넘어설 정도다.

글로벌 론칭도 순차적으로 이루어질 예정이다. 향후 TV 광고 시장을 잠식하는 파급효과도 낳을 것이란 게 업계의 관측이다. 결국 그간 꾸준히 예고되던 'OTT의 TV화'를 실증하는 사례가 될 수 있을 것으로 보인다.

> 위 두 가지 이슈에 대한 좀 더 자세한 내용은 QR코드를 통해 온라인 정보 매체 The Core에서 확인할 수 있다.

2023년은 '한국 콘텐츠의 해'

2021년 전 세계를 강타한 한국 넷플릭스 오리지널 〈오징어 게임〉에서 시작된 한국 콘텐츠 신드롬은 아직도 진행 중이다. 〈오징어 게임〉은 넷플릭스에서 현재까지 가장 많은 이들이 본 글로벌 콘텐츠이기도 하다.

영화협회 연간 보고서 표지를 장식한 〈오징어 게임〉.

오징어 게임, 2021년을 강타하다

이런 관심은 상으로 돌아오고 있다. 〈오징어 게임〉은 세계 각종 드라마 어워드를 휩쓸었다. 2022년 미국 방송계 최고 권위를 자랑하는 에미상에서도 감독상, 남우 주연상, 최우수 드라마 시리즈 등 6관왕을 차지했다. 시즌2에 대한 관심도 집중되고 있다. 황동혁 감독은 시즌2 제작 현황에 대한 질문에 '아직 명확한 플롯이 나오지 않았다'며 '지금 이야기할 수 있는 건 엄청난 게임이 등장할 것이라는 사실'이라고 설명했다.

〈오징어 게임〉의 성공은 숫자로도 확인된다. 미국영화협회(이하 MPA)가 내놓은 글로벌 극장/가정/모바일/디지털 등에 공개된 엔터테인먼트 콘텐츠와 그 소비 트렌드를 담은 '2021년 연계 보고서'에 따르면 〈오징어 게임〉은 2021년 미국 스트리밍 서비스 오리지널 드라마 중 시청 시간 기준 2위를 기록했다. 닐슨이 집계한 이 자료에서 〈오징

U.S. Top 10 Streaming Original Series[27]
Source: Nielsen

Rank	Title	SVOD Provider(s)	# of Episodes	Minutes Streamed (Nearest Millions)
1	Lucifer	Netflix	93	18,342
2	Squid Game	Netflix	9	16,432
3	Great British Baking Show	Netflix	75	13,636
4	Virgin River	Netflix	30	12,908
5	Bridgerton	Netflix	8	12,356
6	You	Netflix	30	11,124
7	Cobra Kai	Netflix	30	10,915
8	The Crown	Netflix	40	9,651
9	Longmire	Netflix	63	8,892
10	The Handmaid's Tale	Hulu	46	8,564

넷플릭스 톱 10 스트리밍 오리지널. 출처: MPAA

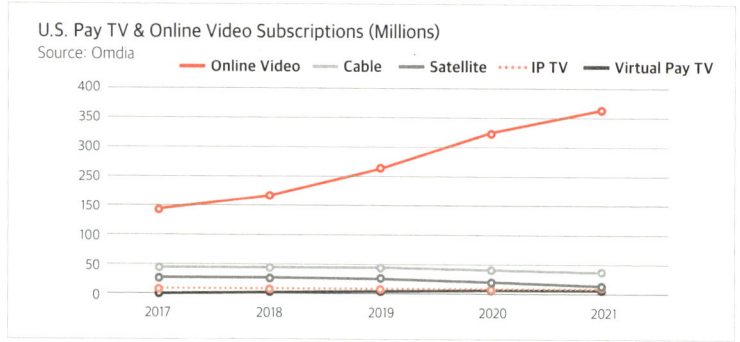

미국 유료 방송&온라인 비디오 구독. 출처: MPAA

어 게임〉은 2021년 한 해 동안 미국에서 164억3,200만 분 시청됐다. 1위는 넷플릭스의 〈루시퍼(Lucifer)〉다.

이 정도 시청량이면 미국의 거의 대부분 가구에서 시청했다고 해도 과언이 아니다. 스트리밍 서비스가 완전히 가정 미디어 시장을 대체하고 있기 때문이다.

2021년 미국의 스트리밍 서비스 가입자는 3억5,320만 명에 달했다. 전년 대비 14% 늘어난 수치다. MPA는 미국의 모든 가구가 1개 이

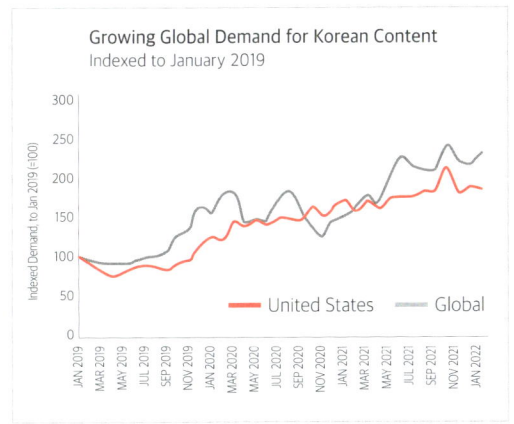

한국 콘텐츠에 대한 글로벌 수요. 출처: PA

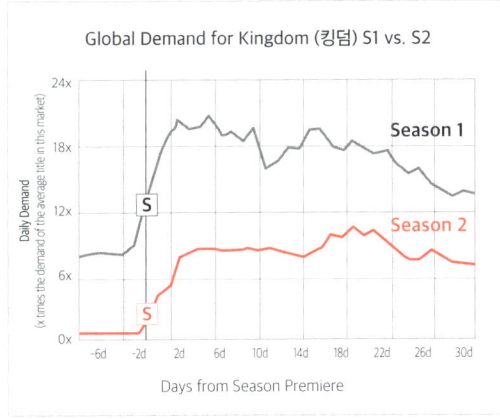

킹덤 시즌1, 2 글로벌 수요. 출처: PA

상의 스트리밍 구독 서비스를 이용하고 있다고 밝혔다.

〈오징어 게임〉에서 이어진 한국 콘텐츠의 인기

이런 성공을 반영하듯, MPA의 보고서의 표지 주인공도 〈오징어 게임〉이었다. 〈오징어 게임〉의 영향력은 한국 콘텐츠의 인기에도 이어졌다. 패럿 애널리스틱스(이하 PA)가 조사한 바에 따르면 2021년 한국 콘텐츠에 대한 글로벌 수요가 사상 최대였다.

지난 2019년 이후 PA가 분석한 한국 콘텐츠 수요 증가를 보면 이를 확실히 알 수 있다. 3년간 한국 콘텐츠 수요는 두 번의 큰 파도가 있었다.

그 첫 번째는 2019년 영화 〈기생충〉으로 그해 1월부터 2020년 3월까지 한국 콘텐츠에 대한 전 세계 수요가 80% 증가했다. 〈기생충〉이 외국어 기반 영화 중 처음으로 오스카 최고 영화상을 수상했을 당시인 2020년 2월에 첫 번째 피크가 일어났다. 2020년 한국 콘텐츠에 대한 수요는 상승과 하락을 반복했지만, 〈기생충〉이 만들어놓은 인지도로 전체적인 상승세를 보였다.

TV 드라마 〈킹덤〉 시즌2 성공을 봐도 파악할 수 있다. PA는 〈킹덤〉 시즌2가 한국 콘텐츠의 글로벌 수요 증가에 수혜를 입은 좋은 예라고 분석했다. 2019년 1월에 공개된 첫 번째 시즌은 전반적인 성공을 거뒀지만 폭발적이지는 않았다. 글로벌 시장에서 처음 공개한 후 30일 동안 평균 대비 8.4배 높은 수요를 기록했다.

그러나 두 번째 시즌은 달랐다. 2020년 3월에 공개된 두 번째 시즌은 첫 번째 시즌의 2배에 가까운 18.5배 높은 수요를 보였다. 이때는 〈기생충〉의 오스카상 수상으로 한국 콘텐츠에 대한 수요가 최고조에 다다른 시기였다. 우리는 이를 통해 콘텐츠 글로벌 흥행에서 작품성과 함께 특정 나라 콘텐츠에 대한 수요와 이를 도와주는 빅 히트 작품의 중요성을 알 수 있다.

더 기대되는 지점은 지금부터다. 최근 3년간 가장 수요가 많았던 한국 콘텐츠 10개를 뽑은 결과 그중 5개가 〈오징어 게임〉 공개 이후 6개월 내 작품이었다. 이는 〈오징어 게임〉이 새로운 K-드라마 팬과 글로벌 구독자 증가에 어떤 긍정적인 영향을 줬는지 보여주는 대표 사례다. 〈오징어 게임〉은 분명 현재의 한국 콘텐츠 전성시대를 만들었다. 또 〈오징어 게임〉 역시 영화 〈기생충〉의 부스터를 받았음도 부인할 수 없다.

여기서 우리가 유의해야 할 점은 넷플릭스에 대한 의존도다. 지난 3년간 글로벌 수요 10위에 오른 한국 작품 모두가 넷플릭스에서 방송된 작품이다. 우리 콘텐츠를 글로벌 이용자들에게 소개하는 첫 번째 관문 역할을 했지만 넷플릭스에 지나치게 의존하는 우리의 현실도 보여준다. 어쨌든 우리가 콘텐츠를 만들면 글로벌 이용자의 호응을 얻는 데 과거와는 달리 그리 오랜 시간이 걸리지 않는다. 분명 한국 콘텐츠의 전성시대는 지금이고 사업자들은 이를 잘 활용할 필요가 있다. 특히 플랫폼 관점에서 다양성을 높이고 경쟁력을 함께 갖추는 노력도 중요하다.

2019년 〈기생충〉이 만든 한국 콘텐츠에 대한 글로벌 신뢰는 2021년 글로벌 전성기를 이끌었다. 이 기준으로 볼 때 〈오징어 게임〉의 성공은 2년이 유통기한이라는 말일 수도 있다. 〈오징어 게임〉의 영향력은 2023년 극대화될 수도 있다. 다시 말해 2023년은 또 다른 한국 콘텐츠의 해가 된다는 의미다.

호황이었던 한국 스트리밍 서비스, 조정기를 겪는 중

팬데믹 시절 크게 성장했던 한국 스트리밍 서비스 시장도 2022년 들어 조정기를 겪고 있다. 한국 스트리밍 시장은 웨이브, 티빙(Tving), 쿠팡플레이 등 국내 업체와 넷플릭스, 디즈니+ 등 미국 미디어 대기업의 서비스가 경쟁을 펼치고 있다.

한국 스트리밍 서비스 시장도 2019년 코로나19 대유행 이후 크게 성장했다. 넷플릭스와 웨이브, 티빙이 각축을 벌이며 점유율 싸움을 벌였다.

2022년 5월 정보통신정책연구원(KISDI)이 발간한 〈세대별 OTT 서비스 이용 현황〉에 따르면 전체 OTT 이용률은 2019년 41%에서 2021년 81.7%로 크게 늘었다. 10명 중 8명이 스트리밍 서비스를 사용하게 된 것이다. 2019년 이후 2년 사이 2배로 성장한 셈인데 코로나19 확산과 맞물려 집에 있는 시간이 늘어난 탓이다. 특히 젊은 세대의 이용량 증가가 눈에 띄었다. 밀레니얼 세대와 Z 세대는 스트리밍 서비스 이용률이 각각 97%와 94.2%나 됐다. 사실상 세대의 모든 이들이 스트리밍 서비스를 이용하고 있다고 해도 과언이 아니다.

구독자도 계속 늘고 있다. 빅데이터 솔루션 모바일인덱스가 2022년 집계한 국내 스트리밍 서비스 이용 현황에 따르면 넷플릭스 월간 활성 이용자 수는 1,118만 명으로 1위였다. 2위는 웨이브 424만 명, 티빙은 402만 명으로 3위다. 그러나 이 수치는 모바일 이용자만 대상으로 계산한 것으로 해당 업체나 정부에서 집계한 공식 자료는 아니다. 중복 가입자를 포함하면 국내 스트리밍 서비스 이용자는 2,500만 명

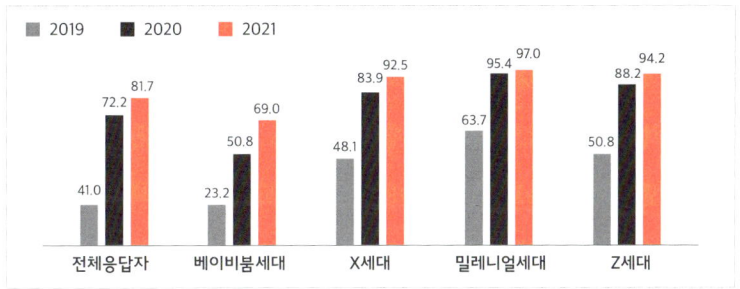

세대별 OTT 이용률. 출처 : KISDI

2022 상반기 랜드스케이프, 한국인이 가장 많이 사용하는 앱. 출처 : 모바일인덱스

수준으로 보인다.

한국산 스트리밍 서비스의 경우 오리지널 콘텐츠의 증가로 점유율이 늘었다. 모바일인덱스는 티빙의 2022년 6월 모바일 이용자 수가 전달보다 5.4% 증가하면서 2022년 들어 처음 증가세로 돌아섰다고 밝혔다. 티빙의 모바일 이용자 수는 2022년 1월 418만 명에서 2월 407만 명, 3월 398만 명, 4월 386만 명으로 줄어들다가 6월 401만 명으로 반등했다.

티빙의 반등은 2022년 6월 14일 오픈한 파라마운트+관의 영향이 큰 것으로 보인다. 파라마운트+관은 〈미션 임파서블〉, 〈트랜스포머〉 등 파라마운트 픽처스 대표작과 CBS의 인기 시리즈, 〈스폰지밥〉 등 어린이 채널 니켈로디언의 애니메이션을 서비스한다. 또 〈헤일로(Halo)〉 등 파라마운트 오리지널 콘텐츠 시리즈도 제공하고 있다.

국내 스트리밍의 합종 연횡

현재 국내 스트리밍 서비스 기업들은 인수·합병으로 몸집을 키우거나 매각 추진 등으로 돌파구를 찾고 있다. 넷플릭스나 디즈니+에 대응하기 위해서다. KT의 OTT 플랫폼 시즌(Seezn)과 CJ ENM의 티빙은 2022년 7월 합병을 결정했다. 티빙이 KT 시즌을 흡수 합병하는 방식이다. 이 두 회사는 2022년 통합을 마무리하고 2023년부터 새로운 조직으로 시장 정복에 나선다. 통합 티빙은 국내 스트리밍 서비스 1위 사업자로 올라서게 된다. 모바일인덱스에 따르면, 2022년 6월 기준 티빙과 시즌의 월간 활성 이용자 수는 각 402만 명과 157만 명이다. 산술적인 통합 가입자는 국내 1위 웨이브를 넘어서는 수준이다.

한국 스트리밍 서비스 가운데 1위 웨이브는 2022년 6월 현재 월간 활성 이용자 수 424만 명 수준이다. 티빙의 약진에 웨이브는 콘텐츠 강화로 맞섰다. 2021년 HBO와 협업하고 HBO MAX와 HBO 오리지널 영화, 드라마를 웨이브에 포함했다. WBD 역시 직접 진출 대신 웨이브와의 협업을 이어가는 방향으로 선회한 것으로 알려졌다. 2021년 7월 워너는 웨이브와 주요 콘텐츠에 대한 1년 독점 계약을 체결했고, 2022년 1년 연장했다. 계약 연장으로 HBO MAX 오리지널을 대거 라인업에 추가했다.

이에 반해 2011년 영화 리뷰 커뮤니티로 시작된 왓챠는 2021년 왓챠플레이를 선보였다. 누구보다 빠른 움직임이었지만 현재 왓챠는 어려운 시기를 보내고 있다. 넷플릭스 등 글로벌 사업자와 국내 미디어 대기업 틈바구니에서 돌파구를 찾지 못했기 때문이다. 급기야 왓챠는 2021년 영업 손실을 248억 원 내면서 경영난에 빠졌다. 웨이브와 티빙도 2021년 각각 558억 원, 762억 원의 영업 손실을 기록했지만 SK와 CJ가 뒷받침하고 있다. 결국 왓챠는 2022년 2분기까지 수십 명 규모의 희망퇴직을 받는 등 비용 절감에 나섰다. 매각이나 투자 유치 등의 사업 재편 방안도 논의 중인 것으로 알려졌다.[33]

경제 불확실성 속 국내 스트리밍의 미래는

2022년 시작된 글로벌 경제 위기는 한국 스트리밍 서비스 구독에도 영향을 미쳤다. 모바일인덱스에 따르면 웨이브, 티빙, 쿠팡플레이, 디즈니+ 같은 주요 OTT의 국내 모바일 사용자 수는 2022년 1월부터 6월까지 계속 감소했다. 웨이브도 6월 이용자 수가 1월 492만 명보다 14% 넘게 줄었다. 왓챠의 경우 6월 기준 월 이용자 수가 108만 명으로 1월 129만 명보다 크게 줄었다.

팬데믹이 끝나고 회사나 학교에 등교하는 등 점차 정상을 찾고 있는 사회 분위기도 스트리밍 이용량을 감소시켰다. 그러나 이보다는

---

33. 왓챠 인수자로 교보문고 등 출판 미디어의 이름이 오르내리는 중이다.

코코와 화면 캡처. 출처: www.kocowa.com

유료 가입자 수가 한국 인구의 절반 이상을 차지하는 등 성장세에서 한계가 왔다는 분석이다. 미국의 경우 스트리밍 서비스 평균 구독 개수가 4.5개에 달하지만 한국은 3개 이하에 그치고 있다. 한국콘텐츠진흥원(이하 KCA)이 2022년 1월 발간한 〈디지털 전환 시대 콘텐츠 이용 트렌드 연구〉에 따르면 스트리밍 등 온라인 동영상 플랫폼을 유료로 이용하는 평균 개수는 2.7개인 것으로 나타났다.

경기 침체로 가벼워진 주머니 사정도 문제다. KCA 보고서에 따르면 '콘텐츠(서비스) 결정 요인' 중 가장 큰 비중을 경제적인 요인(36.9%)이 차지했다. 재미보다 서비스의 가격에 더 신경 쓴다는 이야기다. 금리 인상, 고유가 등에 구독 서비스의 미래가 흔들릴 수도 있다는 분석이다.

2023년에도 한국 스트리밍 서비스의 시장 상황은 크게 나아지지 않을 것으로 보인다. 이에 국내 사업자들은 해외로 눈을 돌리고 있다.

웨이브의 미국 시장 진출이 임박했고 티빙은 직접 진출 또는 해외 사업자와의 협업을 강화하는 모양새다. CJ ENM은 2022년 파라마운트 글로벌의 무료 스트리밍 플랫폼 플루토TV에 'CJ K콘텐츠 채널'을 북미 지역에서 이미 론칭했고, 삼성 스마트TV에도 FAST 채널을 공급 중이다. 플루토TV는 2022년 2분기 기준 미국에서 월간 활성 방문자 수가 7,000만 명에 달하는 1위 FAST 플랫폼이다.

웨이브의 해외 진출 방법은 아직 알려지지 않았다. 현재 웨이브 아메리카(WAVVE Americas)는 미국에서 유료 스트리밍 서비스 '코코와(Kocowa)'를 운영 중이다. 코코와는 2022년 6월 아마존 프라임 비디오에도 진출했다. 프라임 비디오 내 별도 유료 채널로 서비스를 론칭한 것이다.

한국 콘텐츠가 단위 프로그램이 아닌 유료 채널로 미국 메이저 스트리밍 서비스에 제공되는 것은 이번이 처음이다. 코코와 채널에는 웨이브에서 방송된 드라마, 영화, 리얼리티 프로그램 등이 한국에서 방영된 뒤 같은 날 거의 실시간으로 제공된다. 코코와 박근희 대표는 데드라인과의 인터뷰에서 "한국 콘텐츠는 이제 미국에서 메인 스트림이 됐다"며 "한국의 다양한 콘텐츠를 '채널 패키지'로 공급하게 되어 유료 구독자 확대에 기대가 크다"고 말했다.

2023년은 한국 스트리밍 서비스의 해외 진출 원년이 될 전망이다. 한국 스트리밍 시장 성장이 답보 상태인 만큼, 해외 진출은 새로운 돌파구이자 유일한 수익 확대 해법이 될 수 있다.

PART 06

게임과 NFT, 변화의 흐름

라이브 게임, 게임 IP, 신흥 게임시장의 확장과 NFT, 2023년의 새로운 성장 방향

코로나19 팬데믹의 수혜를 받던 2021년 상반기까지 국내 메이저 게임사들은 호황을 누렸다. 게임 관련 주식도 날아올랐다. 게임은 언택트 시대의 최대 수혜 업종 중 하나였다.

2022년 국내 게임사의 상황은 완전히 바뀌었다. 대부분의 게임사 주가는 반 토막이 났다. 세계적으로도 게임 시장이 포화 상태라는 진단이 많다. 한국에서 NFT게임 개발이 많아진 것도 그런 이유다. 가파른 급등과 급락의 시간을 보내고 있는 게임업계의 2023년은 어떨까? 성장 여력은 어디서 찾아야 할까?

DIGITAL MEDIA

임 상 훈

디스이즈게임 대표다. 게임과 미디어 양쪽에 관심이 많다. 신문사 게임 담당 기자 출신으로 2005년 게임 매체를 창간했다. 온라인 게임 초창기인 1999년부터 롤러코스터를 탄 것처럼 부침을 겪는 다양한 국내외 게임사와 인물, 업계를 목격해왔다. 그런 경험 탓에 하이프(설레발)를 우려한다. 변곡점과 함께 지속 가능성에 관심을 갖게 되었다. 최근에는 큰 성과를 거두고 있는 해외 게임사와 생태계에 주목하고 있다. 유튜브 '중년게이머 김실장'과 '깨쓰통 대폭발' 채널 등을 운영 중이다. 2016년부터 게임스컴 어워드 심사위원을 맡고 있다.

INSIGHT

게임 산업의 겨울, 모바일 게임의 확장과 다른 게임 영역의 축소

코로나19 확진자가 늘어나며 집에 고립되어 있던 시기를 기억해보자. 우리는 전혀 다른 세상을 살았다. 우리는 진정 '배달의 민족'임을 더 자주 확인했고, 밤샘 공부하던 역량을 넷플릭스 드라마 시즌 정주행으로 되살려냈다. 일부는 미국 주식이나 코인에 더 빠져들었다. 게임도 이 대열에 빠질 수 없었다.

 2020년 내내 닌텐도 스위치는 품귀 현상을 보였다. 코로나19에 따른 공급망 문제로 출하에 차질이 생긴 이유도 있지만 '모여봐요 동물의 숲'과 '링 피트 어드벤처' 등의 인기가 워낙 높았다. 집 안에 갇힌 에너지 충만한 아이들을 관리할, 이보다 더 나은 솔루션은 없었다.

수요가 몰렸고, 온라인에서는 한때 정품 가격의 3~4배에 판매되기도 했다.

2020년 구글 게임 검색 1, 2위는 '어몽 어스'와 '폴 가이즈'였다. 두 게임 모두 다른 게임 이용자와 상호작용하는 성격이 강했다. 게임은 다른 문화 콘텐츠와 달리 플레이의 핵심 요소로 경쟁이나 협력 같은 사회적 교류 수단을 제공하며 '코로나 블루' 치료제 역할도 했다. 그런 까닭에 세계보건기구(WHO)까지 '플레이어파트투게더(#PlayApartTogether)'라는 캠페인을 통해 게임 플레이를 독려했다.

한국콘텐츠진흥원의 2020년 게임 이용자 실태 조사 보고서에 따르면 2020년 한국인의 게임 이용률은 70.5%로 전년 65.7%에 비해 4.8%p 올랐다. 이용자의 약 40%가 게임 이용 시간이 늘어났다고 응답했다. 이처럼 전 세계적으로 코로나19 확진자가 늘어나던 시기, 게임 유저도 증가하고, 게임 매출은 쑥쑥 늘어났다.

게임 시장을 플랫폼으로 구분하면 크게 모바일 게임, 콘솔 게임, PC 게임, 아케이드 게임 등 네 영역으로 나뉜다. 2010년대 후반기 모바일 영역은 급성장한 반면 다른 세 영역의 성장률은 다소 정체된 상태였다. 한국콘텐츠진흥원의 《2020 대한민국게임백서》에 따르면 코로나19 팬데믹의 영향을 받기 전인 2019년 각 영역의 시장 규모와 성장률은 다음과 같다. 모바일 게임이 12% 성장하고, 콘솔 게임은 0.9% 성장했으며, PC 게임은 2% 하락했다.

코로나19 전후 각 게임 영역의 전 세계 시장 규모와 성장률

	2019년 성장률	2020년 성장률
모바일 게임	733억 달러, 12% ↑	893억 달러, 22.4% ↑
콘솔 게임	465억 달러, 0.9% ↑	558억 달러 14.6% ↑
PC 게임	329억 달러, 2% ↓	335억 달러 5.4% ↑
아케이드 게임	338억 달러, 3.4% ↑	310억 달러 9.2% ↓

출처: 2019, 2020 게임백서 데이터 참고

코로나19 팬데믹을 예상할 수 없었던 2019 게임백서는 2020년 각 영역의 성장률을 모바일 게임 7.8%, 콘솔 게임 5.4%, PC 게임 4.2%, 아케이드 게임 3.6% 정도로 예측했다. 하지만 코로나19 팬데믹으로 이 예측은 크게 벗어났다. 아케이드 영역은 마이너스 성장을 기록했고, 다른 영역의 성장률은 크게 올랐다.

숫자로 보듯 코로나19 팬데믹은 아케이드를 제외한 모든 게임 영역에 날개를 달아줬다. 특히 모바일과 콘솔 영역이 수혜를 입었다. 2021년 게임백서에 따르면 전 세계 게임 시장은 2019년 1,876억 달러에서 2020년 2,097억 달러로 11.7% 성장했고, 한국 게임 산업은 2019년 15조6,000억 원에서 2020년 18조9,000억 원으로 21.3% 성장했다.

그럼 2021년은 어땠을까? 코로나19 팬데믹은 계속됐고 우리는 격리와 거리 두기를 유지했다. 게임 시장은 계속 호황이었다. 하지만 팬데믹의 영향은 2020년 이미 충분히 반영됐다.

2012년 국내에서 '애니팡'이 대히트를 친 때를 생각해보자. 너나 없이 다운로드했다. 출시 74일 만에 2,000만 명이 게임을 했다. 덕분에 2012년 모바일 게임 이용자 수가 비약적으로 늘었다. 하지만 같은 이유로 2013년 이후 이용자 수 증가율은 크게 늘어날 수 없었다.

게임 조사 기관 뉴주(Newzoo)에 따르면 2021년 아케이드를 제외한 영역별 매출과 전년 대비 성장률은 다음과 같다.[1]

2021년 글로벌 게임 영역별 매출과 전년 대비 성장률

	2021년 성장률
모바일 게임	932억 달러, 7.3% ↑
콘솔 게임	504억 달러 6.6% ↓
PC 게임	367억 달러 0.8% ↓

출처: 뉴주

뉴주에 따르면 글로벌 매출은 1,803억 달러로 전년 대비 1.4% 증가했다. 콘솔과 PC 영역은 매출액이 줄어든 반면 모바일 영역은 성장세를 이어갔다. 모바일과 다른 영역의 격차는 코로나19 팬데믹 2년 동안 더욱 크게 벌어졌다. 다른 영역과 달리 모바일은 신규 유저가 계속 늘어났기 때문이다. 동남아시아나 중동, 남미 등 인구가 많은 시장에서 휴대폰은 접근하기 가장 쉬운 게임 기기다. 구글플레이나 앱스토어에는 공짜로 할 수 있는 게임, 편하고 쉽게 즐길 수 있는 게임이 압도적으로 많다.

2022년 게임 산업의 상황은 완전히 뒤집어졌다. 팬데믹이 엔데믹으로 바뀌며 사회적 격리와 거리 두기가 풀렸다. 리오프닝[2]을 맞아 보복 소비 등으로 사람들의 사회 활동이 늘었다. 코로나19 팬데믹으로 특수를 누렸던 게임은 뒷걸음질을 시작했다.

시장조사 기관 암페어 애널리시스는 2019년부터 2021년까지 26% 성장세를 타며 2021년 1,910억 달러를 기록했던 세계 게임 시장 규모가 2022년 1.2% 감소해 1,880억 달러로 축소될 것으로 예측했다. 미국 시장조사업체 NPD 그룹도 2022년 미국 게임 지출이 555억 달러로 전년 대비 8.7% 감소할 것으로 예측했다. 모바일 게임 영역도 2022년 이 추세를 피할 수 없었다.

앱데이터 분석업체 센서타워에 따르면 2022년 1분기 모바일 게임 매출은 전년 동기 대비 6%p 감소했다. 이런 매출 하락은 모바일 게임 역사상 최초였다. 비슷한 현상은 세계에서 가장 큰 게임 시장인 미국, 중국, 일본, 한국, 네 곳에서 동시에 발생했다.

미국 센서타워에 따르면 미국 모바일 게임 시장은 2022년 1분기 60억 달러의 매출을 기록했다. 전년 동기에 비해 10% 줄었다. 2021년 1분기 이후 분기 단위로 계속 감소 추세다. 이 모두 역사상 처음 있는 일이다. NPD 그룹의 미국 게임 판매 보고서에 따르면 2021년 11월 이후 매출액은 계속 하락했다.

---

1. 뉴주의 데이터는 게임백서와 다르지만 전체적인 추세는 같다.
2. 경제생활 재개.

중국 중국 음향·영상·디지털출판협회(CADPA)에 의하면 2022년 상반기 중국 게임 시장은 1,477억9,000만 위안의 매출을 기록하며 전년 동기 대비 1.8% 감소했다. 6월 말일 기준 게이머 수도 6억 6,569만 명으로, 2021년 12월의 6억 6,657만 명 대비 소폭 줄었다. 데이터 집계를 시작한 2008년 이후 14년 만에 처음으로 매출과 게이머 수, 두 측면 모두에서 규모가 축소됐다.

일본 센서타워에 따르면 일본 모바일 게임은 2022년 1분기 42억 달러의 매출을 기록했다. 전년 동기에 비해 18% 줄었다. 3분기 연속으로 매출이 감소했다. 두 현상 모두 유례가 없는 일이다.

한국 국내 앱 분석 서비스 모바일인덱스의 2022년 3월 리포트에 따르면 2021년 1월 대비 2022년 2월 이용자와 앱 설치 건수는 각각 9.4%와 34.2% 감소했다. 6월 리포트에 따르면 2021년 5월 대비 2022년 6월 RPG 이용자 수가 270만 명 축소됐다. 이는 25.9% 감소한 수치다.

억제된 여가의 재개, 대형 신작의 부재 등과 함께 40년 만에 닥친 급격한 인플레이션도 게임 매출 감소에 영향을 미친 것으로 보인다. 암페어의 리서치 디렉터 피어스 하딩 롤스는 식비 및 주류비 등 다른 지출 금액의 증가도 영향을 미칠 것으로 분석하며 "강력한 인플레이션 시기를 통과하며 생활비 압박이 증가하고, 경기 침체 가능성이 커짐에 따라 몇몇 영역에서 게임 시장이 부정적 영향을 받는 것은 불가피할 것"이라고 했다.

이 같은 현상은 2022년 1분기 매출이 10% 감소한 미국 사례를 통해 증명된다. 센서타워에 따르면 앱스토어 게임 매출은 전년 동기와 거의 같은 수준을 기록했다. 반면 구글플레이 게임 매출은 전년 동기에 비해 22% 매출이 줄어들었다. 안드로이드폰 이용자는 아이폰 이용자에 비해 평균적으로 수입이 적은 것으로 알려져 있다. 급격한 인플레이션의 영향을 빠르게 받으며 게임 내 소비를 줄인 것으로 분석된다.

게임업계도 이 같은 흐름에 따라 프로젝트를 취소하거나 신규 채용을 동결하고, 실적 전망을 하향 조정했다. '포켓몬고'를 만든 나이언틱은 인력의 8%에 해당하는 90명을, 유게임 엔진으로 유명한 유니티는 인력의 4%에 해당하는 200명을 해고했다. EA와 메타, 마이크로소프트, 넷플릭스, 엔비디아 등 게임 관련 기업 다수가 신규 채용을 동결하거나 실적 전망을 하향 조정했다.

이는 국내 상황도 비슷하다. 코로나19 팬데믹의 수혜를 받던 2021년 상반기 엔씨소프트 주가는 2021년 2월 100만 원을 돌파했고, 다른 게임 주식도 날아올랐다. 게임은 언택트 시대의 최대 수혜 업종 중 하나였다. 같은 팬데믹 수혜 업종인 '네카라쿠배당토'[3]와 인재 경쟁을 펼치던 큰 게임사들은 2021년 2월부터 급여 인상 레이스를 벌

---

3. 네이버, 카카오, 라인, 쿠팡, 배달의민족, 당근마켓, 토스.

였다. 상장사였던 베스파도 그해 3월 전 직원 연봉을 1,200만 원을 일괄 인상하겠다고 발표했다. 동시에 50명 이상의 채용을 공고했다.

반면 2022년 국내 게임사들의 상황은 완전히 바뀌었다. 2022년 6월 엔씨소프트의 주가는 37만 원대가 됐고, 대부분의 게임사 주가는 반 토막이 났다. 2월 상장 폐지된 베스파는 6월 말 직원의 3분의 2에 해당하는 100여 명의 직원에게 권고사직을 통보해 논란을 낳았다.

급격한 급등과 급락의 시간을 보내고 있는 게임업계의 2023년은 어떻게 될까?

시장조사 기관인 뉴주나 암페어는 비교적 긍정적 전망을 내놓았다. 암페어의 하딩 로스는 "2022년은 팬데믹 이전 수준을 크게 상회하는 퍼포먼스로 마무리될 것이며, 게임 영역의 전망 역시 여전히 긍정적이다. 2023년에는 게임 시장 규모가 다시 성장세로 돌아설 것"이라고 전망했다.

반면 게임 전문지 〈게임인더스트리비즈닷컴〉의 편집장 브렌던 싱클레어는 "미국에서 게임 분야 매출은 전년 대비 7개월 연속 하락 중이다. 게임 시장은 포화 상태에 이르렀다"고 단언하며 당분간 더 떨어질 것으로 예측했다. 사우스 차이나 모닝 포스트(SCMP)도 2022년 상반기 중국 시장 관련 기사에서 '세계 최대 규모 비디오게임 시장인 중국의 무제한 성장 시대가 끝났음을 시사한다'고 지적했다.

두 매체의 언급처럼 미국과 중국, 일본 등 이미 성숙 단계에 들어선 게임 시장에서 지속적인 성장을 기대하는 것은 쉽지 않다. '스타필드', '스토커2' 등 출시가 예정된 대형 콘솔 기대작이 대박을 내거나

'배틀그라운드', '포트나이트', '원신'이 그랬던 것처럼 예기치 못한 타이틀이 대성공을 거두는 경우도 나올 수 있겠지만 신규 이용자가 정체된 상태에서 1년 단위로 일정 수준 등락을 거듭할 확률이 높다.

반면 아직 성장 여력이 많이 남아 있는 시장은 다르다. 2015년 무렵 매출에서 콘솔을 앞지른 모바일 게임은 시장 점유를 확대하고 있다. 무선 인터넷 인프라 확대와 스마트폰 이용 증가로 인도나 튀르키예, 브라질 등 인구가 많은 신규 시장에서 모바일 게임 이용률과 매출이 계속 늘고 있다. 2022년 현재 세계 제일의 모바일 게임 다운로드 국가인 인도는 2021년 4분기와 2022년 1분기 각각 전년 동기에 비해 95%와 73% 매출 상승을 보였다. 다만 아직까지 매출 규모는 제한적이다. 인도의 세계 다운로드 점유율은 15%지만 매출 점유율은 0.4%에 머물고 있다.

텐센트와 넷이즈 등이 이런 모바일 게임 시장의 성장 속에서 덩치를 키워왔다. 반면 액티비전 블리자드와 일렉트로닉 아츠(이하 EA), 테이크투 등 북미와 유럽이 주요 시장인 기존 콘솔 게임 강자들의 매출 성장은 시장 자체의 한계를 극복하기 어려웠다. 그 결과 글로벌 게임 기업 순위가 크게 바뀌었다. 뉴주가 발표한 2021년 매출 기준 게임 회사 톱 10 순위는 다음과 같다.

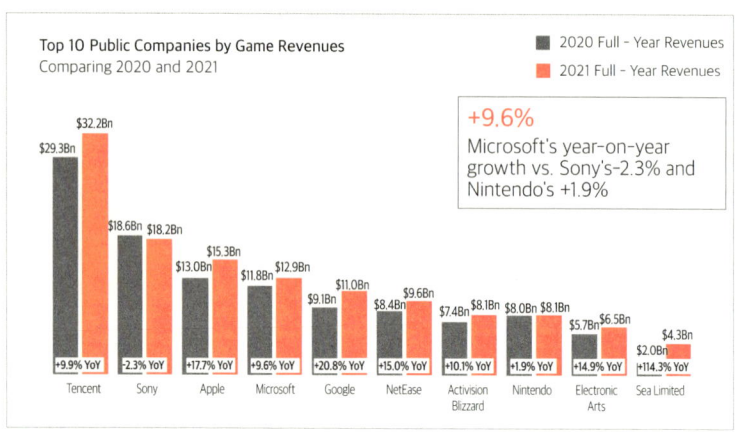

2021년 매출 기준 게임 회사 톱 10 순위. 참조: 뉴스

1위	텐센트 320억2,000만 달러
2위	소니 180억2,000만 달러
3위	애플 150억3,000만 달러
4위	마이크로소프트 120억9,000만 달러
5위	구글 110억 달러
6위	넷이즈 90억6,000달러
7위	액티비전 블리자드 80억1,000만 달러
8위	닌텐도 80억1,000만 달러
9위	EA 60억5,000만 달러
10위	Sea리미티드 40억3,000만 달러

　　모바일 게임 퍼블리셔 텐센트와 넷이즈와 함께 앱스토어와 구글 플레이를 운영하는 애플과 구글이 1~6위 중 네 자리를 차지했다. 테

이크투나 유비소프트는 이 순위에 끼지도 못했다. 2022년 1월 이루어진 게임 역사상 가장 큰 인수·합병 릴레이는 이 순위와 관계가 깊다.

글로벌 기업의 인수·합병, 게임 구독 전쟁

2022년 1월은 게임계 최대 인수·합병이 일어난 시기다. 역대 최고 인수액이 두 번씩이나 나온 엄청난 인수·합병 릴레이였다.

2022년 1월 10일 'GTA'와 '문명' 시리즈를 보유한 테이크투가 '팜빌'로 유명한 모바일 게임사 징가를 127억 달러에 인수한다고 발표했다. 인수 당시 2016년 텐센트가 슈퍼셀을 인수하며 지불한 102억 달러를 넘어선 역대 최대 규모였다.

1월 18일에는 마이크로소프트가 '콜 오브 듀티'와 '디아블로' 시리즈를 보유한 액티비전 블리자드를 687억 달러에 인수한다고 발표했다. 8일 전 나왔던 역대 최대 인수액을 훌쩍 뛰어넘는, 당분간 역전되기 쉽지 않은 역대 최대 규모 인수다.

1월 31일에는 소니가 '헤일로'와 '데스티니' 시리즈의 개발사 번지를 36억 달러에 인수한다고 발표했다.

테이크투는 '팜빌'을 인수함으로써 앞서 나온 글로벌 게임사 톱 10 차트에서 EA 다음 자리를 차지했다. 마이크로소프트는 액티비전 블리자드를 인수해 텐센트에 이어 2위 자리에 올랐다. 게임사들이 랭킹을 올리기 위해 인수·합병에 나선 건 아닐 것이다. 그렇다면 왜 이런 인수·합병이 이루어졌을까? 그 이유가 여전히 유효하다면 2023년에도 인수·합병은 계속 이어질 것이다.

테이크투의 징가 인수·합병은 일부에서는 예견된 일이었다. 2014년부터 월스트리트에서는 유력한 인수 대상 모바일 게임 회사로 킹 디지털, 슈퍼셀, 징가 등을 꾸준히 언급해왔다. 2015년 액티비전 블리자드가 킹 디지털을 인수했고, 2016년 텐센트가 슈퍼셀을 샀다. 징가는 대규모 투자 관점에서 사실상 남아 있는 유일한 모바일 게임 전문 회사였다.

모바일 게임이 갖고 있는 매력, 인앱 결제

콘솔과 PC 게임 중심의 대형 게임 퍼블리셔 입장에서 모바일 게임 회사는 자신들에게는 없는 세 가지 매력을 가지고 있었다. 먼저 모바일 게임 시장은 콘솔과 PC 게임과 달리 계속 급속히 성장 중이었고, 전 세계적으로 성장 여력이 많이 남아 있었다. 둘째, 모바일 게임 회사는 데이터 활용 전문성이 뛰어났다. 대작 게임을 특정 시기에 대규모로 판매하는 방식에 익숙한 콘솔/PC 게임사와 달리 모바일 게임은 지속적인 이용자 유입과 체류, 구매와 재방문 등을 강화하기 위해 이용자 패턴을 꾸준히 분석해 운영과 마케팅에 활용해왔다. 셋째, 모바일 게임은 콘솔/PC 게임사는 잘 모르는 인앱 결제라는 비즈니스 모델에 전문성을 가지고 있었다.

콘솔/PC 게임 개발사들은 자신들이 보유한 기존 IP[4]를 활용한 모바일 게임을 통해 수익을 강화하기를 원했지만, 콘솔/PC 게임 개발/마케팅/운영/수익 모델 등은 모바일 게임에 적용하기 어려웠다. 돈 많은 회사 입장에서 이런 문제를 단숨에 해결할 수 있는 방안은 인수·합병이었다. 테이크투는 'GTA', '레드데드리뎀션', 'NBA2K' 등 PC/콘솔 기반 경쟁력을 갖추었지만 모바일 부문에서는 수차례 시도에도 성과를 내지 못했다. 그들이 찾은 해결책은 징가였다.

반면 마이크로소프트와 소니의 인수 건은 모바일과 직접적으로 연결되지 않는다.[5] 그보다는 두 회사가 추구해온 구독 서비스 강화가 더 큰 M&A 동기였다. 가장 적극적으로 이 시장을 선도하는 회사는 마이크로소프트다. 수많은 시행착오를 마치고 큰 걸음을 내딛기 시작했다.

북미 대형 게임 회사들은 2000년대 온라인 게임과 2010년대 모바일 게임의 웨이브를 놓쳤다. 2000년 무렵 EA는 한국 지사를 통해 엔씨소프트 인수를 타진했다. EA의 인수 조건이 좋지 않아서 계약은 무산됐다. 만약 이 계약이 성사됐다면 이후 게임 역사는 크게 달라졌을 것이다. EA는 이 기회를 놓쳤고 한국과 중국 온라인 게임이 이후 아시아 시장을 장악했다. '앵그리버드'가 자주 날아다니던 2010년 마이크로소프트와 소니는 각각 키넥트와 PS무브[6]를 내놓고 체감형 기기 경쟁을 벌였다. 하지만 예상처럼 활성화되지는 않았다.

2010년과 2020년 콘솔 게임과 모바일 게임 시장 규모를 비교해

---

4. 지식 재산권.
5. 물론 마이크로소프트는 액티비전 블리자드 인수를 통해 킹 디지털을 소유하게 됐다.
6. PlayStation Move.

보자. 게임백서에 따르면 2010년 480억 달러 규모였던 콘솔 게임 시장은 10년 뒤 558억 달러가 됐다. 2010년 85억 달러 규모였던 모바일 게임 시장은 893억 달러가 됐다. 10년 동안 콘솔 게임 시장은 16% 증가한 반면 모바일 게임 시장은 951% 성장했다. 같은 기간 온라인 게임이 포함된 PC 게임 시장은 67% 성장했다. 텐센트와 넷이즈가 글로벌 게임 회사 순위에서 치고 올라온 반면 테이크투와 유비소프트가 10위에도 이름을 못 올린 이유다.

이런 기회를 놓친 북미 게임 회사 경영자들은 '넥스트 빅 싱(next big thing)'에 민감해졌다. 새로운 기회를 놓칠까 두려워하는 FOMO(Fear of Missing Out) 정서가 많은 게임 회사에 퍼졌다. 2010년대 중반 이후 게임 생태계에 VR과 AR, 클라우드 게이밍과 메타버스, NFT 등이 끊임없이 소환되고 회자됐던 이유다.[7]

이런 '넥스트 모바일' 후보 중 아직까지 확실한 전망을 보여준 주자는 없다. 대신 '구독 서비스'의 다양한 레퍼런스를 통해 긍정적인 가능성을 꾸준히 증명했다.

게임 바깥에서는 '스포티파이'와 '넷플릭스'가 있었다. 음악과 영상 콘텐츠에서 구독 서비스를 선보이며 시장에서 우뚝 섰다. 스트리밍, 클라우드, OTT 등 여러 용어로 불리지만, 비즈니스 모델 차원에서 모두 구독형이다. 스포티파이와 넷플릭스는 엔터테인먼트 분야에서 구독 서비스가 '게임 체인저'가 될 수 있음을 증명했고, 선점과 록인[8]의 위력을 여실히 보여줬다.

게임 패스 구독 모델로 매출 극대화 성공

게임 분야에서도 구독형은 유효했다. '포트나이트'는 2017년 10월 2개월 간격으로 구매하는 시즌제 '배틀패스'를 발행했다. 앱 리서치업체 슈퍼데이터에 따르면 배틀패스가 주력 비즈니스 모델인 '포트나이트'는 2018년 24억 달러의 매출을 기록하며 그해 부분 유료 게임 매출 1위에 올랐다. 경쟁작 '배틀그라운드 모바일'도 2018년 6월 '로얄패스'를 도입했다. 이후 매출에서 '포트나이트 모바일'을 역전했다. '클래시 오브 클랜'도 2019년 4월 '골드패스'를 도입했다. 일주일 만에 매출은 2.5배 상승했고, 덕분에 2012년 출시된 게임이 미국 앱스토어 시장에서 1등을 차지했다. 이런 성과를 본 많은 게임들이 배틀패스 비즈니스 모델을 따라 하기 시작했다. 게임 시장조사업체 리피너리에 따르면 2019년 말 기준 미국 매출 톱 100 모바일 게임 중 20%가 배틀패스 BM을 적용했다.

마이크로소프트 또한 구독 서비스에 익숙하다. MS 오피스 등을 통해 소프트웨어 구독 모델로 더 안정적인 수익 창출이 가능하다는 것을 직접 경험했다. 선점과 록인의 중요성, 장수 게임들의 성과를 보면서 마이크로소프트는 2018년부터 게임패스 라인업을 강화하기 시작했다. 2020년 9월 제니맥스를 75억 달러에 인수하기로 한 것도 같은 맥락이었다. 제니맥스는 대작 게임 '엘더스크롤'과 '폴아웃' 시리즈

---

7. WIPI(위피, Wireless Internet Platform for Interoperability) 정책으로 모바일 게임 진입을 늦췄던 우리 정부가 융·복합 게임을 '차세대 먹거리'로 보고 예산을 퍼부은 것도 비슷한 패턴이다.
8. lock-in, 잠금 효과.

로 유명한 개발사 베데스다 게임 스튜디오와 '둠'과 '퀘이크' 시리즈로 유명한 이드소프트웨어 등을 소유한 회사다. 이 인수를 통해 마이크로소프트는 게이머들을 게임패스 구독자로 유인할 다수의 킬러 타이틀을 확보했다.

앞서 언급했듯 2022년 1월 마이크로소프트의 액티비전 블리자드 인수 금액은 687억 달러로 역대 게임업계 M&A 최고 기록이다. 2위와 격차가 무려 560억 달러나 될 정도로 엄청난 규모의 베팅이었다. 그만큼 구독 서비스 선점에 대한 마이크로소프트의 의지는 강했다. 액티비전 블리자드는 한국 올드 게이머들에게 친숙한 '디아블로', '워크래프트', '스타크래프트' 시리즈와 '월드 오브 워크래프트'는 물론 최고 인기의 FPS[9] 시리즈 '콜 오브 듀티'와 '캔디크러쉬사가' 등의 킬러 타이틀을 보유한 게임사다.

게임패스가 성공하기 위해서는 킬러급 게임이 필요하다. 이를 통해 더 많은 구독자를 모으면 유력한 다른 게임을 포섭하기도 쉬워지고, 이는 더 많은 구독자로 이어지는 플랫폼의 선순환이 작동할 수 있다. 특히 라이브 게임을 가지고 있다면, 록인 효과가 더 강력해진다.

대표적인 킬러급 타이틀인 '콜 오브 듀티' 시리즈는 FPS를 즐기는 이용자에게 막강한 인지도를 가지고 있다. 새로운 타이틀이 나올 때마다 블록버스터급 판매량을 기록한다. 매년 발매될 때마다 평균 2,000만 장이 판매되고, 4분기에 발매됨에도 그 한 해 미국에서 가

---

9. 1인칭 슈팅 게임, First-Person-Shooter

장 많이 팔린 게임 순위 1위를 놓친 적이 없다. 배틀로열 장르인 '콜 오브 듀티: 워존'은 1억 명 넘는 이용자를 보유하고 있다. '콜 오브 듀티' 시리즈 등 액티비전 블리자드가 보유한 게임을 마이크로소프트 플랫폼 안에서만 플레이할 수 있는 때가 오면 어떻게 될까? 머지않은 미래에 일어날 일이다.

소니는 발등에 불이 떨어졌다. 그동안 소니는 마이크로소프트와 차세대 콘솔 경쟁을 치열하게 펼쳐왔고 우위에 있었다. 역대 가장 많이 팔린 콘솔 10종 중 5대가 플레이스테이션 계열이었다. 2020년 두 회사가 11월 각각 '플레이스테이션5'와 '엑스박스(Xbox) 시리즈X'를 출시할 때만 해도 소니의 우위를 전망하는 목소리가 많았다.

하지만 마이크로소프트는 콘솔 기기보다 구독 서비스인 게임패스에 포커스를 맞췄다. 게임패스에 가입하면 PC나 휴대폰 등 엑스박스가 아닌 다른 기기로도 플레이할 수 있게 했다. 그 결과 2022년 1월 구독자 2,500만 명을 넘기며 영향력을 확대했고, 이후 대규모 인수·합병에도 성공했다. 반면 소니는 콘솔 전쟁에서는 이겼지만 미래의 새로운 전쟁에는 한참 뒤처진 처지가 됐다.

뒤늦었지만 소니도 M&A 전쟁에 참전했다. 2022년 1월 말 '데스티니' 시리즈로 유명한 개발사 번지를 인수했다. 소니는 자사 홈페이지를 통해 라이브 서비스 전문성을 높이기 위해 번지를 인수했다며 "2026년 3월 31일까지 10개 이상의 라이브 서비스 게임을 출시하는 것을 목표로 하고 있다"고 전했다. 이 목표를 위해 소니는 3월에 제이드 레이먼드가 만든 신규 개발 스튜디오 헤이븐 스튜디오를 인수했다. 제이드 레이먼드는 '어쌔신 크리드'의 프로듀서와 구글 클라우드 게이밍 서비스 '스타디아' 총책임자를 역임한 인물이다.

마이크로소프트는 2022년 6월 라이엇게임즈의 게임을 게임패스에 입점시키는 계약을 맺었다. 구독 서비스 전쟁에서 멀찌감치 앞서나가는 큰 걸음이었다. '리그 오브 레전드'는 물론 '발로란트', '와일드리프트', '레전드 오브 룬테라' 등 라이엇게임즈 주력 게임이 모두 게임패스에 합류한다. 게임패스로 '리그 오브 레전드'를 하면 출시된 모든 챔피언을 제한 없이 이용할 수 있게 됐다. 이는 현재 라이엇게임즈가 한국의 PC방에 제공하는 프리미엄 혜택이다. 이로써 마이크로소프트는 '콜 오브 듀티: 워존'과 '리그 오브 레전드'라는 당대 최고의 라이브 게임을 게임패스에 입점시켰다. '콜 오브 듀티: 워존'과 '리그 오브 레전드'의 월 이용자는 각기 1억 명이 넘는다. 만약 이 게임들을 통해 게임패스가 구독자 1억 명을 확보한다면, 구독료를 10달러로 쳤을 때 매월 10억 달러 매출을 거둘 수도 있다. 거기에 광고 수익모델까지 추가한다면 매출액은 상상을 뛰어넘는다.

인수자와 피인수자의 입장은 다르다. 마이크로소프트에 회사를 넘긴 액티비전 블리자드 CEO 보비 코틱은 대형 퍼블리셔가 시장을 놓고 펼치는 경쟁 상황이 과거와 완전히 달라졌고, 심지어 인재 확보에서도 텐센트, 마이크로소프트 등과 경쟁하게 됐다고 털어놨다. 이 상황을 헤쳐나가기 위해 EA보다는 마이크로소프트가 더 나았다는 이야기까지 덧붙였다.

EA, 테이크투, 유비소프트, 엠브레이서 등 메이저 게임 퍼블리셔와, 밸브, 에픽게임즈 등 내로라하는 플랫폼 등도 같은 고민을 안고 있을 것이다. 닌텐도라고 태평할 수 없다. 보비 코틱이 언급한 것처럼 과거와 다른 경쟁자들도 지난 몇 년 동안 게임 시장을 노려왔다. '스태디아'와 '아케이드'를 시도했던 구글과 애플, 게임 개발에 참여한 넷플릭스, 트위치를 쥐고 있는 아마존 등이 그랬다. 하지만 이들 모두 마이크로소프트의 독주에 한참 뒤처져 있다.

수많은 게임사들의 M&A와 합종연횡이 이루어질 2023년

2023년은 저만치 앞선 마이크로소프트와 2인자 소니, 그리고 그 뒤를 잇는 수많은 플레이어들이 M&A와 합종연횡을 거듭하는 스타워즈급 전장이 펼쳐질 것으로 전망한다. 10개의 라이브 서비스 게임 확보를 천명한 2인자 소니는 더욱 공격적으로 움직일 것으로 예상된다. 닌텐도와 EA, 테이크투 등은 게임 라인업은 가지고 있지만 플랫폼 역량이 부족하다. 구글과 애플, 넷플릭스와 아마존은 강력한 플랫폼은 있지만 게임 라인업과 게임에 대한 이해도가 부족하다. 이들 사이에 다양한 동맹 시도가 펼쳐질 것이고, 이는 글로벌 게임 생태계 구조를 송두리째 바꿔놓을 수도 있다.

이들 중 가장 주목할 플레이어는 아마존이다. 아마존은 2012년 아마존 게임 스튜디오를 설립하며 일찌감치 게임 시장에 출사표를 던졌지만 수년간 고전을 면치 못했다. 하지만 2020년 9월 마침내 MMORPG '뉴월드'를 성공시켰고, 2022년 2월 '로스트아크'로 스팀 역대 2위인 동시 접속자 수 132만 명을 기록했다. 아마존은 AWS라는 세계 최고 수준의 클라우드 서버 인프라를 가지고 있다. 세계 최대 게임 스트리밍 플랫폼 '트위치'도 소유하고 있다. 쇼핑몰을 운영하면서 지속적인 서비스의 중요성을 잘 알기 때문에 라이브 서비스 성격의 스포츠 게임과 FPS 개발을 추진했고, MMORPG를 론칭했다. 2023년 아마존은 게임과 관련해 어떤 전략을 취할까? 누구와 손을 잡을까? 흥미로운 관전 포인트가 될 것이다.

게임 생태계의 대규모 지각변동이 한국 게임사에 어떤 영향을 미칠까? 안타깝게도 대부분의 한국 게임사는 이런 M&A나 합종연횡에서 다소 비켜서 있다. 확률형 아이템이 비즈니스 모델인 게임은 구독 서비스에 입점하기 어렵기 때문이다. 글로벌 경쟁력을 갖춘 라이브 서비스 게임이나 아시아에서 인기 있는 IP를 소유한 게임사는 합종연횡의 한 자리를 차지할 가능성은 있다.

전동진 전 블리자드코리아 대표는 "서양에서 인기를 얻은 크래프톤의 '배틀그라운드'와 펄어비스의 '검은사막'은 이미 게임패스에 입점해 있다. 마이크로소프트가 더 적극적인 제안을 해올 수도 있고, 다른 경쟁사에서 파격적인 제안을 할 수도 있다. 구독 서비스가 아시아 시장 확대를 고민한다면 온라인 게임 시절 다수의 게임을 론칭한 넥슨도 괜찮은 파트너가 될 수 있을 것이다. 바비 코틱 액티비전 블리자드 대표가 과거 넥슨 인수에 관심을 보였고, 향후 펼쳐질 전장에서 차별적인 경쟁력을 추가하기 위해 어떤 구상을 한다면 넥슨도 괜찮은 카드가 될 것으로 보인다"고 전망했다.

가장 큰 변수는 중국 게임사들이 될 수도 있다. 텐센트는 라이엇

게임즈와 슈퍼셀의 최대 주주다. 에픽게임즈에도 33%에 육박하는 지분을 소유하고 있다. 크래프톤의 2대 주주이고, 넷마블의 3대 주주다. 지금까지는 독립적인 경영권을 보장해왔고, 그 덕분에 텐센트가 투자한 큰 개발사들은 원래 잘했던 방식을 유지하며 성장할 수 있었다. 하지만 텐센트가 구독 서비스 또는 플랫폼 서비스에 관심을 보인다면 어떻게 될까? 당장은 그럴 가능성이 적다. 라이엇게임즈가 2022년 6월 게임패스에 입점하기로 한 것만 봐도 알 수 있다. 하지만 앞날은 지금과 다를 가능성이 높다. 글로벌 게임 산업 구도의 큰 변화를 만들 합종연횡이 펼쳐지는 상황에서 텐센트나 넷이즈가 가만히 팔짱만 끼고 있지는 않을 테니까.

만약 텐센트가 직접 글로벌 구독 서비스에 진출하고, 투자한 회사들을 끌어모아 그 안에 넣는다면 어떤 일이 벌어질까? 무시무시한 라인업이 완성될 것이다. 동남아시아 최대 게임사 가레나의 최대 주주도 텐센트다. 게다가 대부분 라이브 서비스 게임이다. 텐센트는 자본과 기술력에서 뒤처질 게 없다. 넷이즈는 텐센트에 이어 두 번째로 규모가 큰 게임 퍼블리셔다. 여러 서양 게임사에 투자했다. 넷이즈가 왼손으로 아마존을 잡고, 오른손으로 유비소프트를 잡는다면 어떻게 될까? 어떤 파급효과가 생길까?

2023년 구도가 짜이지 않더라도 글로벌 게임 거인 사이에 다양한 짝짓기가 펼쳐질 것이다.

중국 게임 굴기, 게임에서도 미국과 양강을 겨룬다

코로나19 팬데믹을 거치며 전 세계에서 가장 큰 매출을 거둔 게임은 중국 '원신'이다. 앱 데이터 분석업체 데이터에이아이에 따르면 2020년 9월 출시된 '원신(호요버스)'은 2022년 6월까지 1억1,800만 다운로드를 기록했고, 총 28억 달러의 매출을 거뒀다. 2021년 전 세계 매출 2위의 모바일 게임이었고, 2022년 1분기에는 3개월 동안 계속 매출 1위를 찍었다. 중국 게임이 해외에서 이런 성과를 거둔 건 처음이다. 센서타워에 따르면 '원신'은 2022년 1분기 아시아 3위, 미국 4위, 유럽 8위의 매출을 거뒀다. 전 세계에서 고른 인기를 얻었다.

필자는 2018년 차이나조이 행사장에서 '원신'을 제작 중이던 호요버스[10] 해외 퍼블리싱 총괄을 만났다. 그는 미팅을 마치자마자 급하게 상하이 본사로 되돌아갔다. 애플 본사에서 사람들이 찾아왔는데, 텐센트와 넷이즈 등을 제치고 미호요 측과 미팅을 요청했기 때문이다. 해외에서 중국 게임사는 주로 중국 시장의 퍼블리셔 또는 투자사로 인식돼왔다. 필자는 그때 중국 게임 개발사까지 서양에서 주목하고 있다는 것을 처음 깨달았다.

1년 뒤 중국 게임 개발사가 만든 13분짜리 영상이 유튜브에 공개됐다. 항저우의 게임 스타트업 게임사이언스가 개발 중인 PC/콘솔 게임 '검은 신화: 오공'의 주인공 소개 예고편이었다. 영상의 질은 마치 대형 게임 회사에서 만든 AAA 타이틀[11] 같았다. 영상의 높은 퀄리티와 흥미로운 스토리도 놀라웠지만 듣도 보도 못한 중국 개발사가 만

항저우의 게임 스타트업 게임사이언스가 개발 중인 '검은 신화: 오공'의 주인공.

들었다는 사실도 국제적으로 화제가 됐다. 많은 이들이 감탄하고 소셜 미디어에 영상을 공유했는데 소니를 대표하는 게임 프랜차이즈 '갓 오브 워' 시리즈 프로듀서 코리 발록도 그중 한 명이었다.

게임사이언스가 이 영상을 공개한 것은 유능한 인재를 얻기 위한 일종의 채용 광고였다. 게임사이언스는 텐센트에서 10년 이상 온라인 게임을 개발해온 인력이 해외에서도 통할 AAA급 게임을 개발하기 위해 창업한 회사였다.

텐센트와 넷이즈는 중국 시장의 점유율과 풍부한 자금력을 통한 서양 개발사 인수나 투자로 글로벌 게임계에서 인지도를 높여왔다. 두 회사 모두 투자한 회사의 독립성을 인정해주는 전략으로 호응을 얻으며 더 많은 게임사를 인수할 수 있었다.

---

10. 2018년 당시 미호요.
11. 트리플A 타이틀. TV에서 광고를 볼 수 있는 화려한 그래픽과 막대한 제작비를 들인 최신 사양의 게임.

반면 '원신'은 중국에서 개발한 게임이 글로벌에서 좋은 평가와 함께 큰돈을 벌 수 있다는 것을 증명했다. '검은 신화: 오공'은 중국 게임 개발사도 서양 게임사의 전유물이었던 AAA급 콘솔 게임에 도전하고 경쟁력을 가질 수 있음을 상징적으로 보여줬다. 이제 중국은 거대한 시장이나 돈 많은 물주가 아니라 개발력으로 글로벌 게임 시장에 존재감을 과시하고 있다.

중국 게임사들이 해외 진출에 사활을 건 이유

하루아침에 중국 게임업계의 개발 역량이 향상된 것은 아니다. 중국 정부는 2000년대부터 외산 게임에 대한 판호[12] 발급을 까다롭게 하며 자국 게임사들의 개발력을 키워왔다. 보호된 거대한 시장에서 막대한 돈과 인재가 몰렸고 압축 성장이 이뤄졌다. 경쟁은 치열했지만 인구도 많았고 게이머 규모도 컸다. 서브컬처 시장에서 봤듯 자국 내 니치 마켓도 규모가 컸다. 덕분에 다양한 시도가 투자와 수익으로 이어질 수 있었다. 개발 역량이 쑥쑥 쌓였다. 서양 게임사는 이제 한국 대신 중국 게임사와 모바일 게임 공동 개발을 진행한다.

중국 게임 산업이 성장한 이후 정부 규제는 더 심해졌다. 2018년 4월부터 판호 관리 권한이 공산당 중앙선전부로 넘어가며 연말까지 아예 판호 발급이 중지됐다. 중국 게임사들이 글로벌 시장 진출에 내몰릴 수밖에 없었다. 많은 중국 회사에 해외시장은 낯설지 않았다.

---

12. 版號, 중국 내 게임 서비스 허가.

2000년대 후반 중국 웹 게임업체들은 세계 곳곳에 진출했고, 중국 모바일 게임은 한국과 일본을 비롯해 많은 국가에서 꾸준한 성과를 내고 있었다.

2021년 하반기 이후 중국 게임 시장은 더 강력한 규제를 만났다. 중국 관영 신화통신 산하 경제참고보는 8월 3일 청소년들이 게임에 중독된 상황을 비판하며 게임을 '영적 아편'으로 비유했다. 아편전쟁(1839~1842) 이후 중국인에게 '아편'은 매우 섬뜩한 단어다. 이 보도 이후 텐센트와 넷이즈의 주가가 장중 10%와 13% 이상 떨어졌다. 많은 매체가 중국 공산당이 빅 테크 길들이기에 이어 게임도 단속할 것으로 예측했다. 한 달도 되지 않아 그 예측은 적중했는데, 그 수준은 예측 밖이었다. 중국 공산당은 8월 말 미성년자의 온라인 게임 접속을 주 3시간으로 제한하는 조치를 발표했다. 판호 발급도 그해 7월부터 2022년 4월까지 약 9개월 동안 사실상 중단했다.

중국에서 게임 사업하기 좋은 시절은 끝났다. 게임사들은 더 열심히 해외로 나갈 수밖에 없었다. 정부에서 심한 압박을 받는 빅 테크 기업 텐센트, 넷이즈, 바이트댄스 등은 더욱 그랬다. 시장조사 기관 니코 파트너스(Niko Partners)에 따르면, 텐센트는 2021년 100개가 넘는 국내외 게임사를 인수하거나 투자했다. 넷이즈는 2021년 10월 '바이오 하자드' 시리즈 개발자가 대표인 그래스하퍼 매뉴팩처를 인수했다. '디트로이트 비컴 휴먼'으로 유명한 퀀틱드림도 2022년 8월 품에 안았다. 바이트댄스는 2021년 '모바일 레전드 뱅뱅'의 개발사 문톤과 '방치소녀'의 개발사 C4 커넥트를 인수해 해외 게임 시장 진출에 본격적으로 나섰다. 센서타워에 따르면 2022년 6월 기준 바이트댄스 게임은 1년간 전 세계 매출 10억 달러를 기록했다. 매출 비중은 일본이 34%로 가장 높았다.

덕분에 글로벌 게임 시장에서 중국 게임사의 위상은 계속 높아지고 있다. 센서타워에 따르면 텐센트는 2021년 유럽에서 가장 빠르게 성장한 모바일 게임 퍼블리셔다. 매출이 4억3,500만 달러로 전년에 비해 64% 성장했다. 전년 7위에서 플레이티카, 슈퍼셀, 액티비전, 징가에 이어 5위를 차지했다. 텐센트는 슈퍼셀의 지분 80% 이상을 가지고 있다. 만약 두 회사의 매출을 합하면 유럽에서 압도적인 1위 게임 퍼블리셔가 된다. 2021년 유럽 모바일 게임 퍼블리셔 7위는 중국 회사 펀플러스다. 전년에 비해 11% 성장했다.

동남아 시장에서 더욱 강세를 보인 중국 모바일 게임

중국 모바일 게임은 지속적으로 성장 중인 동남아에서는 더욱 강하다. 센서타워에 따르면 2021년 매출 기준 동남아 게임 퍼블리셔 상위 10곳 중 절반이 중국 회사다. 문톤, 호요버스, 텐센트, 릴리스게임이 2위부터 5위까지 차지했다. 펀플러스는 8위에 올랐다. 동남아 모바일 게임 퍼블리셔 1위는 가레나다. 25.6%의 지분을 보유한 텐센트가 이 회사 최대 주주다.

2021년 중국 게임 산업 보고에 따르면 2021년 3분기 중국 모바일 게임의 국가별 점유율은 미국 23.3% 일본 27.4%, 한국 24%다. 전년 동기 대비 각각 6.3%p, 1.8%p, 3%p 증가했다. 2022년에도 이 추세는 계속 이어지고 있다. 센서타워에 따르면 전 세계 모바일 게임업체 매출 상위 100위에 38개의 중국 게임사가 포함돼 있다. 이 시기 38개의 중국 회사들이 상위 100곳의 매출 중 40.2%를 차지했다. 이 데이터에 중국 안드로이드 마켓 매출은 포함되지 않았다. 실제 매출 점유율은 훨씬 높다.[13]

중국 게임사들은 개발사 인수와 서비스 확장에만 머물지 않았다. 최근 들어 해외 생산 기지를 강화하고 있다. 텐센트의 티미 스튜디오는 미국 로스앤젤레스와 시애틀에 이어 2021년 7월 캐나다 몬트리올에 스튜디오를 신설했다. 넷이즈는 일본 사쿠라 스튜디오, 나고시 스튜디오에 이어 2022년 5월과 7월 잭로프 게임즈(오스틴)와 자 오브 스파크 스튜디오(시애틀)를 열었다. 호요버스도 2011년 11월 몬트리올에 게임 스튜디오를 설립했다. 2023년까지 100명 이상을 채용해 총싸움 기반 오픈 월드 게임을 제작하겠다고 밝혔다.

2023년에도 이런 추세는 계속 이어질 것으로 보인다. 2022년 7월 중국 유력 게임 퍼블리셔 X.D. 네트워크 대표 황이멍은 트위터에 "해외로 이주하기 위한 계획을 세우고 있다"고 밝혔다. 황 대표는 "X.D는 대륙을 가로지르는 다국적 기업이 될 것이기에 향후 해외 사업이 우리에게 더 큰 부분을 차지할 것"이라고 적었다. X.D는 '소녀전선' 퍼블리셔로 이름 알렸고, 이후 '벽람항로', '라이프애프터', '제5인격'까지 퍼블리싱하며 몸집을 불렸다. 중국 유력 앱 마켓 탭탭(Taptap)을 운영

---

13. 중국은 구글플레이가 진출하지 못해 정확한 안드로이드 마켓 데이터를 얻기 어렵다.

중이다. 2022년 중반 텐센트와 호요버스는 한국게임 산업협회 가입을 신청했다.

앞에서 언급했듯 텐센트와 넷이즈는 이미 매출 기준 글로벌 게임 회사 1위와 6위다. 블리자드가 마이크로소프트에 인수된 데는 이 두 업체와 치치열하게 경쟁한 것도 영향을 미쳤다. 호요버스가 만든 '원신'은 코로나19 팬데믹 시기 가장 큰 성과를 거둔 게임이었다. 이미 이런 포지션을 차지한 중국 게임사들이 이제 직접 미국과 캐나다에 스튜디오를 만들고 현지의 창의적 개발 역량까지 흡수하고 있다.

익명을 요청한 중국 게임사 임원은 "중국 시장은 포화 상태다. 판호도 나오는 개수가 정해졌다. 중국 대기업들은 해외에서 다양한 협력과 스튜디오 설립 등을 통해 계속 노하우를 흡수할 것이다. 특히 2023년에는 500명 이상의 인력이 투입돼 서양에서도 통할 AAA급 게임을 만드는 '게임의 공업화'를 많이 진행할 것으로 보인다. 중소 업체들은 아시아 중심으로 서비스를 강화할 것이다. 일부 업체는 외주 개발 형태로 한국 NFT 게임사가 요구하는 P2E 게임을 개발할 것"이라고 전망했다.

그의 이야기처럼 2023년 중국 게임사들은 해외 업체 인수·합병, 해외 스튜디오 설립, 해외 게임사와 공동 개발을 더욱 강화하는 한편 AAA급 게임 제작에도 힘을 쏟을 전망이다. 사업적 확장 움직임과 함께 중국 게임사가 스팀과 콘솔 게임 영역에서 어떤 성과를 낼지, 미국과 일본, 캐나다 스튜디오에서 어떤 게임이 나올지, 제2의 '원신'이 등장할 수 있을지 주의 깊게 지켜보자.

인기 라이브 서비스 게임은 계속 잘나간다

한국 게임은 해외에서 많은 수입을 거둬왔다. 2021년 상반기 콘텐츠 산업 동향 분석 보고서에 따르면 2021년 게임 수출액은 94.4억 달러로 문화 콘텐츠 전체 수출액 중 69.5%로 거의 7할을 차지한다. BTS가 활약한 K-팝과 〈오징어 게임〉 등 방송 콘텐츠가 넷플릭스에서 큰 조명을 받았지만 이 분야들이 문화 콘텐츠 수출액에서 차지하는 비중은 각각 6.9%와 5.2% 수준에 그친다. 한국 게임은 2021년 전년에 비해 수출액이 15.2% 늘었다. 대만 수출액이 급증했기 때문이다.

게임 생태계에 종사해온 사람으로서 게임이 문화 콘텐츠 수출에 기여하는 압도적인 규모가 잘 안 알려져 있고, 이런 기여에 비해 제대로 인정받지 못하는 점은 크게 아쉽다. 하지만 게임 매출을 다른 문화 콘텐츠 매출과 동일하게 비교하는 것은 좀 마땅치 않다. 매출의 성격이 전혀 다르기 때문이다.

일반적으로 가요나 드라마 수출 수입은 그해 새로 나온 콘텐츠로부터 발생할 확률이 높다. 반면 게임은 다르다. 라이브 서비스, 즉 지속적인 서비스를 통해 수익을 올리는 콘텐츠가 많다.

한국 게임 수출액이 가장 많은 나라는 중국이다. 2021년 게임백서에 따르면 2020년 기준 수출 국가별 매출 비중에서 중국은 35.3%를 차지한다. PC 게임 수출 국가별 매출 비중에서는 45%로 압도적인 1위다. 그런데 중국은 최근 몇 년 동안 판호가 나오지 않거나 받기 매우 어려워지고, 한국 게임 중 성공한 사례가 거의 없다. 그럼에도 여전히 한국 게임 수출액 중 가장 많은 액수가 중국에서 들어오고 있다. 2008년 6월과 7월 중국 서비스를 시작한 '크로스파이어'와 '던전앤파이터'가 여전히 많은 매출을 거두고 있기 때문이다. 성공한 라이브 서비스 게임은 지속적인 수입을 안겨준다.

이런 현상은 모바일 게임이 급성장하며 게임 산업의 최대 플랫폼이 되면서 더욱 강화됐다. 모바일 게임은 콘솔이나 PC보다 라이브 서비스 게임이 훨씬 더 대세가 됐다. 한국에서 처음 시작하고 발전시킨 부분 유료화 모델을 '인앱 결제'라는 용어로 바꿔 더욱 발전시켰다. 이에 따라 모바일 게임이 장수하며 매출 차트 상위권을 차지했다. 이 현상은 전 세계 공통적이다.

센서타워 기준 2022년 1분기 아시아 매출 상위 10개 모바일 게임 중 2021년 또는 2022년 출시된 게임은 '리니지W'와 '우마무스메' 단 2개다. '퍼즐앤드래곤'(2012), '몬스터스트라이크'(2013) 등은 10년이 지났고 '왕자영요', '페이트/그랜드 오더', '몽환서유' 등은 2015년 출시작이다. 그 외에는 '배틀그라운드 모바일'(2018), '삼국지 전략판'(2019), '원신'(2020) 게임이다. 통계를 내보면 상위 10개 게임은 평균 7년 전에 출시됐다.

같은 기간 미국 매출 차트에서 1~3위를 차지한 모바일 게임은 '캔디 크러쉬 사가'(2012)와 '로블록스'(2012), '코인 마스터'(2010)다. 모두 10년 전에 출시된 게임이다. 유럽 매출 차트도 크게 다르지 않다. 14년 된 게임인 '코인 마스터'가 1위를 차지했다. 이 게임을 포함해 2012년 이전에 출시된 게임이 매출 상위 10개 중 4개[14]나 된다.

순위	게임명	장르	사용시간 점유율(%)	사용시간(시)	PC방당 사용시간(분)	체류시간(분)	PC방수	평균 접속자수(명)	최대 접속자수(명)	서비스
			▷ 지역: 전국 ▷ 서비스: 전체 ▷ 장르: 모든장르 ▷ 기간: 2022-08-01(월) ~2022-08-01(월)							
1	리그 오브 레전드	RTS	43.15 %	회원	회원	회원	회원	회원	회원	회원
2	피파온라인4	스포츠	11.46 %	회원	회원	회원	회원	회원	회원	회원
3	서든어택	FPS	5.87 %	회원	회원	회원	회원	회원	회원	회원
4	배틀그라운드	FPS	5.32 %	회원	회원	회원	회원	회원	회원	회원
5	로스트아크	RPG	5.02 %	회원	회원	회원	회원	회원	회원	회원
6	메이플 스토리	RPG	3.83 %	회원	회원	회원	회원	회원	회원	회원
7	오버워치	FPS	3.76 %	회원	회원	회원	회원	회원	회원	회원
8	발로란트	FPS	3.20 %	회원	회원	회원	회원	회원	회원	회원
9	스타크래프트	RTS	2.31 %	회원	회원	회원	회원	회원	회원	회원
10	던전앤파이터	RPG	1.07 %	회원	회원	회원	회원	회원	회원	회원

한국 PC방 게임 사용량 순위. 출처: 게임트릭스.

PC 게임, 특히 온라인으로 서비스되는 게임에서도 이런 현상은 동일하다. 한국 PC방 게임 전문 리서치 서비스 게임트릭스에 따르면 2022년 8월 1일 기준으로 압도적인 1위는 '리그 오브 레전드'(2011)다. 20세기에 출시된 '스타크래프트'는 아직까지 9위를 유지하고 있고, 20년이 된 '메이플스토리'(2003)도 6위로 건재하다. 3위 '서든어택'과 10위 '던전앤파이터'는 2005년에 나온 게임이다.

글로벌 시장의 상황도 다르지 않다. 대표적인 PC 게임 유통 플랫폼인 스팀의 동시 접속자 순위를 살펴보자. 2022년 8월 1일 가장 많은 플레이어가 하고 있는 게임 1위와 2위는 '카운터스트라이크: 글로벌 오펜시브'(약 89만)와 '도타 2'(약 61만)다. 각각 2012년과 2013

---

14. 코인 마스터, 캔디크러쉬사가, 로블록스, 클래시 오브 클랜

년에 나온 게임이다. 인기를 유지하며 장수하는 PC 게임은 대부분 PvP(Player vs Player)를 주요 콘텐츠로 한다. PvP가 활성화하면 게임 콘텐츠 업데이트가 없이도 이용자 사이의 대결만으로 게임의 흥행이 지속될 수 있다.

대부분의 e스포츠는 이런 PvP 게임의 인기를 지속시키고 이용자를 록인하기 위한 게임 회사들의 마케팅 차원에서 시작됐다. 이용자의 록인을 바라는 것은 구독 서비스 회사도 마찬가지다. 마이크로소프트가 액티비전 블리자드를 인수하고 라이엇게임즈와 계약을 맺은 이유도 그 때문일 것이다. 여전히 고전적인 콘솔 비즈니스를 지향하면서도 소니가 라이브 서비스 게임 10개를 확보하겠다고 나선 이유도 같은 맥락이다.

2023년에도 대부분의 라이브 서비스 게임은 장수를 유지할 것으로 보인다. 성숙 단계를 거치고 있는 시장에서는 특히 신규 이용자를 확보하기 어렵다. 비용도 많이 든다. 기존 이용자를 유지하고, 그들을 상대로 수익을 거두는 것이 더 중요해졌다. 검증된 배틀패스 비즈니스 모델이 더욱 확대될 것으로 전망된다. 또 이상과 같은 이유로 한국 문화 콘텐츠 수출액 중 게임 분야의 비중은 높은 수준을 유지할 것이다.

클래스는 영원하다! IP 기반 비즈니스는 멈추지 않는다

2022년 3월 24일 론칭한 '던전앤파이터 모바일'은 4월 2일과 3일 구

순위	▶ Google Play		▲ App Store	
1	우마무스메 프리티 더비 Kakao Games Corp		리니지M NCSOFT	
2	리니지M NCSOFT		FIFA ONLINE 4 M by EA SPORTS™ NEXON Company	
3	리니지W NCSOFT		세븐나이츠 레볼루션 Netmarble Corporation	
4	오딘: 발할라 라이징 Kakao Games Corp		던전앤파이터 모바일 NEXON Company	
5	던전앤파이터 모바일 NEXON Company		오딘: 발할라 라이징 Kakao Games Corp	
6	세븐나이츠 레볼루션 Netmarble		우마무스메 프리티 더비 Kakao Games Corp.	
7	리니지2M NCSOFT		리니지W NCSOFT	
8	히어로즈 테일즈 37 Mobile Games		리니지2M NCSOFT	
9	블레이드&소울 레볼루션 Netmarble		피파모바일 NEXON Company	
10	미르M Wemade Co. Ltd		쿠키런: 킹덤 Devsisters	

2022년 8월 2일 구글 플레이와 앱스토어 게임 매출 순위.

글플레이와 앱스토어 매출 1위에 올랐다. '리니지' 삼 형제와 '오딘' 등이 굳건히 지켜오던 매출 최상위권 벽을 이틀이지만 허물었다. 그 후로도 '던전앤파이터 모바일'은 매출 5~6위권을 유지하고 있다. 2022년 6월 22일 출시된 '디아블로 이모탈'은 출시 8주 만에 매출 1억 달러를 달성했다. 블리자드의 첫 번째 모바일 MMORPG는 '디아블로'가 여전히 'immortal(죽지 않는)'하다는 것을 증명해냈다. '디아블로 이모탈'은 한국은 물론 미국과 중국에서도 양호한 성과를 거뒀다.

이 두 게임의 성과가 특별한 건 아니다. 한국 모바일 게임 매출 차트 상위권은 오랫동안 IP 기반 게임이 과점하고 있었다. 2022년 8월 2일 현재 구글플레이와 앱스토어 게임 중 매출 10위까지 리스트는 다음과 같다.

구글플레이의 경우 '리니지M', '리니지W', '리니지2M' 등 '리니지' 삼 형제, '던전앤파이터 모바일', '블레이드&소울 레볼루션', '미르M' 등 상위 10개 게임 중 6개가 온라인 게임 IP를 활용한 게임이었다. '세븐나이츠 레볼루션'은 모바일 게임 IP의 후속작이고, '우마무스메'는 실제 일본 경마 IP를 활용한 게임이다. 앱스토어도 별로 다르지 않다.

IP 기반 게임이 모바일 게임 매출에서도 강세

모바일 게임 매출 순위권에서 가장 인상적인 것은 기존 온라인 게임 IP 기반 게임이 많다는 점이다. 온라인 게임 IP 기반 모바일 게임은 웹툰이나 애니메이션 기반에 비해 훨씬 나은 성과를 거둬왔다. 이는 2015년 '뮤 오리진'부터 쭉 이어온 한국 모바일 게임의 역사다. 중국에서 '전민기적'으로 서비스된 뒤 한국에 온 '뮤 오리진'은 그해 10월 구글플레이, 앱스토어, 원스토어에서 모두 매출 1위에 오른 최초의 게임이 됐다.[15] 그해 '뮤 오리진'은 전 세계 매출 순위 5위에 올랐다.

마치 2000년대 초반 '뮤'의 성공을 '리니지2'가 이어받았던 것처럼 '뮤 오리진'에 이어 이듬해 출시된 '리니지2: 레볼루션'은 엄청난 성과를 거뒀다. 12월 출시한 뒤 한 달 만에 2,060억 원의 매출을 기록했다. 이후 온라인 게임 IP를 보유한 한국 게임사들은 너나없이 과거 성공했던 게임 IP를 기반으로 한 모바일 게임을 출시했다.

---

15. 아마 마지막 게임이 될 것이다.

가장 압도적인 승자는 PC 온라인 게임에서 압도적인 위상을 지녔던 '리니지'였다. 엔씨소프트는 '리니지M'(2017)과 '리니지2M'(2019)을 연달아 성공시켰고, 2021년 출시한 '리니지W'도 매출 최상위권에 안착시켰다.

온라인 게임 IP 기반 모바일 게임이 성공할 수 있는 이유는 크게 세 가지로 분석된다. 먼저 게임 기획의 리소스가 적게 든다. 기존 세계관과 캐릭터, 그래픽과 기획 요소를 거의 그대로 활용할 수 있어 개발 시간과 비용을 크게 줄일 수 있다. 두 번째는 이용자 모집이다. 온라인 게임이 인기가 있었다면 과거 그 게임을 해봤던 이용자들은 해당 IP 기반의 모바일 게임을 다운로드할 가능성이 높다. 세 번째는 대부분 30~40대로 지불 능력이 좋은 이용자를 확보했다는 점이다. 즉 수익성이 높다는 이야기다. '리니지' 삼 형제가 수익성이 높았던 이유다. 중국도 비슷하다. 2000년대 초 출시돼 큰 인기를 끌었던 MMORPG '몽환서유'가 2015년 모바일 게임으로 나와 매출 1위에 올랐다. 그후로도 오랫동안 매출 10위 안에서 버티고 있다.

온라인 게임 IP 기반 모바일 게임을 출시하는 한국, 중국과 달리 서양 게임 회사들은 이런 시도가 매우 드물다. 서양 회사가 만들어 성공한 MMORPG도 적고, 모바일 RPG를 만들 역량도 부족하기 때문이다. 블리자드는 '월드 오브 워크래프트'가 있지만 아직 모바일 게임으로 만들지 않고 있다. '디아블로 이모탈' 개발은 넷이즈에 맡겼다.

모바일 게임의 폭발력을 부러워한 PC/콘솔 게임 개발사들은 자신들의 IP를 모바일 게임으로 만들고 싶었다. 하지만 개발 경험이 없었다. 모바일 게임은 이미 경쟁이 치열해졌고, 시험 삼아 만드는 건 IP의 가치를 떨어뜨릴 리스크가 커 함부로 달려들 수 없었다.

이때 그들이 찾은 파트너가 중국 게임사다. 텐센트와 넷이즈가 대표적이다. 다음은 텐센트와 넷이즈가 서양 게임사와 공동 개발로 만든 대표적인 모바일 게임들이다.

텐센트	넷이즈
배틀그라운드 모바일(크래프톤, 2018)	디아블로 이모탈(블리자드, 2022)
콜 오브 듀티: 모바일(액티비전, 2019)	반지의 제왕: 전쟁의 시작(워너브라더스, 2022)
에이펙스 레전드 모바일(EA, 2022)	해리포터: 마법각성(워너브라더스, 2021)
	마블 슈퍼 워(마블, 2020)

2000년 후반 미국 대형 퍼블리셔들은 자신들이 소유한 PC/콘솔 게임 IP 기반의 온라인 게임을 제작하고 싶어 했다. 그때 그들이 가장 먼저 찾아간 나라는 한국이었다. EA는 네오위즈와 공동 개발한 '피파 온라인'(2006)이 성공하자 이듬해 네오위즈 지분 19%를 인수하고 '배틀필드' 등 4개의 대형 PC 게임 IP 기반 온라인 게임을 공동 개발하기로 했다. 2008년에는 액티비전이 드래곤플라이와의 공동 개발을 발표했고, THQ도 버티고우게임즈와 공동 개발을 진행했다.

서양 게임 회사들이 중국 게임사를 공동 개발사로 선택한 이유

하지만 현재는 중국으로 간다. 모바일 게임 초창기에는 중국 시장에서 판호를 잘 받기 위해 중국 개발사와 공동 개발하는 것을 선택했다고 추정할 수 있다. 이제는 텐센트와 넷이즈만큼 모바일 게임을 잘 만드는 회사가 없다고 보는 게 맞다. 텐센트가 공동 개발한 '배틀그라운드 모바일', '콜 오브 듀티: 모바일', '에이펙스 레전드 모바일' 모두 FPS 또는 배틀로얄 장르다. 텐센트는 연달아 AAA급 FPS의 모바일 게임 공동 개발을 했고, 그 게임들은 글로벌에서도 통했다. 이제 모바일 FPS를 공동 개발하는 데 텐센트만 한 파트너를 찾기 어렵다. 넷이즈도 공동 개발한 모바일 게임을 대부분 성공시켰다.

2023년에도 서양 PC/콘솔 게임 개발사나 유명 IP 소유 회사는 모바일 게임 공동 개발에 대한 필요를 끊임없이 느낄 것이다. 모바일 게임의 성장세를 매년 확인했고, 공동 개발한 모바일 게임의 성과를 봤기 때문이다. 그리고 공동 개발사는 텐센트와 넷이즈가 될 가능성이 매우 높다. 검증된 레퍼런스가 있고 어떻게 협력하는지도 알기 때문이다. FPS 쪽으로 간다면 텐센트가 먼저 떠오르고, 영화 IP라면 넷이즈가 자동 연상될 가능성이 높다.

서양 PC/콘솔 게임 회사들은 경쟁이 치열해 성공할 확률이 떨어지고 개발비가 치솟는 상황에서 유명 프랜차이즈 후속편을 만드는 안전한 방식을 취해왔다. 이런 경향은 2023년에도 계속될 것이다. 온라인 게임 IP로 재미를 본 한국 회사들도 비슷한 전략을 이어갈 것이다. '아이온' 등 인기 있던 온라인 게임의 모바일 버전이 개발되고 있다. 다만 이제 남은 온라인 게임 IP가 많지 않다. 라이브 서비스 성격이기 때문에 서양 게임사가 '피파'나 '콜 오브 듀티' 시리즈를 매년 찍어내는 것처럼 온라인 게임 IP를 매년 재활용할 수도 없다. 따라서

2022년 '세븐나이츠 레볼루션', '히트2'가 나왔던 것처럼 성공했던 모바일 게임 IP를 활용한 후속작이 2023년 이후 꾸준히 나올 것으로 전망한다.

애니메이션, 웹툰 기반 모바일 게임이 확장될 전망

'페이트/그랜드 오더'나 '일곱 개의 대죄' 등 일본 애니메이션 기반 모바일 게임이 성공했다. 라이브 서비스에 적합한 세계관과 캐릭터성을 갖춘 애니메이션 IP에 대한 요구는 계속 커질 것이다. 영향력 있는 IP가 많이 남지 않은 상황에서 일본 콘솔 게임사나 그들이 소유한 IP가 인수 대상이 될 가능성도 높다. 2021년 10월 텐센트는 일본 대형 출판사 카도카와의 지분 6.86%를 인수했다. 이 계약으로 텐센트는 카도카와의 3대 주주가 됐다. 카도카와는 2014년 '다크소울'과 '세키로'로 유명한 프롬 소프트웨어를 인수한 회사다.

K-팝과 K-웹툰은 최근 글로벌에서 매우 큰 호응을 얻고 있다. 2023년 이후 이런 유명 IP를 활용한 모바일 게임이 계속 추진될 것은 자명하다. 하이브 산하의 게임 개발 자회사 하이브 IM은 넥슨과 넷마블 등에서 모바일 게임 개발 경험이 많은 100명 이상의 개발진을 확보했다. 넷마블은 '나 혼자만 레벨업'의 모바일 게임 버전을 제작 중이다. 하이브 IM 이두일 부사장은 2023년 K-팝 IP 기반 게임을 이렇게 전망했다.

"K-팝 엔터테인먼트 영역은 글로벌로 계속 확대되며 K-팝 IP를 기반으로 한 게임의 성장과 선순환 구조를 만들 수 있을 것으로 기대한다. 게임이라는 인터랙티브 매체를 통해 아티스트는 팬덤과 소통할 수 있다. 팬덤은 게임을 통해 아티스트의 성장 과정을 다시 경험할 수 있을 것이다. 팬뿐만 아니라 기성 게이머도 퀄리티 있는 게임에 유입될 것으로 기대한다. 단순히 팬심에만 기대는 게임은 성공할 수 없다. 팬덤 커뮤니티의 진정성을 이해하고 이것을 게임 콘텐츠에 자연스럽게 녹여내며, 기성 게이머에게도 호응을 얻을 수 있는 퀄리티를 갖추어야 성공을 기대할 수 있다."

서브컬처, 이제 대중문화 빅 마켓을 노린다

코로나19 팬데믹 시기 가장 성공한 모바일 게임은 '원신'이다. 그 뒤를 이어 '우마무스메'도 큰 성공을 거두었다. '원신'은 글로벌 론칭 이후 세계적으로 성공했지만 '우마무스메'는 일본에서 먼저 대박이 났다. 데이터아이디에 따르면 일본에서만 서비스되던 2022년 3월 전 세계 매출 6위를 기록했다. '우마무스메'의 인기는 일본에 국한되지 않았다. 한국에서 론칭한 지 한 달 남짓 된 2022년 7월 27일 구글플레이 매출 1위에 올라 일주일 이상 그 자리를 지켰다. '리니지' 삼 형제와 '오딘' 같은 MMORPG가 2017년 이후 5년간 지켜오던 거대한 철옹성을 서브컬처 장르인 '우마무스메'가 깬 것이다. 대만에서도 '우마무스메'는 8월 2일 '리니지M'을 제치고 매출 1위에 올랐다.

코로나19 팬데믹 이후 2~3년간 글로벌 시장에서 성공을 거둔 신작 게임이 그리 많지 않다. 거대한 예외를 만든 서브컬처 게임이 주목받는 이유다. '원신'과 '우마무스메'의 잇단 성공은 서브컬처 장르가 니치 마켓이 아닌 빅 마켓에서도 통한다는 것을 증명했다. 서브컬처 장르는 이 두 게임 이전과 이후로 확연히 나뉠 것이다.

'덕후 게임'으로 불리며 비주류 취급을 받던 서브컬처 게임이 국내에서 주목받기 시작한 것은 2017년 하반기다. 중국 게임 '소녀전선'과 '붕괴3rd', 일본 게임 '페이트/그랜드 오더'가 연달아 시장의 호응을 얻으며 매출 상위권을 차지했다. 특히 '착한 과금'으로 불리며 이용자 풀을 넓혔다.

중국 게임사들이 서브컬처 장르를 이끌었다. 중국에서 인터넷이 연결되던 시기 초등학생이던 세대는 일본 애니메이션을 접했다. 그 세대가 대학에 갔을 때 웨이보 같은 SNS가 중국에서 활성화됐다. 이런 SNS를 통해 서브컬처를 좋아하는 '덕후'들은 서로 연결됐고 정보와 관심사를 교환하고 발전시켰다.

각자 게임 회사에 취업해 게임 개발 역량은 쌓았지만 관심 없는 프로젝트로 스트레스를 받고 있을 때 모바일 게임 시대가 열렸다. 초기 시장은 작은 규모로 성공할 수 있었다. 이들이 함께 모여 게임 회사를 만들었다. 미호요, 하이퍼그리프 같은 서브컬처 전문 게임사가 중국에서 '갑툭튀'한 배경이다. 이들이 만든 게임이 호응을 얻자 텐센트[16]와 넷이즈[17]까지 이 시장으로 뛰어들었다.

---

16. '백야극광' 출시.
17. '음양사' 출시.

이런 흐름을 좇아 국내 게임사도 서브컬처 게임을 본격적으로 개발하기 시작했다. 2018년 '에픽세븐'(스마일게이트), 2020년 '카운터사이드'(넥슨), 2021년 '블루아카이브'(넥슨) 등이 출시됐고 매출 10위권에 올랐다.

서브컬처 게임 전문 유튜브 채널 '깨쓰통 대폭발'을 운영하고 있는 디스이즈게임 현남일 기자는 인기 이유를 이렇게 분석했다.

"서브컬처 게임의 BM은 대부분 캐릭터 뽑기뿐일 정도로 단순하지만 이용자당 매출이 높은 편이다. 매력적인 캐릭터와 이용자의 정서를 자극하는 스토리가 충성도 높은 팬덤을 만들기 때문이다. 이벤트나 신규 카드가 나왔을 때 팬심을 자극받은 이용자는 지갑을 열게 된다."

이런 호응은 우리나라나 중국, 일본만의 현상은 아니다. '원신'의 다운로드 상위 국가는 미국, 중국, 브라질, 러시아 순이다. 매출 순위는 중국, 미국, 일본, 한국, 독일 순으로 이어졌다. '원신'은 미국에서 2021년 매출 6위에 올랐고, 2022년 1분기에는 4위까지 도약했다. 서브컬처가 글로벌 시장에서 두루 통할 수 있다는 것이 확인됐다.

'원신'을 즐기는 이용자층은 아시아와 서양이 완전히 다른 양상을 보였다. 센서타워에 따르면 미국, 영국, 프랑스, 브라질, 캐나다 같은 서구 시장에서는 여성 게이머가 더 많이 플레이하고, 일본, 한국, 대만 등 아시아 시장에서는 남성이 주로 플레이를 한다. 서브컬처가 서양 시장에서 새로운 이용자층을 끌어들이는 데 기여했다고 추정할 수 있다. 신규 이용자 중 상당수는 '원신'을 서브컬처 장르로 인식하지 않는다. 서브컬처의 비주얼이나 콘셉트에 대한 거부감이 많이 희석됐기 때문이다. 유튜브, 넷플릭스 등 영상 플랫폼을 통해 일본 애니메이션이 많이 퍼진 것도 서브컬처 게임에 대한 거부감을 엷어지게 했다.

대작화되는 서브컬처 게임

'원신'과 '우마무스메'의 성공은 다른 서브컬처 게임사의 새로운 시도를 독려했다. 그동안 서브컬처 게임은 캐릭터 카드 수집형이 일반적이었다. 그런데 '원신'은 서브컬처 게임이 오픈 월드 장르에서도 성공할 수 있음을 보여줬다. 또 모바일은 물론 PC, 콘솔 등에서도 플레이 가능한 크로스 플랫폼형 대작이었다. 현남일 기자는 "기존의 서브컬처 게임은 분재형 플레이가 가능했다. 10개 정도 다운로드해 시간 날 때마다 조금씩 해도 될 정도로 개별 게임의 규모가 작았다. 하지만 '원신'과 '우마무스메'는 '이 게임만 붙잡고 있어야 해'라고 할 정도로 콘텐츠 규모가 커졌다. 이후 서브컬처 게임의 크로스 플랫폼형 대작화 경향이 강화했다"고 설명했다.

중국이 제일 빨랐다. '원신'과 비슷한 오픈 월드형 크로스 플랫폼 게임이 제작됐다. 시장에서는 이런 게임을 '원신류'라고 부른다. 퍼펙트월드가 만든 '환탑'은 그중에서도 돋보이는 성과를 냈다. 2021년 12월 출시 후 중국 시장에서는 '원신'의 순위를 떨어뜨릴 정도로 호응을 얻었다. 이런 흐름은 계속 이어져 2023년 이후에도 대작 서브컬처 게임의 경쟁이 더욱 치열해질 것이다.

2023년 국내에서는 '블랙클로버 온라인'(빅게임스튜디오)이나 '일곱 개의 대죄 오리진'(넷마블), '나 혼자만 레벨업' 등이 나오는데, 앞의 두 게임은 모두 일본 애니메이션 IP를 활용한 오픈 월드 장르다. 중국에서는 호요버스와 선본 네트워크, 하이퍼그리프 같은 서브컬처 전문 개발사들이 다수의 대작 타이틀을 준비하고 있다. 그중에는 이미 국내외에서 높은 호응을 이끌어낸 '붕괴 3rd', '소녀전선', '명일방주'의 후속작이 포함돼 있다. '명일방주 엔드필드'는 오픈 월드 장르로 나올 예정이고, 로그라이크, 턴제 전략, 3D RPG 등 다양한 장르 확장이 이루어질 예정이다.

2023년은 한중일 서브컬처 게임의 흐름을 관전 포인트로 삼을 만하다. 라이브 서비스 게임이 주축을 이루는 시장에서 현재 가장 강력하게 새로운 바람을 일으키는 장르이기 때문이다.

리니지라이크, 변주는 있더라도 '그들만의 리그'는 계속된다

'리니지'가 PC방을 장악하던 시절, 숱한 MMORPG가 나왔지만 '리니지'의 아성을 깨기 힘들었다. '리니지'에 견줄 만한 게임은 '리니지2'였다. 그 후에도 대형 개발사들이 대작 MMORPG를 출시했지만 번번이 실패했다. 수많은 실패 후 성공한 게임은 엔씨소프트가 개발한 '아이온'이었다. 엔씨소프트는 MMORPG에서 압도적인 지위를 유지했다.

엔씨소프트는 모바일에 늦게 진입했다. 초반 시도는 실패였다. 그 사이 '뮤 오리진'과 '리니지2: 레볼루션' 등이 모바일 MMORPG 시장을 장악했다. 하지만 엔씨소프트가 PC에 이어 모바일 MMORPG의 왕좌에 앉는 데는 그리 많은 시간이 걸리지 않았다.

2017년 6월 '리니지M'이 출시됐다. IGA웍스에 따르면 첫날 매출은 107억 원이었다. 출시 후 한 달간 누적 2,256억 원의 매출을 기록했다. 2019년 11월 '리니지2M'이 출시됐다. 모바일인덱스에 따르면 약 한 달간 누적 매출액이 2,740억 원이었다. '리니지M' 매출을 처음으로 이긴 게임은 '리니지2M'이었다. 이후 두 게임은 서로 1, 2위 자리를 주고받으며 모바일 게임 매출 차트 맨 꼭대기를 지키고 있었다.

2021년 6월 출시한 '오딘'은 사흘 뒤 매출 1위에 올랐다. '오딘'이 4년간 독무대를 펼치던 리니지 형제를 제치고 매출 1위에 오른 것은 이변이었다. 대만에서도 비슷한 일이 반복됐다. 2022년 3월 대만 서비스를 시작한 '오딘'은 론칭 5시간 만에 매출 1위를 차지했다. '오딘'에 1위 자리를 넘긴 게임은 '리니지M'이었다. '리니지'는 대만에서 온라인 게임 시대를 연 게임이다. 그런 까닭에 대만에서 '리니지' IP 기반 모바일 게임은 압도적인 성적을 거둘 수 있었다. 2018년 2분기부터 2021년 4분기까지 대만 모바일 게임 시장이 두 자릿수 매출 성장률을 기록하며, 독일을 넘어 글로벌 5위 지위가 된 것은 '리니지M'과 '리니지2M' 덕분이다.

그리고 2021년 11월 '리니지W'가 출시됐다. 엔씨소프트가 기대한 것처럼 글로벌에서 큰 성공을 거두지는 못했지만 한국과 대만에서는 의미 있는 성과를 냈다. 2022년 1분기 2억7,200달러의 매출로 아시아 4위를 차지했다. '리니지W' 출시 후 '리니지' 삼 형제와 '오딘'이 한국 구글플레이 매출 차트 상위권을 함께 지키게 됐다.

'오딘'도 리니지라이크 게임으로 불린다. 그래픽과 세계관은 다르지만 게임 시스템과 과금 방식이 '리니지'를 닮았기 때문이다. 리니지라이크 게임은 혈맹[18] 사이에 이권을 놓고 대규모 전쟁을 펼치는 장르로, 이 전쟁에서 이기기 위한 캐릭터의 스펙[19]이 중요하다. 게임은 시스템적으로 경쟁을 계속 부추기며, 성능은 더 좋지만 비싼 신규 아이템을 확률형 방식으로 판매한다. '핵과금러'라고 불리는 돈을 많이 쓰는 이용자들은 최상위 스펙을 유지하기 위해 한 달에 수천만 원 이상을 게임에 투자한다. 중하위 과금 이용자도 기본적인 스펙 업그레이드를 위해 매달 수 십만 원을 지불한다. 게임 매출 차트 상위권을 리니지라이크 게임이 차지해온 이유다.

리니지라이크 게임이 계속 유행하는 이유, 중년 게이머의 건재

45세 이상의 베이비붐 세대와 X세대는 한국이나 미국에서 가장 부유한 연령층에 속한다. 미국의 경우 국가 전체 부의 80%를 소유하고 있다. 그런데 한국과 미국의 이 세대가 즐기는 게임은 매우 다르다. 미국의 이 세대는 '캔디크러쉬사가'와 슬롯 방식의 소셜 카지노 게임을 주로 즐긴다. 미국 모바일 게임 1분기 매출이 가장 높았던 게임이 '캔디

---

18. 길드.
19. 성능.

크러쉬사가'이고, 3위가 '코인 마스터'인 이유다. 반면 한국의 같은 세대 중에는 리니지라이크의 게임을 즐기는 층이 많다. 10대와 20대 시절 PC방에서 '리니지' 등 MMORPG를 경험했고, 레벨업과 득템, 대규모 전쟁과 커뮤니티 경험이 익숙하고 편한 세대이기 때문이다.

리니지라이크 게임에서 일어나는 일들이 유튜브 인플루언서 등을 통해 알려지면서 최근 한국과 대만에서 게이머 다수에게 비판받고 있다. 스펙 성장 중심의 시스템과 확률형 아이템이 지나치게 높은 과금을 유도한다는 이유다.

그런 이유로 한국과 대만을 제외한 다른 시장에 진출해 성공할 가능성은 매우 낮다. 중국 시장도 완전히 닫혔다. 판호를 받을 확률이 0%다. 2021년 9월 중국 공산당과 정부는 텐센트와 넷이즈 관계자 등을 소환해 과다한 '현질'을 통제하라고 질책했다.

그럼에도 2023년 한국 시장은 리니지라이크 게임이 매출 차트 상위권을 차지할 것이다. 리니지라이크 방식의 게임을 선호하고 과금하는 이용자층이 건재하기 때문이다. 변수는 리니지라이크 게임들 사이에서 발생할 경쟁이다. '오딘'이 나오기 전 상황을 비유하자면 '리니지' 프랜차이즈만 프리미어 리그에서 뛰던 시기였다. 다른 리니지라이크 게임들은 오랫동안 매출 규모가 작은 하부 리그에서 뛰었고 프리미어 리그의 문은 꽉 잠겨 있었다. 그런데 '오딘'이 그 문을 열자 상황이 바뀌었다. 프리미어 리그도 진입 가능하다는 것이 증명되었기 때문이다. 이 리그에 들어올 수 있는 여력과 의지를 가진 회사는 엔씨소프트와 카카오게임즈 외에 넥슨과 넥슨게임즈, 웹젠, 위메이드 정도로 한정된다.

　넥슨게임즈는 2022년 8월 25일 '히트 2'를 출시했고 9월 27일 현재 구글플레이 매출 2위에 올랐다. 엔씨소프트는 'TL'과 '아이온M'을 출시할 예정이다. 카카오 게임즈는 2022년 7월 'K-RPG'라는 슬로건 아래 신작 MMORPG를 개발 중인 레드렙게임즈에 투자했다.

이용자가 수익을 얻는 구조를 만들어야 성공한다

'넥스트 오딘'을 노리는 주자들은 '오딘'의 전략을 따를 것이다. 그 전략의 핵심은 '리니지를 잘 벤치마크하되, 매운맛을 줄여라'다. '오딘'은 '리니지' 형제에 있던 장비 뽑기를 없앴다. 덕분에 중·하위 이용자의 부담감이 줄어들었다. 또 '오딘'은 아이템 업데이트 템포를 적절하게 유지해 이용자의 호응을 얻었다. 최상위 과금 이용자의 지불 능력과 요구는 중·하위 과금 이용자와 매우 다르다. 최상위 과금 이용자는 다수가 하는 게임의 꼭대기에 그들이 차별적으로 부각되기를 원한다. 반면 대다수가 포진한 중·하위 과금 이용자는 최상위 핵과금러가 어떤 아이템을 얼마에 샀는지 크게 신경 쓰지 않는다. 그들에게 중요한 건 그들이 지불한 아이템의 '가성비'다. 아이템 업데이트 템포에 민감한 이유다.

　유튜브에서 '중년게이머 김실장' 채널을 진행하는 김무겸 실장은 리니지라이크 게임 분석 영상으로 유명하다. 그는 2023년에는 리니지라이크 게임의 수익 모델에 변주가 있을 것으로 전망했다.

　'오딘'은 '리니지' 형제에 있던 시스템 중 장비 뽑기를 도입하지 않

엔씨소프트의 콘솔 신작 '프로젝트M' 예고편 영상. 출처: 엔씨소프트 유튜브

았다. '오딘' 중·하위 과금 이용자들이 필드에서 획득한 장비 관련 아이템을 고과금 이용자들이 구매하는 경제 시스템을 작동했다. 그 때문에 중·하위 과금 이용자들에게 이익이 돌아갔다. 향후에는 이처럼 게임사가 수익 모델로 독점했던 영역의 일부를 이용자에게 돌려주는 게 중요해질 것이다.

이용자에게 수익의 일부를 돌려주면 게임사 매출은 떨어지겠지만, 중·하위 이용자의 만족도가 올라가 더 많은 이용자가 몰리고 유지될 수 있다. 상위 과금 이용자는 그런 게임의 꼭짓점에 있고 싶어 한다. 이런 시스템을 아는 게임사들은 '리니지' 삼 형제와 '오딘', '히트2'와 경쟁하기 위해 경제 시스템에 변주를 시도할 것으로 보인다.

또 마케팅 차원에서도 '오딘'을 론칭한 이후 지속적으로 논란을 낳았던 프로모션 BJ 활용이 줄어들 것으로 전망된다. 대규모 전쟁은 공정성이 중요하다. 2022년 여름 수억대 지원을 받은 '리니지2M' 프로모션 BJ들이 특정 세력에 집중적으로 참여한 사례가 부각되면서 반대 세력 이용자들의 분노가 폭발했다. '히트2'는 프로모션 BJ를 활용하지 않겠다고 발표했다.

2023년 리니지라이크의 프리미어 리그는 어떤 변주와 구도가 나올지 주목해볼 필요가 있다. 엔씨소프트가 기존 게임 업데이트와 'TL', '아이온M' 등을 통해 압도적인 그립력을 다시 확보할 수 있을까? '히트2' 같은 새로운 플레이어가 프리미어 리그에서 한 자리를 차지하게 될까? 아니면 '우마무스메'가 2022년 7월 말부터 매출 1위 자리를 일주일 이상 지켰던 것처럼 아예 시장이 바뀌게 될까?

이와 더불어 리니지라이크의 원조 엔씨소프트의 행보도 눈여겨볼 필요가 있다. 완성도와 운영에서 인정받던 엔씨소프트는 2021년 서버 롤백과 트럭 사태까지 부른 운영 실수와 '트릭스터M'의 퀄리티 문제 등으로 큰 비판을 받았다. 2023년에도 엔씨소프트가 이런 실수를 반복할지, 아니면 다시 예전 완성도 있는 모습으로 돌아갈 수 있을지 지켜보자. 또 리니지라이크가 아닌 다른 게임에서 어떤 성과를 낼지도 관심이 가는 포인트다. 엔씨소프트는 2022년 6월 '디트로이트 비컴 휴먼' 같은 인터랙티브 무비 장르의 콘솔 게임 '프로젝트M' 예고편 영상을 공개했다.

부익부 빈익빈은 더 가속화, 돌파구 찾기 노력은 계속된다

2023년 게임 생태계의 부익부 빈익빈은 더 가속화된다. 필자는 주요 시장이 성숙 단계에 들어갔다고 이야기했다. 미국과 중국, 일본 게임 시장은 이제 '성장 정체', '포화' 또는 '겨울'이라는 단어가 어울리는 시기에 다가가고 있다.

그런 다음 마이크로소프트의 구독 서비스 강화와 대해 언급했다. 넷플릭스를 구독하기 시작한 사람들은 다른 채널의 드라마나 예능을 볼 확률이 떨어진다. 게임패스 구독자가 늘어날수록 다른 게임들은 이용자와 접점을 조금씩 잃게 될 확률이 높다.

라이브 서비스 게임이 장수하며 차트 상위권을 차지하는 현상은 그 게임에는 좋은 일이지만 게임 생태계 전체적으로 바람직한 일은 아니다. 다양성이 사라지고, 새 게임이나 회사가 성공할 확률이 줄어든다.

IP는 갈수록 비싸지고 있다. 모바일 게임의 경우 IP를 보유한 게임사가 아니라면 플랫폼 수수료 30%에, IP 소유자에게 매출의 10% 이상을 줘야 하는 경우가 많다. 수익성이 그만큼 떨어진다. IP 기반 게임이 잘되더라도 게임 생태계에 좋은 건 아니다. IP를 확보할 수 없는 다수의 게임사는 더 어려운 상황에 처하게 된다. 서브컬처 게임 쪽도 대작화 경향으로 흐르고 있다.

콘솔/PC 게임이 주류인 서양에서도 대형 프랜차이즈 중심으로 시장이 굳어가고 대형화 추세가 펼쳐지는 상황에서 라이브 서비스 게임이 주류인 한국 게임 생태계는 중소 업체에 더 힘든 상황이 이어질 것이다. 메이저 업체의 급여 인상으로 임금 격차도 커졌다. 인재를 지키기도 구하기도 더 어려워졌다. 구조적으로 부익부 빈익빈과 양극화가 강화될 수밖에 없다. 2023년 이런 경향이 달라질 가능성은 매우 희박하다.

글로벌 진출을 더 적극적으로 추진했다면 현재보다 좀 더 나은 상황이었을 것이라고 판단한다. 국내 게임사가 글로벌 진출을 더디게 한 데는 정부의 역할이 컸다. 정부는 규제 완화라는 명분으로 모바일 게임 결제 한도를 풀어줬다. 의도하지 않았겠지만 게임사들이 해외 진출보다 국내 시장에 더 집중하게 만든 셈이다. 확률형 아이템은 계속 논란이 되어왔다. 정부는 자율 규제라는 명분으로 이 흐름을 방치해 버렸다. 덕분에 국내 게임은 콘텐츠 개발과 개선을 통해 더 많은 이용자를 끌어들이는 노력보다 확률 기반 비즈니스 모델을 통해 더 많은 돈을 뽑아내는 방법에 집중할 수 있었다.

정부는 융·복합 게임이라는 이름으로 VR 게임을 수년간 지원했다. 다수의 업체는 정부 정책과 지원 사업을 믿고 수년을 투자했지만 시장에서 VR 게임은 호응을 얻지 못했다.

중국 정부는 한국과 달리 규제를 강화했다. 규제 탓에 중국 게임사들은 해외시장 진출에 더 적극적일 수밖에 없었다. 중국 정부는 과도한 현질을 제지했다. 중국 게임사들은 보다 많은 이용자가 들어올 수 있는 콘텐츠와 배틀패스처럼 다수가 과금하는 모델에 더 포커스를 맞췄고, 덕분에 글로벌 진출에 문제가 없었다. 중국 정부도 VR 게임을 적극 밀었지만, 시장 상황을 파악한 뒤 바로 지원을 끊었다.

서양 중소 개발사는 한국이나 중국보다 훨씬 나을 것이다. 여러 조건이 우월하다. 스팀과 콘솔은 라이브 서비스 중심이 아니다. 신작이 게이머와 만날 확률이 상대적으로 훨씬 높다. 대형 스튜디오에서 경험을 쌓은 숙련된 개발자를 좀 더 쉽게 구할 수 있다. 소수의 개발자로도 퀄리티 높은 게임을 제작할 수 있다. 국가별 지원 경쟁도 있고, 대형 퍼블리셔와 플랫폼 사이의 경쟁도 치열하다.

캐나다는 게임 개발사가 쓴 비용의 50%가량을 되돌려주는 지원 제도를 운영한다. 2명을 뽑으면 1명은 국가가 전적으로 지원하는 셈이다. 게임 개발 후진국이었던 캐나다는 이 정책 덕분에 현재 세계에서 좋은 개발자를 가장 많이 확보한 나라 중 하나가 됐다. 유비소프트, EA 등 주요 퍼블리셔는 모두 캐나다에 스튜디오를 설립했다. 이런 스튜디오에서 캐나다 개발자들은 역량을 키웠다. 그런 과정을 거친 베테랑이 모여 인디 스타트업이 발달하게 됐다. 텐센트와 호요버스가 캐나다에 스튜디오를 설립한 것도 그런 인재 풀 덕분이다. 중국 회사들이 스튜디오를 만들면 캐나다는 그만큼 더 많은 인재를 키울 수 있다. 선순환이 작동하는 구조다.

캐나다의 지원 제도는 많은 서양 국가에 벤치마크 대상이 됐다. 영국은 제작 비용의 20%를 환급해주고, 프랑스는 30%를 환급해준다. 유럽의 다른 국가들도 이런 지원 정책을 도입해 스튜디오를 유인하고 개발자를 육성하며 자국 게임 경쟁력을 강화하려고 할 것이다.

유비소프트 몬트리올에서 그랬던 것처럼 대형 게임의 경로 의존성과 대형 조직의 관료제에 염증을 느낀 베테랑 개발자들이 퇴사해 그런 지원 제도를 활용하는 사례도 늘어날 것이다.

한국의 상황은 좀 다르다. 성공한 프로젝트를 이끈 개발 팀은 지난 몇 년 동안 벤처캐피털과 대형 게임사의 투자 경쟁을 받아왔다. 넥슨을 떠난 김희재·반승철 프로듀서는 2020년 카카오게임즈에서 100억 원씩 투자를 받았다. 넷마블에서 성공작을 만들고 떠난 몇몇 개발 팀들도 벤처캐피털과 대형 게임사의 투자를 골라 받았다.

텐센트, 넷이즈, 바이트댄스 등 중국계 회사들도 한국 개발사 투자에 계속 관심을 보이고 있다. 2023년에도 모태펀드 등을 통해 게임에 투자할 자금이 벤처캐피털에 조성될 것이고, 역량을 인정받은 개발 팀이 독립할 경우 투자 경쟁이 더 치열해질 것이다.

이런 상황은 개발 팀이 더 쉽게 독립할 수 있는 환경을 조성한다. 2023년 이후에도 독립한 개발 팀에 대한 규모 있는 투자가 이어질 확률이 높다. 반면 성공 레퍼런스가 없는 소형 개발 팀은 더 큰 어려움 겪을 가능성이 높다.

수년 동안 이어져왔지만 큰 성과를 거두지 못한 콘솔 게임 개발이 더욱 촉진될 가능성이 높다. 세계 최대의 게임 전시회 게임스컴 2022에서 한국 콘솔 게임 'P의 거짓'(네오위즈)과 '건그레이브 고어'(이기몹 스튜디오)가 각광받았다. 'P의 거짓'은 게임스컴 어워드 3관왕에 오를 정도로 국제적인 화제가 됐다. '건그레이브 고어'도 유럽 메이저 퍼블리셔 플레이온의 주요 타이틀로 큰 호응을 얻었다. 한국 메이저 게임 회사와 중소 게임 회사가 참고할 만한 성공 레퍼런스가 동시에 생긴 셈이다.

인도, 튀르키예 등 신흥 게임 시장이 떠오른다

인도, 튀르키예 등으로 대표되는 신흥 게임 시장은 코로나19 팬데믹 이후에도 계속 성장을 이어가고 있다. 통신 인프라 구축, 스마트폰 보급, 결제 인프라 안착 등이 이뤄지면서 모바일 게임 시장이 급속도로 커지고 있다. 2023년 이후에도 이 시장은 성장하고, 이 시장을 노린 게임과 회사의 움직임은 더욱 적극적일 것으로 전망한다. 그중 가장 큰 시장은 인도다. 유엔은 2022년 7월 인구 보고서에서 "인도는 2023년 중국을 제치고 세계 1위의 인구 대국이 될 전망"이라고 발표했다. 정체와 포화를 겪고 있는 게임사들이 14억 인도 시장을 주목하는 이유다.

인도 모바일 게임 시장은 코로나19 팬데믹 이전부터 성장하고 있었다. 2016년 말 4G 서비스 상용화 이후 초고속 모바일 인터넷 이용이 가능해졌다. 가격도 매우 싸다. 2020년 영국 통신 회사 Cable.co.uk가 조사한 자료에 따르면 인도 모바일 데이터 가격은 1GB당 0.09달러에 불과하다. 한국의 1GB당 10.94달러의 1% 수준도 안 된다. 게다가 2020년 말 기준 인도에는 약 5억대에 가까운 모바일 스마트 기기가 보급됐다. 2016년 11월 인도 정부가 고액권 화폐 사용을 금지하는 화폐개혁을 하며 디지털 결제가 활성화됐다. 인도는 모바일 게임이 커질 모든 조건을 갖춘 셈이다.

회계 컨설팅업체 KPMG에 따르면 2020년 1~3분기 인도 모바일 게임 다운로드는 74억 건으로 중국을 제외하고 가장 높은 수치를 기록했다. 전 세계 모바일 게임 다운로드 17%에 해당하는 수치다. 인도 애드 테크 기업 인모비는 인도 이동통신 가입자의 45%가 팬데믹 기간에 처음으로 스마트폰을 통해 게임을 하기 시작했다고 한다. 팬데믹이 인도 모바일 게임 시장을 키운 셈이다.

덕분에 2021년 7월 출시한 '배틀그라운드 모바일 인도'는 출시 1년 만에 누적 이용자 1억 명을 돌파했다. 대한무역공사(KOTRA, 코트라) 보고서에 따르면 2021년 7월 인도 게임 이용자는 6억2,000명 이상으로 집계됐다. 코트라는 딜로이트 인디아 보고서를 인용해 2022년 인도 게임 산업 시장 규모를 약 28억 달러로 예상했다. 이 중 모바일 점유율은 85%다.

센서타워에 따르면 2018년 인도의 전 세계 모바일 게임 다운로드 점유율은 13%였고, 미국은 12%였다. 2021년 팬데믹을 거치며 인도의 점유율은 17%가 됐고, 미국은 9%로 줄었다. 2020년 인도 모바일 게임 다운로드는 전년 대비 65% 상승했고, 2021년 2분기 이후 조금 진정됐다. 그럼에도 2018년에 비해 2배 이상이다. 그중 다운로드가 가장 많이 늘어난 장르는 하이퍼 캐주얼이다.

2021년 기준 전 세계 하이퍼 캐주얼 장르 다운로드는 138억 건으로 전년 대비 15% 증가했다. 하이퍼 캐주얼을 제외한 다른 모든 장르는 다운로드가 감소했다. 하이퍼 캐주얼은 계속 폭발적으로 성장하고 있다. 2018년 1분기 7.57억 건이던 다운로드는 2022년 1분기 350억 건으로 커졌다. 같은 기간 전체 모바일 게임 다운로드의 32.5%를 차지한다. 그 외 장르 중 12% 넘는 것이 없다. 이렇게 다운로드가 늘어난 것은 인도 등 게임 성숙도가 낮은 시장 덕분이다. 2023년에도 하이퍼 캐주얼 장르가 인도 등 성장세는 높지만 성숙도가 낮은 시장을 중심으로 급성장할 것으로 보인다.

아직까지 다운로드 수 대비 수익률은 낮은 편

센서타워에 따르면 인도의 2022년 1분기 매출은 전년 대비 73% 성장했지만 7,600만 달러에 머문다. 인구는 인도의 0.5% 수준인 홍콩의 같은 기간 매출은 2.9억 달러다. 유동길 코트라 뭄바이 무역관은 보고서에서 "인도 게임 산업은 지난 3년 동안 연평균 60%씩 성장했으며, 이 분야의 성장은 둔화될 기미가 보이지 않는다"면서도 "인도의 소비자는 무엇보다 가격에 민감하다. 인도 온라인 게임이 거두는 수익 중 대부분은 광고에서 발생하며 게임 내 결제인 인앱 구매 비율은 상당히 낮은 상황"이라고 지적했다.

　인도 외에도 모바일 게임이 꾸준히 성장하는 나라가 있다. 베트남, 필리핀, 태국, 파키스탄, 카자흐스탄은 2022년 1분기 모바일 게임 다운로드 수가 전년 동기 대비 두 자릿수 성장률을 기록했다. 이 국가들의 다운로드 수 합계가 미국에 비해 많다. 베트남의 2022년 1분기 매출은 4.7억 달러로 전년 동기 대비 21% 성장했다. 태국도 3억 달러로 전년 동기 대비 24% 커졌다. 튀르키예는 2022년 1분기 매출이 1.6억 달러로 전년 동기 대비 37% 성장해 이탈리아를 제치고 유럽에서 다섯 번째로 큰 모바일 게임 시장이 됐다. 같은 기간 유럽 1~4위인 독일, 영국, 프랑스, 러시아 매출은 줄어들었다. 브라질과 사우디아라비아의 모바일 게임 매출도 계속 성장하는 중이다.

2023년에도 게임 시장의 성숙도가 낮은 국가들은 다운로드와 매출에서 높은 성장률을 보일 것이다. 대부분 시장에서 하이퍼 캐주얼 장르의 점유율이 더욱 커질 것이며 인앱 결제보다는 광고 수익이 주요한 수익 모델로 작동할 것이다. 대형 게임 회사는 성숙 시장에 비해 매출이 낮은 이 시장을 크게 신경 쓰지 않겠지만 중소 회사 사이의 경쟁이 더욱 치열해질 것으로 전망한다.

NFT 게임, 변곡점일까 거품일까? 판단의 시간이 온다

2021년 후반 필리핀에서 NFT 게임 '엑시 인피니티'와 '미르4: 글로벌'의 성공 이야기가 들려왔다. 코로나 팬데믹에 따른 성장세가 꺾인 전 세계 게임 회사는 모두 필리핀에서 벌어진 놀라운 현상에 관심을 보였다. 2021년 4분기, 상장된 대형 게임사들은 실적을 발표하며 NFT에 대한 관심을 표명했다. 증시도 뜨겁게 반응했다. 규모가 작은 게임사 중 NFT 게임에 재빠르게 뛰어든 회사도 생겨났다. 가상 자산 생태계에서도 반가운 일이었다. 2020년까지 크립토 겨울을 겪었고, 2021년 디파이[20]와 예술 분야 NFT로 봄을 맞이했는데, 게임은 가상 자산을 더 널리 확대할 확실한 다음 주자로 보였다. 전 세계 게이머의 수는 30억 명에 육박했다. MMORPG에서 광석을 캐고 그것을 게임머니로 바꾸는 패턴은 비트코인이나 이더리움의 채굴과 비슷하다. 게임 캐릭터와 아이템은 NFT화하기 더없이 좋은 재료였다.

    NFT 게임의 가능성이 확인되자 2021년에만 5조 원 이상이 관련 업체에 투자됐다. 그런데 서양 주요 게임사들은 NFT 게임에 거리를 뒀다. 대부분의 개발자와 게이머가 싫어했기 때문이다. 부분 유료화를 도입했을 때도 그랬지만, 그때보다 거부감이 훨씬 컸다. 폰지 사기로 보는 시각도 많았다. 그렇다 보니 NFT 게임 프로젝트는 기성 게임 개발자를 구하는 게 힘들었다. 메타버스형 NFT 게임을 제작 중이던 미씨컬게임즈의 수장은 액티비전 '콜 오브 듀티' 시리즈 스튜디오 책임자 출신이었다. 2021년 11월 미씨컬게임즈는 게임을 출시하기 전 1억5,000만 달러의 대규모 투자를 유치했다. NFT 투자 생태계에서 AAA급 기성 게임 개발자에 대한 요구가 그 정도로 강했다는 증거다.

    한국은 법률적으로 NFT 게임을 서비스할 수 없는 나라다. 그런데 미씨컬게임즈는 한국에 지사를 세웠다. 갈라게임즈와 더샌드박스 같은 대형 NFT 게임사도 한국 지사를 열었다. NFT 게임을 구하기에 한국보다 더 나은 나라는 없었기 때문이다. 한국에는 NFT 게임을 개

---

20. 금융 서비스.

발 중인 회사가 많았다.

'미르4: 글로벌'이 성공을 거둔 후 위메이드 주가는 3개월 동안 8배 올랐다. 2021년 하반기 NFT 게임으로 방향을 튼 컴투스의 주가가 급등했다. 새로운 돌파구를 찾던 국내 회사들 중 NFT 게임 프로젝트를 시작한 회사가 많았다. NFT 게임은 특성상 라이브 서비스가 중요하다. 엔딩이 있는 콘솔/PC 게임을 주로 만들어온 서양 게임사에 비해 온라인 게임을 만들어온 한국 게임사의 경쟁력이 더 부각되는 지점이다. 온라인 게임에서 더 경쟁력을 보이는 중국은 국가정책 때문에 아예 이 판에 뛰어들지 못하고 있는 실정이다. 2022년 상반기 절반 이상의 국내 게임사가 NFT 게임을 제작 중이라는 풍문이 게임계에서 심심찮게 들렸다.

위메이드와 컴투스는 NFT 게임에 올인했다. 넷마블은 향후 라인업의 절반이 NFT 게임이다. 카카오게임즈와 네오위즈도 적극적이다. 크래프톤 산하 스튜디오 한 곳은 NFT 게임 전담으로 바꿨다. 2022년 중반 넥슨까지 출사표를 던졌다. 메이저 회사보다 사정이 더 어려웠던 중소 업체들은 더 많이 NFT 게임에 매달렸다.

2023년은 NFT 게임으로 뛰어든 많은 개발사들이 성적표를 받는 해다. 라이브 서비스에 성공하는 게임들이 소수라도 등장한다면 NFT 게임은 한계를 느끼는 많은 게임사에 확실한 돌파구로 자리매김할 것이다. 해외 NFT 자본은 한국에 더 많이 들어오고, 라이브 서비스 게임 개발 역량은 더 큰 가치를 인정받을 것이다. 게임 생태계를 완전히 바꾸지는 못하더라도 상당한 규모의 변곡점을 만들 가능성이 크다.

반면 NFT 게임 중 라이브 서비스에 성공하는 케이스가 없다면 수많은 한국 게임사들은 큰 어려움에 처하게 된다. 2010년대 들어 수년간 많은 한국 게임사는 확률형 아이템 비즈니스 모델을 기반으로 게임을 만들다 글로벌 경쟁력을 상당 부분 상실했다. 실패한 NFT 프로젝트에 또다시 2년 정도를 허비한다면 그 사이 글로벌로 계속 달려갔던 중국 게임사와 경쟁력 차이는 더 벌어질 것이다. 한국 게임 산업 전체로 위기가 퍼질 가능성이 크다.

탈중앙화 앱스토어 댑레이더(DappRadar)에 따르면 2022년 8월 현재 1,800개가 넘는 NFT 게임이 출시됐다. 하지만 대부분 실패했다. NFT 게임은 론칭 초반 유저를 모았다가도 2~3개월 후 코인 가격 급락과 함께 유저들이 광속으로 이탈하는 패턴이 반복되고 있다. 대부분 작은 팀에서 시장 선점을 위해 게임을 급조한 데다, 필리핀과 브라질 등의 유저들은 대부분 게이머가 아니라 돈을 좇는 메뚜기족의 성격을 띠기 때문이다. 그래서 NFT 게임의 추이를 지켜본 국내 게임업계 전문가들은 기성 게이머를 유인할 수 있는 퀄리티를 갖추고, 지속가능성을 확보할 수 있는 NFT 게임이 나와야 한다고 주장했다.

성공하려면 기성 게이머를 모으고 코인 가격이 안정화되어야

NFT 게임이 성공하기 위해 반드시 넘어야 할 몇 개의 허들이 확인되고 있다. 가장 먼저 풀어야 할 숙제는 기성 게이머를 유인하는 일이다. 돈이 되는 게임은 이미 시장에 있다. '메이플스토리'나 '로스트아크'처럼 퀄리티가 검증된 게임이다. NFT 게임이 기성 게이머를 끌어오려면 기성 게임 못지않은 재미를 게이머 커뮤니티에서 인정받아야 한다.

그와 함께 코인 가격이 안정화돼야 한다. 현실 세계에서 통화 가치가 떨어져 하이퍼 인플레이션을 겪는 곳에서 사람들은 고통받는다. 그런 곳에서는 국경 때문에 다른 나라로 떠날 수 없지만 게임은 다르다. 언제든 로그아웃하면 된다. 국내에서 NFT 게임에 가장 많은 경험을 지닌 위메이드가 스테이블 코인[21]을 도입한 것은 이런 맥락일 것이다.

'리니지'는 가장 오랫동안 인기를 얻었던 MMORPG이고 가장 대표적인 P2E 게임[22]이었다. 이용자들이 활발하게 아이템을 거래한 이유는 1년 후에도 그 아이템 가격이 같거나 살짝 오를 것이라는 믿음이 있었기 때문이다. 아이템 거래는 가격 안정성에 대한 믿음을 확보해야 활발해질 수 있다. NFT 게임은 게임 내 재화 인플레이션을 막기 위해 재화 소비를 꾸준히 발생시키는 시스템을 구축해야 한다.

게임이나 플랫폼 자체에서 개발 팀이 유지될 수 있는 수익성을 확보해야 한다. 대부분의 NFT 게임 프로젝트는 주조차익[23]이나 NFT 사전 판매로 수익을 거뒀다. 수익을 이미 거뒀기 때문에 '먹튀'[24]가 나오고, 라이브 서비스 퀄리티가 떨어지고, 하이퍼 인플레이션이 생겨 이용자가 이탈할 수밖에 없는 패턴이다. NFT 게임은 자체 수익성을 갖춰야만 지속적인 라이브 서비스가 가능하다.

2023년 NFT 게임 생태계에 대해 컨펌드(confirmed) 김동환 이사는 "SBT[25]등 지속 가능성을 확보하는 방법을 계속 고민하고 적용하는 사례가 늘어날 것이다. 위메이드, 컴투스는 스테이블 코인이나 메이넷을 만드는 등 그들이 주도하는 플랫폼에 여러 게임을 론칭하는 전략을 쓸 것이다. 실패하더라도 계속 수정하면서 항해할 것으로 보인다. 중소 업체는 루나 사태 이후 대부분 투자 유지에 실패했다. NFT 사전 판매도 어려움을 겪고 있다. 게임을 원하는 해외 메인넷에 여러 개 묶음으로 팔리고 있다. 그중 성공하는 게임이 나온다면 좋은 기회를 얻겠지만 그게 아니라면 암울해질 수도 있다. 아웃소싱으로 NFT 게임을 개발해주는 회사가 될 확률도 높다"고 전망했다.

2023년은 NFT 게임의 성적표가 나오는 한 해다. 플랫폼을 지향하는 큰 게임사와 변곡점을 재빨리 타려 한 중소 게임사의 선택이 어떤 결과를 맺는지 알 수 있는 한 해가 될 것이다.

---

21. 달러화 등 기존 화폐에 고정 가치로 발행되는 암호 화폐.
22. Play to Earn. 게임을 하면서 돈을 버는 게임.
23. 주조차익(鑄造差益), 시뇨리지(seigniorage)라고 함. 중앙은행이나 정부에서 은행권과 경화 등 화폐를 발권함으로써 얻는 수익.
24. 러그풀(rug pull). 가상 화폐 생태계에서 개발자가 갑자기 프로젝트를 중단하고 투자금을 들고 사라지는 사기 수법.
25. 솔 바운드 토큰. 상품 내에 구매자의 신원 정보가 담겨 있어 타인이 사용할 수 없으며 구매자에게만 귀속되도록 하는 토큰.

PART 07

콘텐츠 IP 시대, 트렌드 읽기
매체 환경의 변화 속에서 콘텐츠 IP 시대가 열리다

디지털 기술은 미디어 산업에 큰 변화를 가져왔다. 미디어 간의 경계가 허물어지고 이용자가 플랫폼을 넘나들며 소비하는 '액체 미디어' 시대가 되었다. 글로벌과 로컬의 차이도 사라지고 있다. 새로운 매체 환경에서 콘텐츠 IP의 중요성이 급부상하고 있다. OTT 서비스가 일상에 스며들고 웹툰과 웹소설이 약진하는 가운데, 〈오징어 게임〉과 〈나 혼자만 레벨업〉 등의 콘텐츠 IP가 새로운 국면이 가져온 현실을 일깨워주고 있다. 콘텐츠 IP가 제작 환경의 변화를 촉발하고, 커머스 접목 붐도 낳고 있다. 콘텐츠 IP 시대의 현장으로 들어가보자.

이 성 민

미디어-콘텐츠 정책 및 미디어 역사 분야에서 다수의 연구를 수행해왔다. 주요 관심 분야는 디지털 혁신의 확산에 따른 콘텐츠 산업의 변화다. 한국문화관광연구원에 재직하면서 콘텐츠 산업 현장의 변화를 정책의 언어로 담아내는 연구를 진행해왔으며, 현재는 한국방송통신대학교 미디어영상학과 교수로 재직하고 있다. 콘텐츠 산업, 한류의 변화와 관련해 한국국제문화교류진흥원, 한국콘텐츠진흥원, 한-아세안센터 등 공공 기관에 자문과 발표, 강의 등을 통해 참여해왔다. 대통령 직속 신남방정책민간자문위원단 자문위원, 한국방송학회 총무이사 등을 역임했다.

콘텐츠 IP 시대의 시작, 혼란 속에서 길 찾기

2022년, IP 전성기의 원년: 모두 IP가 중요하다고 말하기 시작했다

코로나19가 확산된 이후 2~3년간 OTT 중심의 영상 콘텐츠 시장 변화가 가속화되는 과정에서 콘텐츠 IP에 대한 관심이 더 커졌다. 기존에는 주로 게임, 애니메이션 분야에서 IP 개념을 사용했다면, 영상 콘텐츠 분야에서 활용·확장하는 사례가 늘어나면서 IP의 가치에 대한 대중적 인식도 커졌다.

    콘텐츠 산업에서 IP에 주목하게 된 배경으로 〈오징어 게임〉의 역할을 빼놓을 수 없다. 전례 없이 큰 성공을 거두었지만, 결과적으로 "우리의 IP를 글로벌 기업에 넘겨주었다"는 이야기는 많은 이들의 관심을 불러일으켰다.

〈오징어 게임〉의 흥행 직후 국정감사 등에서 정책적 질의가 제기되는 것을 시작으로, 정책적으로 IP 보호와 확보를 위한 노력이 필요하다는 논의가 빠르게 확대되었다. 기존보다 콘텐츠 IP의 가치에 대한 인식과 민감성이 높아진 환경이 마련된 것이다.

'크리에이터 경제'의 성장에 대한 기대가 커지면서, 그 핵심 자산인 IP에 대한 주목으로 이어졌다. 개별 창작자가 자신의 IP를 활용해 수익화하고, 이를 토대로 성장할 수 있는 기회가 열릴 것이라는 기대가 확대됐다. 이러한 배경에는 실제 수익화 전략의 확장성을 보여준 NFT 등 새로운 디지털 기술 환경의 등장이 자리 잡고 있었다. NFT를 활용한 새로운 디지털 '굿즈' 시장의 확장은 창작자가 팬덤과의 연계를 토대로 큰 성장을 거둘 수 있는 새로운 구조가 형성될 것이라는 기대를 모았다.

이러한 두 가지 흐름이 보여주는 변화의 핵심은 'IP의 가치에 대한 감각'이다. 소위 '슈퍼 IP'의 확장 가능성을 주목하는 사업자의 관점에서나, 자신의 창작물을 IP로 키워나가길 원하는 개인 창작자 단위의 '마이크로 IP'의 성장 관점에서 모두 콘텐츠 IP의 가치를 과거보다 더 크게 인식하기 시작했다. '콘텐츠 IP가 중요하다'라는 인식을 시장에서 다수의 행위자가 공유하면서, 이 인식 자체가 산업의 판을 흔드는 동력이 되었다. 이런 점에서 2022년은 IP 중심의 시장 변화가 본격화된 원년이라고 볼 수 있다.

콘텐츠 IP 중심 시장 변화의 배경: 미디어가 '녹아내렸다'

콘텐츠 IP가 중요해진 이유를 설명하기 위해서는 미디어 산업에서 디지털 전환이 어떤 방식으로 나타났는지에 주목해야 한다. 디지털 기술이 미디어 산업에 가져온 변화를 한마디로 정리한다면, 전통적인 미디어의 경계가 녹아내리면서 '액체 미디어'의 시대가 열렸다고 이야기할 수 있다. 디지털 미디어가 중심이 되는 콘텐츠 소비 환경이 마련되면서 콘텐츠 분야별 경계는 점차 흐려지고 있다.

기존에는 콘텐츠 시장이 미디어 단위로 나뉘어 각자의 영역을 지켜오는 방식이었다면, 디지털 전환이 확대됨에 따라 이들의 경계는 점차 약화되었다. 동일한 디지털 스크린에서 얼마든지 다양한 콘텐츠를 넘나들며 소비하는 문화가 확대되었고, 개별 미디어 단위로 구성된 이용자 집단이 콘텐츠를 단위로 하는 팬덤을 중심으로 재구성되었다. 그야말로 미디어의 경계가 녹아내린 것이다. 미디어는 이제 디지털 기술을 기반으로 언제든지 필요에 따라 다른 기능이 결합된 새로운 조합으로 재구성될 수 있다. 액체는 어떤 그릇에 담기느냐에 따라 모양이 달라지듯이, 디지털 미디어는 언제든지 유연하게 자신의 형태와 기능을 변경할 수 있는 '액체 미디어'로서 존재한다.

콘텐츠 IP는 이렇게 녹아내린 '액체 미디어' 시대에 사람들을 묶어줄 수 있는 단위가 된다. 전통적인 미디어 이용자는 개별 미디어 소비 관습을 지닌, 미디어 단위로 구별된 존재였다. 미디어 산업의 비즈니스 모델도 이러한 이용자 규모를 근거로 광고나 이용료를 받는 방식을 취했다. 방송 산업에서 광고란 전형적으로 미디어 앞에 앉아 있는

〈헤일로〉 홍보 포스터. 출처: 티빙

'시청자'라는 집단의 주목을 상품화하는 비즈니스 모델이었다.

반면 액체 미디어의 이용자는 언제든지 흘러다니듯 서로 다른 미디어를 넘나들며 콘텐츠를 이용한다. 마음에 드는 좋은 작품이 있다면, 거실의 TV든, 쇼핑몰의 극장이든, 손안의 모바일 미디어든 가리지 않고 몰려들어 콘텐츠를 이용한다. 이들을 유인하고 묶어줄 수 있는 핵심 단위가 바로 콘텐츠 IP인 것이다.

구독형 OTT 서비스의 이용이 늘어나면서, 이제 사람들은 자신이 원하는 콘텐츠의 라이브러리를 제공하는 OTT를 필요에 따라 구독하는 방식을 취하게 되었다. 이때 IP는 서비스의 '얼굴'이 되어준다. 파라마운트+가 국내에 티빙과 함께 진출하면서 시작한 프로모션은 〈헤일로〉라는 핵심 IP를 활용한 영상 콘텐츠 자체를 알리는 것이었다. 넷플릭스가 자신을 알리기 위해 콘텐츠 홍보를 활용했던 것에서 시작한 방식은 이제 다수의 서비스가 활용하는 전략으로 자리 잡았다. 이러한 홍보 전략이 던지는 메시지는 명확하다. "당신이 원하는 콘텐츠 IP는 우리 플랫폼에 있습니다."

이 전략을 OTT만 사용하는 것은 아니다. 태국에 진출한 카카오 웹툰도 론칭을 알리는 전략으로 〈사내맞선〉과 〈나 혼자만 레벨업〉의 프로모션 영상을 옥외광고 등을 활용해서 홍보했다. 이미 많은 팬덤을 확보한 슈퍼 IP 콘텐츠를 통해 해당 콘텐츠를 정식으로 이용할 수 있는 플랫폼이 서비스되기 시작했음을 알리는 것이다. 이렇게 미디어적 특성의 차이가 약화된 '액체 미디어' 시대에 서비스의 경쟁력은 어떤 콘텐츠 IP를 확보했느냐에 달린 일이 되었다.

변화 읽기의 필요성: 혼돈 속의 질서 찾기

2022년은 코로나19의 확산 기간 중 나타난 새로운 콘텐츠 이용 환경과 습관에 '조정'이 일어난 시기다. 엔데믹 시대 사람들은 다시 공연을 보러 이동하고 극장에 가는 등 오프라인에서의 삶을 추구하기 시작했다. 그러나 이 활동들이 예전과 동일한 방식으로 이루어진 것은 아니다.

예를 들어 영화 시장의 경우 코로나19 기간 동안 높아진 극장 관람 비용은 사람들의 '입소문 민감도'를 높였다. 또 코로나19 기간 동안 대화면 TV로 집에서 영상 소비를 하던 습관은 자연스럽게 '극장에서 볼 영화'와 '집에서 볼 영화'를 구분하게 만들었다. 이런 변화 속에서 온라인 커뮤니티의 리뷰들은 과거보다 더 큰 영향력을 발휘하게 되었다.

전통 미디어의 권위에 의존한 콘텐츠 이용 확대가 어려워지면서, 톱 다운(top down)이 아닌 보텀업(bottom up) 방식의 접근이 필요해졌다. 이러한 변화는 사람들의 마음을 움직이는 핵심적인 구심점에 더욱 주목하게 만들었다. 콘텐츠 IP는 이런 '구심점' 역할을 하며 점점 더 높은 가치를 갖게 될 것이란 점에서 단순히 '원작 IP 활용의 확대'로만 이해하면 안된다.

콘텐츠 IP를 구심점으로 해서 모인 집단은 더 큰 행동력을 가지면서 팬덤을 만든다. 콘텐츠 산업에서 팬덤의 영향력이 확대되면서, 이들이 서로 소통하고 결집하게 돕는 '팬덤 플랫폼' 서비스도 성장 중이다. 초기에는 주로 K-팝 분야에서 하이브 등 대형 기획사의 아티스트와 팬덤의 연결을 돕는 플랫폼이 중심이었다면, 점차 개별 크리에이터가 자신의 콘텐츠를 업로드하고 팬덤과 직접 소통하며 거래할 수 있도록 도와주는 방식의 서비스로 범위가 확대되었다. 위버스, 버블 등 엔터테인먼트 기업들이 운영하는 대형 플랫폼이 전자라면, 비스테이지(b.stage), 빅크 등 크리에이터 플랫폼은 후자에 해당된다.

문제는 팬덤의 움직임이 개별 커뮤니티와 플랫폼으로 집중되면서, 실제 어떤 팬덤이 어느 정도의 힘을 가지고, 어떤 경향성을 띠며 움직이는지 파악하기가 훨씬 어려워졌다는 점이다.

전형적인 방식의 콘텐츠 기획과 마케팅은 작용하지 않지만, 아직까지 새로운 성공 공식이 확인되지 않았다. 수면 아래에서 많은 변화가 나타나고 있지만, 세부적인 내용 파악은 더 어려워졌다. 무엇보다 네트워크로 연결된 개인의 움직임은 복잡계(complex system)의 성격에 가깝다. 수많은 구성 요소가 서로 영향을 주고받는 과정에서 어떤 결과가 나올지 예측하는 것이 쉽지 않다.

이런 혼돈 속에서 변화의 방향을 고민하기 위해 다음과 같은 순서로 논의를 진행하고자 한다. 먼저 최근 3년간의 콘텐츠 IP 관련 산업 변화의 '흐름'을 검토한다. 코로나19가 확산된 2020~2022년은 미디어가 본격적으로 '녹아내린' 시기이자 콘텐츠 소비 습관에 급격한 변화가 나타난 시기였다. 이 시기에 나타난 몇 가지 변화의 징후를 발견하는 것이 첫 번째 작업이다.

다음으로는 미래 변화 방향에 영향을 줄 수 있는 구조적 변화 요인을 주목한다. 특히 주요 IP 사업자들의 전략 및 구조 변화를 검토한다. 지난 3년은 콘텐츠 IP를 둘러싼 기업 간 합종연횡이 활발하게 이루어진 시기였다. 특히 이종 사업 간의 인수·합병과 스튜디오 시스템 구축 등 콘텐츠 창작-유통 구조 전반에 큰 변화가 일어났다. 이런 변화가 향후 어떤 영향을 미칠지 살펴본다.

마지막으로는 2023년에 일어날 변화에 대해 이야기해보고자 한다. 여러 콘텐츠 IP 중 어떤 영역에 주목할지, 그리고 IP를 활용한 비즈니스 전략은 어떻게 변화할지 살펴본다.

흐름 읽기: 2022년, 콘텐츠 IP 활용의 확장이 일어나다

이야기 IP의 부상: 웹툰-웹소설 활용 영상화의 확대

2022년 슈퍼 IP 프로젝트 〈사내맞선〉의 성공은 향후 이야기 IP 프로젝트의 성공 가능성을 확인시켜주었다. 또 왓챠의 2022년 최대 화제작 〈시맨틱 에러〉 역시 리디의 웹소설에서 출발한 작품이었다. 이렇게 콘텐츠 지식재산, 즉 IP를 활용하면 한 작품의 흥행으로 끝나는 것이 아니라 연계된 작품도 함께 좋은 반응을 얻는다. 드라마를 보고 팬이 된 사람들이 웹툰과 웹소설로 유입되어 비용을 지불하고 콘텐츠를 소비하는 선순환이 일어난다.

무엇보다 웹툰과 웹소설은 적은 제작 비용으로 이야기를 테스트해볼 수 있고, 거기서 얻은 팬덤 데이터를 바탕으로 제작 투자를 할 수 있다는 장점이 있다. 즉 흥행 가능성이 높은 작품에 전략적인 투자를 할 수 있는 것이다. 이는 리스크 관리에서 매우 유리한 조건을 제공한다.

이러한 장점 때문에 웹소설과 웹툰의 중요성에 대한 기업의 인식이 높아지며, 이들과 연계를 강화하려는 움직임도 본격화되었다. 네이버는 2021년 9월 웹소설 분야 1위 플랫폼 문피아의 지분 36%를 인수하기 위해 1,082억 원 규모의 지분 투자를 단행한 바 있다. 이후 문피아는 2022년 7월 웹소설·웹툰 제작사 스튜디오제이에이치에스를 완전 자회사로 인수했다. 네이버는 이렇게 웹소설 유통과 제작 분야의 사업자 인수·합병 및 투자를 통해 네이버웹툰-문피아-

스튜디오제이에이치에스의 구도로 원작 IP를 확보할 수 있는 기반을 확대했다.

온라인 서점 예스24는 2022년 2월에 웹소설·웹툰 플랫폼 '북팔'을 인수하며 이야기 IP 경쟁에 뛰어들었다. KT는 2020년 웹툰 웹소설 기업 '스토리위즈'를 출범시켰다. 위지웍스튜디오는 2021년 장르물 전문 출판사인 고즈넉이엔티를 인수했다. 모두 웹소설 IP의 확보와 활용을 위한 기반을 구축하려는 노력이었다.

웹툰과 웹소설의 해외시장 개척이 확대되고 있다는 점도 긍정적인 부분이다. 네이버는 라인웹툰이란 이름으로 글로벌 리더십을 키워가고 있다. 카카오는 일본에는 픽코마라는 이름으로, 다른 지역에서는 카카오웹툰의 이름으로 영향력을 확대하고 있다. 또 두 회사는 각각 왓패드와 래디시라는 북미 지역 웹소설 플랫폼을 인수하며 이야기 IP의 글로벌 제작 유통 구조 형성에 투자하고 있다.

카카오엔터테인먼트는 지난 5월 미국 웹툰 플랫폼 '타파스'와 웹소설 플랫폼 '래디쉬'를 합병하며 북미 지역에서 보다 치열한 이야기 IP 경쟁 의지를 드러냈다. 네이버는 일본에서 CJ ENM, 스튜디오 드래곤과의 합작 법인인 '스튜디오드래곤 재팬'을 설립해 드라마 시장 공략에 나섰다. 한편 일본 웹툰 제작사와 일본 지상파 방송 TBS와의 합작 법인 '스튜디오 툰'을 설립했다. 이야기 IP 자체의 유통 확장과 더불어 이를 활용한 영상화 전반의 기반을 구축하기 시작한 것이다. 이를 통해 국내 작가뿐 아니라 해외 작가의 창작물에 대한 IP 활용 권리를 획득하고, 해외 팬덤을 늘려나갈 기회를 만들 것으로 보인다.

웹소설과 웹툰 IP 활용의 확대는 중·장기적으로 IP 팬덤을 축적하고 영상화하는 기회를 늘릴 수 있다. 특히 드라마의 인기가 웹툰 등 다양한 장르의 작품과 결합되면서, 이를 통해 보다 오랜 기간 넓은 지역에서 한국 콘텐츠가 사랑받을 수 있을 것으로 기대된다.

영상 IP의 확장: 시즌제, 스핀오프, 포맷

영상 콘텐츠 분야에서도 IP 활용이 확대됐다. 대표적인 전략이 콘텐츠 프랜차이즈다. 프랜차이즈 전략은 성공한 콘텐츠를 세분화하고 다시 만들고 다양한 형태로 만드는 것이다. 기존의 콘텐츠 프랜차이즈 전략은 주로 해외 작품에서 찾아볼 수 있었다. 그러나 국내에도 이러한 전략이 점차 보편화되고 있다.

당장 2022년 최대 영화 흥행작 〈범죄도시 2〉도 기존 작품의 성공을 토대로 이야기를 이어나간 작품이다. 사람들은 프렌차이즈 작품에서 앞선 작품과의 연결 지점을 찾아내고, 이를 온라인에서 대화의 소재로 삼으며 논의를 확장해나간다.

드라마에서는 티빙 오리지널로 공개된 〈유미의 세포들 2〉도 시즌제 성공 가능성을 테스트한 작품으로서 의미를 갖는다.

2022년 최대 화제작으로 남을 〈이상한 변호사 우영우〉의 경우에도, 작품이 성공을 거둔 것을 계기로 다음 시즌에 대한 가능성을 밝혔다.

예능 콘텐츠에서는 시즌제 도입에 보다 적극적이다. 〈대탈출〉의 경우, 시즌 확장뿐 아니라 '대탈출 세계관'을 구축하며 스핀오프 작품과의 연계를 강화하고 있다. 〈여고 추리반〉 등의 작품을 통해 세계관이 연결된 작품의 소비를 촉진하는 전략을 보여준다.

콘텐츠의 핵심 요소를 확장하는 스핀오프의 전략에 대한 관심도 높아졌다. 〈슬기로운 의사생활〉의 스핀오프 작품인 〈슬기로운 산촌생활〉을 예로 들어보자. 해당 작품은 드라마에서 보여준 배역과 배우의 '케미(chemistry)'를 예능 콘텐츠로 확장하는 전략을 취한다.

'슬기로운'이란 브랜드를 활용해 해당 콘텐츠와의 연계를 강조하면서, 현실 세계에서 배우들의 관계를 연결하는 방식으로 콘텐츠의 안과 밖에 모두 관심 갖게 하는 것이다. 성공한 하나의 콘텐츠를 통해 팬덤이 형성되면, 이들이 원하는 세부 내용을 조금 더 파고들어 또 하나의 콘텐츠로 완성하는 전략이 바로 스핀오프의 핵심이다.

포맷 비즈니스도 영상 콘텐츠에서 출발하는 IP의 대표 사례다. 기존에는 성공한 콘텐츠 형식의 활용 권리를 판매하는 방식으로 포맷 비즈니스가 진행되어왔다. 지금은 점차 '페이퍼 포맷'이란 형태로 처음부터 포맷화를 염두에 둔 기획을 거래하는 방식으로 진화하고 있다. 국내에서도 '썸씽스페셜'이나 '디턴'같이 페이퍼 포맷을 전문으로 기획하는 사업자도 등장하고 있다. 포맷은 성공한 콘텐츠의 형식을 차용해 국가와 지역, 언어의 장벽을 넘어 새롭게 콘텐츠를 현지화할 수 있는 전략이다. 최근에는 글로벌 OTT 서비스를 통해 동일한 포맷을 차용한 작품의 연계 소비가 활성화되면서, 포맷 자체도 프랜차이즈 IP로 활용할 가능성이 확대되고 있다.

콘텐츠 IP를 활용한 커머스 시장의 확대

콘텐츠 IP의 활용은 미디어 플랫폼에서 구독자를 모으는 단계에 그치지 않는다. IP를 활용한 커머스로 확장된다. 일정한 팬덤을 확보한 IP는 그 자체로 하나의 '브랜드'가 된다. 이를 가능하게 하는 것이 '라이선싱'이란 전략이다. 라이선싱은 저작권과 상표권 등의 IP를 특정 상품에 활용해 제조나 판매를 할 수 있도록 권리를 허가하는 것을 의미한다. 콘텐츠 IP는 라이선싱을 통해 더 큰 커머스 시장으로 사업 범위를 확대할 수 있다.

IP를 활용한 MD 굿즈는 이용자의 높은 지불 의사를 수용하며 커머스 시장을 확대해나갈 수 있다. 전통적으로 콘텐츠 비즈니스는 개별 콘텐츠의 가격이 어느 정도 균일화되어 있어 사용 인원수를 늘리는 전략을 취해왔다. 하지만 팬덤의 참여 강도가 높을수록 더 높은 지불 의사가 있는 인원을 확보할 수 있다.

개별 인원의 지불 금액을 높이는 전략은 게임에서는 다양한 인앱 결제 방식으로, 공연 등 체험 산업에서는 체험 품질에 따른 경계를 짓는 방식으로 차별적인 가격 정책을 취해왔다. 콘텐츠 IP 커머스는 디지털 콘텐츠의 가격이 어느 정도 제한된 상태에서도 별도의 굿즈 등을 소비하는 방식으로 개별 이용자의 1인당 매출을 높인다. 사업자들은 IP를 통해 확보한 힘을 수익으로 전환할 수 있다.

비즈니스 리서치 인사이트(Business Research Insights)의 분석에 따르면, 글로벌 브랜드 라이선싱 시장 규모는 2020년 2,814억 3,000만 달러(약 404조 6,963억 원)에서 2028년 4,128억8,000만 달러

(약 593조7,214억 원)에 달할 것으로 예상하고 있다. 이 기간에 연평균 5.4%(CAGR)의 성장률을 보일 것으로 예상된다.

라이선싱 인터내셔널(Licensing International)의 2022년 7월 발표에서는 2021년 소비자는 전 세계에서 라이선스 상품에 3,155억 달러를 지출했고, 이는 2019년에 비해 7.75% 증가한 수치다. 라이선스 매출에서 전자 상거래가 차지하는 비중은 2019년 22%에서 2022년 34%로 증가한 것으로 나타났다. 향후 전자 상거래의 확장 속에서 라이선싱 시장의 성장이 이어질 것이란 기대가 가능하다.

IP를 활용한 커머스 확장은 라이선싱 전략에 한정되지 않는다. K-팝 엔터테인먼트 기업은 MD[2] 굿즈 판매를 수익 모델의 하나로 적극 활용한다. 하이브는 자체 커머스 플랫폼인 위버스샵을 통해 다양한 MD 상품을 선보이고 있다. 위버스에 입점한 아티스트들의 앨범 및 굿즈 등을 위버스샵을 통해 판매하는 방식이다.

2022년 1월에는 BTS 멤버들이 직접 기획에 참여한 아티스트 메이드 컬렉션을 선보이며 화제를 모았다. 하이브는 2022년 2분기 MD 및 라이선싱 매출로 988억 원을 기록했는데, 전 분기 대비 42%, 전년 동기 대비 97.2%의 성장을 보였다. IP를 활용한 MD 상품 매출이 사업의 중요한 축으로 자리 잡고 있는 것이다. JYP도 지난 6월 소속 아티스트들의 앨범과 공식 상품을 판매하는 'JYP SHOP'을 오픈하며 MD 사업을 강화하기 시작했다.

---

2. 머천다이징(merchandising). 제조업자나 유통업자가 시장조사에 입각해 적절한 상품의 개발이나 가격·분량·판매 방법 따위를 계획하는 것. 상품화 계획.

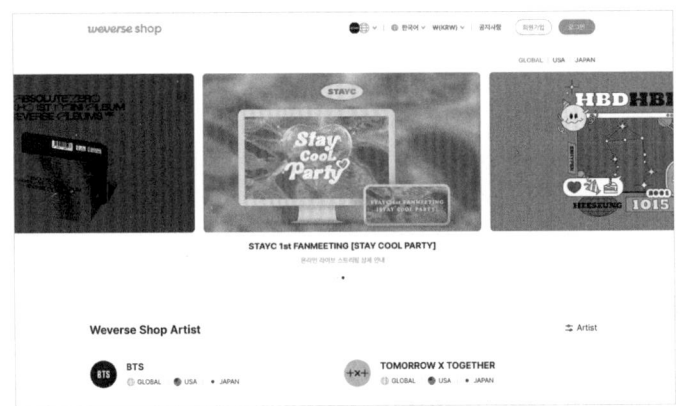

여러 K-팝 아이돌의 굿즈를 판매하는 위버스샵 메인 화면. 출처: 위버스샵 홈페이지

셀러브리티가 자신의 브랜드를 IP로 확장하는 사례도 늘고 있다. 손흥민은 프리미어 리그 득점왕에 등극한 직후 개인 브랜드 'NOS7'을 론칭했다. 2022년 6월 17일 브랜드 론칭 첫날 분더샵에는 많은 사람들이 '오픈런'을 위해 몰려들었다. 가수 박재범은 '원소주'를 론칭한 3월, 팝업 스토어에서 일주일간 2만 병의 물량을 소진하며 화제를 모았다. 이후 GS의 유통망을 통해 판매한 원소주 스피릿은 초도 물량 20만 병이 출시 직후 품절되기도 했다.

팬덤의 구매력이 확대되면서 등장한 신조어 '팬슈머(fansumer)'는 IP 커머스의 발전 방향을 잘 보여주는 단어다. 《트렌드코리아 2020》에 등장한 개념인 팬슈머는 팬(fan)과 소비자(consumer)의 합성어로, 단순한 소비에 그치는 것이 아니라 제품의 기획, 제조, 유통 등 전 과정에 관여해 브랜드를 키워내는 소비자를 의미한다.

팬들의 요구를 반영한 상품 기획이 성공으로 이어지는 사례가 늘어나면서, 팬들의 적극적인 참여를 확대할 수 있는 기회도 늘어나고 있다. 와디즈 같은 크라우드 펀딩 플랫폼이 대표적이다. 팬덤의 적극적인 구매 행위는 IP 커머스를 더욱 강화하는 동력이 되고 있으며, 다양한 크리에이터 IP가 성장할 기회를 제공한다.

IP 소비의 세대 확장: 잔망루피와 포켓몬이 보여주는 추억의 힘

콘텐츠 IP의 소비 주기가 연장되고 있다. 라이선싱 인터내셔널의 발표를 보면 포켓몬, 디즈니, 마블 히어로 등 전통적인 슈퍼 IP의 영향력이 코로나19 팬데믹 기간에도 유지되었다. 팬데믹 기간의 불확실성을 마주한 소비자가 친숙한 캐릭터에 주목하면서 기존에 인기 있는 캐릭터의 실적이 유지된 것이다. 그동안 한국에서는 이렇게 중·장기적인 소비를 이끌어낼 IP가 없어 아쉬웠다. 성공한 IP를 이어나가는 문화가 정착한 미국과 일본에 비해, 한국에서는 단기적인 흥행에 집중하는 것이 일반적이었고, 오랜 기간 작품을 이어나갈 수 있는 환경도 부족했기 때문이다.

　이런 점에서 '잔망루피'의 등장은 한국 IP 소비 환경에 나타난 변화를 보여주는 중요한 사례. 잔망루피는 뽀로로의 캐릭터인 '루피'를 젊은 세대의 감성에 맞추어 변형한 캐릭터다. 2022년에도 다양한 브랜드와 협업하며 인기를 이어가고 있다.

　2020년 인터넷에서 떠도는 밈으로 소비되던 변형된 루피 이미지에서 가능성을 확인한 아이코닉스는 이모티콘을 시작으로 본격적인 IP 확장 전략을 펼쳤다. 2022년 8월 현재 잔망루피의 인스타그램 팔로워 수는 17만 2,000명에 달한다. 잔망루피만의 이야기를 담는 유튜브 채널도 별도로 개설했다.

잔망루피 열풍의 이면에는 미디어 세대의 변화가 자리 잡고 있다. 루피가 등장하는 〈뽀롱뽀롱 뽀로로〉는 2003년 첫 시즌이 방영된 이후 2020~2021년에 7기까지 방영된 애니메이션이다. 19년 동안 사랑받은 장수 콘텐츠다. 뽀로로의 주 시청층은 주로 0~4세 영·유아였는데 당시의 유아들이 20년 정도의 시간이 지나며 20대로 성장한 것이다. 〈뽀롱뽀롱 뽀로로〉의 경쟁 작품이었던 〈냉장고 나라 코코몽〉이 2008년, 〈꼬마버스 타요〉가 2010년, 〈로보카 폴리〉가 2011년에 방영되었다는 점을 고려한다면, 대략 5년 동안 뽀로로는 동 세대 아이들에게 독보적인 지위를 갖는 작품이었다. 어린 시절 '뽀로로'의 추억을 지닌 세대가 성인으로 진입하는 시점에 등장한 '잔망루피'의 성공은 한국의 IP도 오랜 기간에 걸쳐 세대를 이어가는 생명력을 가질 수 있다는 가능성을 보여주었다.

2022년 콘텐츠 IP 분야에서 가장 큰 현상 중 하나인 '포켓몬빵 열풍'도 이러한 '추억 소비'로 해석된다. 2022년 2월에 출시된 SPC의 '돌아온 포켓몬 빵'은 1998년 처음 출시된 빵에 동봉된 '띠부실'[3]을 재현하면서 2030 세대와 아이들에게 큰 사랑을 받았다. 심지어 재고 부족으로 품귀 현상도 이어졌다. 포켓몬빵은 2022년 7월 기준으로 4,400만 개의 누적 판매량을 기록했다.

---

3. 떼었다 붙였다 하는 스티커.

잔망루피 인스타그램.

띠부실이 들어간 포켓몬빵. 출처: SPC삼립 홈페이지

포켓몬빵 열풍은 포켓몬 IP 전체의 동반 성장으로 이어졌다. 아이지에이웍스에 따르면 2022년 5월 포켓몬 IP를 활용한 모바일 AR 게임 '포켓몬고'는 국내 이용자 수가 게임 앱 기준으로 3월 말 6위에서 5월 기준 3위로 올랐으며, 8월에는 2개월 연속으로 국내 이용자 1위를 기록했다. 이때 월간 활성 이용자 수는 플랫폼 합산 200만 4,248명에 달했다.

잔망루피와 포켓몬빵의 성공에서 두 가지 공통점을 확인할 수 있다. 먼저 현재 20대가 추억의 대상으로 삼는 시기인 2000년대 초반 경험의 활용 가능성이다. 2000년대 초반의 추억을 소비하는 현상은 다양한 사례에서 확인할 수 있다. 하이브의 '뉴진스'도 2000년대 초반에서 시각 요소 레퍼런스를 가져왔으며, 〈뽕뽕 지구오락실〉에서도 2000년대 초반의 패션과 문화 코드를 적극적으로 차용했다.

〈놀면 뭐하니?〉의 핵심 콘텐츠였던 'SG워너비'와 'MSG워너비' 역시 2000년대 미디엄 템포 발라드 음악을 추억의 대상으로 삼는다. 한동안 1990년대 콘텐츠가 유행하더니, 이제 2000년대 콘텐츠로 유행이 넘어왔다. 그 이유는 현재 콘텐츠 트렌드를 이끄는 주력 세대가 추억하는 시대가 변화했기 때문이다.

두 번째 공통점은 IP 확장의 기회를 놓치지 않고, 적극적인 연계 활동을 통해 영향력을 키웠다는 것이다. 이때 온라인 환경에서 나타난 '바이럴'의 기회를 놓치지 않는 것이 중요하다. 잔망루피는 인터넷 밈으로 활용되던 이미지에서 출발했고, 포켓몬빵은 이를 구하기 위한 노력이 소셜 미디어를 통해 바이럴되면서 더 큰 신드롬으로 이어졌다. 또 일단 주목을 얻은 이후로는 다양한 연계 이벤트와 컬래버레이션을 통해 IP 확장력을 극대화했다. 향후 다양한 IP도 이러한 성장과 확장의 전략을 차용하면 좋을 것이다.

구조 변화: 콘텐츠 IP 비즈니스에 영향을 주는 요인

콘텐츠 IP 산업 변화의 방향성을 이해하기 위해서는 먼저 이들을 둘러싼 산업 생태계의 구조를 확인해야 한다. 다음의 콘텐츠 IP 생태계 그림을 중심으로 이를 살펴보자.

먼저 콘텐츠 IP의 권리 단계가 있다. 원천 IP는 콘텐츠 내부의 캐릭터, 세계관 등 세부 요소로 구성되며, 이는 웹툰, 드라마, 영화 등 단

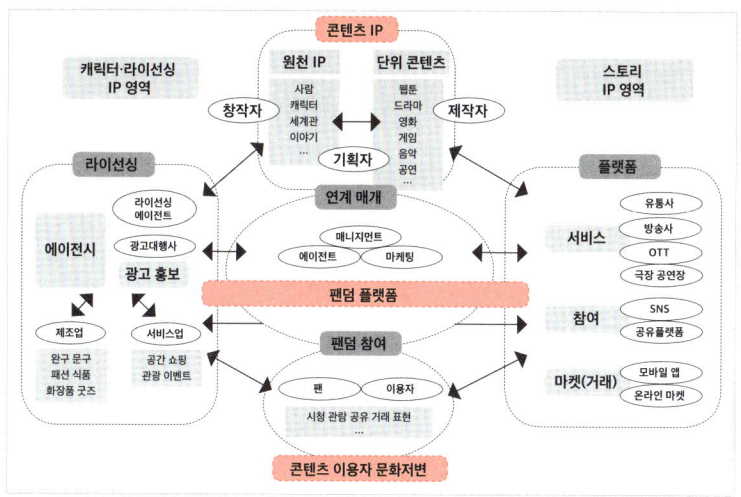

콘텐츠 IP 생태계 구조. 출처: 김규찬, 이상규 외(2021). 콘텐츠 지식 재산(IP)과 가치 사슬 변화 연구, 한국문화관광연구원

위 콘텐츠로 표현된다. 여기에 참여하는 핵심 주체는 창작자, 기획자, 제작자다. 이렇게 창출된 콘텐츠 IP는 이야기 IP 영역과 캐릭터-라이선싱 IP 영역으로 확장된다. 이야기 IP로의 확장은 전통적인 미디어-콘텐츠 산업에서의 활용이라면, 라이선싱 IP로의 확장은 커머스 등 타 산업 분야로의 확장에 해당된다. 이러한 영역 확장과 더불어 콘텐츠 IP 가치의 원천인 팬덤의 참여를 연결하는 팬덤 플랫폼의 비중이 높아지고 있다.

원천IP의 권리화: 콘텐츠 IP가 될 수 있는 것

앞으로 콘텐츠 IP 비즈니스는 어떤 방향으로 진화할까? 콘텐츠 IP는 콘텐츠 확장의 원천이란 개념을 포함한다. 웹소설이 웹툰이 되고, 웹툰이 드라마가 되는 장르 확장의 방식이다. 더 세부적으로 뜯어보면, 이렇게 '원천'이 될 수 있는 요소가 반드시 개별 콘텐츠에 한정되지는 않는다. 또 콘텐츠의 세부 요소가 다른 콘텐츠의 출발점이 되기도 한다.

스핀오프란 개념은 바로 이러한 현상을 지칭한다. 〈토이스토리〉의 서사 중 일부인 '인간 캐릭터 앤디가 즐겨 보던 애니메이션 영화'라는 요소를 발전시켜 〈버즈 라이트 이어〉란 작품이 탄생했다. 즉 캐릭터도 중요한 IP의 요소가 된다. 〈슈퍼배드〉의 인기 캐릭터 〈미니언즈〉를 독립적인 IP로 확장한 것도 같은 전략이다.

현실의 이야기 역시 중요한 콘텐츠 IP 자원이다. 〈이상한 변호사 우영우〉(이하 〈우영우〉)는 IP 확보 전략의 다변화를 보여줬다. 〈우영우〉는 실화 기반 법률 에세이에서 일부 에피소드의 원안을 발굴했고, 이에 대해 정식 이용 계약도 체결한 것으로 알려졌다. 다수의 실화 기반 작품의 경우, 실존 인물의 서사를 활용하려 할 때 일정한 동의와 보상 과정을 거친다. 이렇게 실화에서 출발하는 이야기는 앞으로도 늘어날 예정이다. 넷플릭스 오리지널 영화로 공개된 〈수리남〉도 2009년 브라질에서 체포된 한국인 마약상의 실화에서 출발한 이야기다. 실화 기반 이야기는 현실에 이미 존재했던 이야기란 점에서 개연성을 확보할 수 있으며, 이를 개발하는 과정에서 보다 저렴한 비용으로 강력한 IP를 창출할 수 있다는 강점이 있다.

비즈니스 관점에선 IP를 다른 사업을 통한 수익 확보 요소로도 볼 수 있다. 방송 영상 분야에서 오랫동안 중요한 IP 요소로 간주되었던 OST, 즉 음악이 대표적인 사례다. OTT의 음악 저작권 보상 요율을 둘러싼 논쟁과 글로벌 진출 기회 확장은 음악의 중요성을 일깨웠다. 현실적으로 해외로 진출하기 위해서는 작품에 삽입된 음악 저작권의 사용 범위도 새롭게 협상하고 계약해야 한다. 한국의 방송 사업자는 음악에 대해 포괄적 이용 허락을 받을 수 있는 법적 지위를 갖고 있다. 하지만 OTT 오리지널의 경우 제도 바깥에 놓여 있어 음악 활용에 1차적인 제약을 받는다. 게다가 해외 진출을 위해서는 음악 저작권 확보를 위한 확인 과정을 다시 한번 거쳐야 한다. 이런 요인들은 자체 '음악 저작물' 확보와 활용의 필요성을 높였다.

넷플릭스 오리지널 예능인 〈먹보와 털보〉는 주요 삽입곡으로 음악감독인 이상순이 작곡한 작품을 활용한다. 음악을 만드는 과정은 콘텐츠 내용으로 활용되고, 결과물도 음악 저작물로 활용된다.

이를 통해 해외에 동시에 공급되는 작품의 음악 저작권도 보다 선명하게 정리되었다. 과거 방송 사업자와 드라마 제작사의 IP 관련 협상의 핵심 요소도 바로 OST 권리 확보였다. 자체 음악 제작은 음원 비즈니스를 통한 수익화 가능성과 음악 사용 비용의 절감이란 이중 성과를 제공한다. 이런 점에서 음악도 콘텐츠 분야에서 주목할 만한 IP라 할 수 있다.

캐릭터와 아트워크도 사업화 가능한 IP 요소다. 특히 상품화 가능한 방식으로 구축된 캐릭터는 라이선싱의 핵심 요소. 아트워크를 활용한 굿즈는 콘텐츠 마케팅의 핵심 소재로 활용되며, 콘텐츠의 영향력이 확대될 경우 실제 수익화 단계로도 이어진다. 이들은 하나의 콘텐츠에 복합적으로 존재하면서, 각각의 사업화 권리를 분리해서 거래할 수도 있다.

결국 콘텐츠 IP 확장의 실질적 범위는 '비즈니스 모델'과 긴밀히 연결되어 있다. OST는 음악 비즈니스와 연결되어 있고, 캐릭터와 아트워크는 '굿즈' 시장과 연결되어 있다. 새로운 비즈니스 가능성을 발견할 수 있다면, 그것과 직결되는 요소들은 자체로 독립적인 IP로 발전할 수 있는 것이다.

이야기 IP 가치 사슬: 스튜디오 시스템의 확대

이야기 IP의 확장이 가시화되면서 이를 둘러싼 인수·합병과 합종연횡도 강화되고 있다. 원천 IP를 확보하기 위한 주요 IT 기업의 웹소설 및 웹툰 사업자 인수 사례뿐 아니라 이를 보다 효과적으로 제작으로 연결하는 '스튜디오 시스템'으로의 전환도 가속화되고 있다. SLL[4] 같이 기존 방송 사업자와 연계된 제작 조직이 스튜디오로 진화하거나, KT 스튜디오지니처럼 통신 사업자의 미디어 콘텐츠 자회사가 대표적인 사례다. 국내 OTT 서비스 웨이브도 2021년 자체 콘텐츠를 기획·개발하는 스튜디오 웨이브를 출범시켰다 IT 플랫폼 기업 네이버도 웹툰 등 이야기 IP 역량을 영상으로 확장하기 위해 스튜디오N을 운영하고 있다. '스튜디오드래곤'의 출범으로 시작된 한국형 스튜디오 시스템이 2022년 스튜디오지니와 SLL 등 스튜디오의 확장으로 이어진 것이다.

한국형 스튜디오는 대부분 기획 단계에서 IP의 선정과 확보, 유

---

[4] 스튜디오룰루랄라의 새로운 사명.

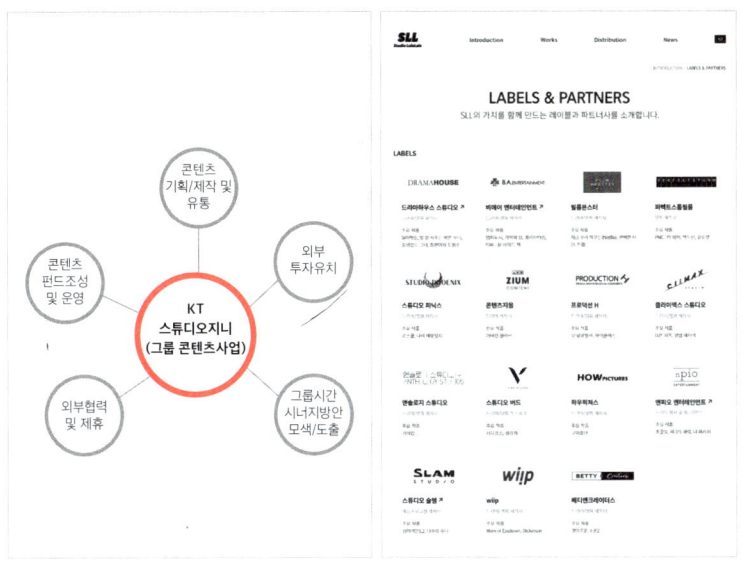

KT스튜디오지니의 구조(좌)와 SLL 스튜디오의 주요 레이블(우). 출처: KT, SLL

통 채널 확보 단계에서 IP 권리에 대한 협상, 그리고 이후 IP 비즈니스 확장의 측면에서 적극적인 역할을 담당한다. 유연한 IP 전략을 수행하기 위해서는 개별 유통 플랫폼과 일정 정도 거리를 둔, 중간 위치에서의 활동이 필요하다는 점도 콘텐츠 IP 부문에서 스튜디오의 입지를 강화했다. 개별 독립 제작사에서 다루기 어려웠던 IP 전략을 전담하면서, 스튜디오는 콘텐츠 IP 중심의 영상 콘텐츠 시장 재편의 핵심적인 주체로 부상했다.

KT 그룹의 '스튜디오지니'는 KT 그룹의 미디어 콘텐츠 역량을 모아 투자·기획·제작·유통을 아우르는 역할을 담당하는 전문 기업이다. '스튜디오 지니'의 출범은 IPTV가 중심이 되었던 유료 방송 중심의 콘텐츠 유통 흐름이 OTT 중심으로 재편되고, 콘텐츠 분야의 경쟁력 확보가 중요해지고 있음을 보여준다.

방송 사업자 JTBC 계열의 SLL은 기존 JTBC 스튜디오를 개편한 것으로, JTBC 방송 채널에 한정된 사업이 아닌, 글로벌 시장 개척 등 보다 확장된 사업 추진을 목표로 한다. SLL의 특징 중 하나는 15개의 독립된 제작사를 '제작 레이블'이란 이름으로 연계하고 있다는 점이다. 이는 자체 OTT 서비스가 없는 스튜디오라는 한계를 창작 영역의 자율성과 독립성을 바탕으로 한 콘텐츠 경쟁력 강화로 돌파하려는 전략이다.

CJ ENM은 '멀티 스튜디오' 전략을 내세우고 있다. 지난 4월 'CJ ENM 스튜디오스'라는 새로운 스튜디오를 설립하면서 기존 '스튜디오드래곤'과 '엔데버콘텐트'를 포함한 3대 축으로 구성된 '멀티 스튜디오'를 구축한 것이다. 'CJ ENM 스튜디오스'는 국내외 OTT를 타깃으로 하는 멀티 장르 콘텐츠 기획 개발과 제작을 맡게 되며, 스튜디오드래곤은 드라마 장르 중심의 기획과 제작을, 글로벌 스튜디오인 엔데버콘텐트는 미국 현지에 콘텐츠를 유통하는 역할을 담당한다.

CJ ENM의 멀티 스튜디오 전략은 OTT 중심의 시장 변화의 영향력이 드라마를 넘어 예능 등 다양한 장르로 확대되고 있음을 보여준다. 또 엔데버콘텐트의 인수는 OTT 서비스가 글로벌 콘텐츠 시장에 대한 접근성을 높여주면서, 한국의 영상 콘텐츠 산업이 글로벌 유통을 고려한 전략을 수립하기 시작했음을 보여준다.

스튜디오 중심의 영상 콘텐츠 기획-제작은 OTT 중심의 산업 변화 속에서 우수한 콘텐츠를 확보하기 위한 효율적 구조를 확보하기 위함이다. OTT의 등장으로 유통 플랫폼의 경로가 다양해지는 과정에서 등장한 '스튜디오'들은 제작 자원을 모으는 구심점이 되고 있다. 스튜디오들은 앞으로 콘텐츠 IP 전략의 기획과 수행에서 기존 조직보다 적극적인 역할을 할 수 있을 것이다.

특히 〈오징어 게임〉이 성공을 거둔 이후 플랫폼과 제작사 간 IP 권리 배분에 대한 문제 제기가 이어지는 환경을 고려할 때, 스튜디오 시스템의 중요성은 더 높아질 수 있다. 이들 스튜디오는 가치 사슬 측면에선 '기획 제작' 역할을 담당하지만, 실제 제작 과정에서는 규모가 더 작은 제작사와 협력하며 전략적으로 IP를 확보하고 활용하는 주체로 성장해나갈 것으로 보인다.

라이선싱 IP 가치 사슬: 콘텐츠 IP 활용 산업의 구조와 팬덤-커머스 플랫폼의 성장

콘텐츠 IP와 커머스의 연결은 미디어 커머스를 보다 확장했다. 콘텐츠가 묶어주는 팬덤의 힘을 커머스로 연결해 IP의 확장성과 수익성을 강화했다. 이는 팬덤의 충성도가 높은 셀러브리티 IP를 중심으로 더 빠르게 확대되고 있다.

커머스를 돕는 플랫폼의 성장은 변화를 가속화하고 있다. 콘텐츠 사업자가 커머스 영역의 연결성을 확보하기 위해서는 많은 자원이 필요하다. 상품의 기획·생산·유통 과정은 디지털 재화인 콘텐츠와 달리 물리적인 공간과 제조 과정, 물류와 재고 관리 등의 요소를 고려해야

하이트진로와 협업해 진행한 와디즈 팬즈 메이커. 출처: 와디즈 블로그

한다. 이러한 자원을 확보하는 것이 쉽지 않은 상황에서 콘텐츠 커머스는 비즈니스 여력이 있는 소수의 대형 사업자에게 한정될 수밖에 없다.

하지만 크라우드 펀딩 기반 커머스 플랫폼의 성장은 작은 IP에도 커머스 비즈니스에 접근할 수 있게 했다. 와디즈는 크라우드 펀딩 플랫폼으로 다양한 상품의 펀딩을 주도해왔다. 현재는 대형 IP들과 협력해 굿즈 펀딩 플랫폼으로서 입지를 강화하고 있다. 또 이 노하우를 작은 IP들의 굿즈 펀딩으로 확장해나가고 있다. 2021년에는 IP 펀딩 프로그램인 '팬즈메이커(Fanz Maker)'를 론칭했다. 팬즈메이커는 IP 보유자와 메이커를 연결해 제품 개발과 펀딩을 종합적으로 지원하는 사업이다. 2022년 4월에 하이트진로와 협업을 통해 출시한 '진로 두

꺼비 디스펜서 & 쿨러'는 총 5억1,000만 원의 펀딩 금액을 달성하면서 '팬즈메이커' 사상 최대 실적을 거뒀다.

와디즈의 강점은 메이커들과의 협력 구조다. 기존에 이미 펀딩 과정에서 협력 관계를 형성한 메이커들의 풀(pool)을 바탕으로, IP 사업자와의 연결을 중개할 수 있는 것이다.

IP 비즈니스의 확장성이 증가하면서, 이를 다른 사업과 연계하려는 플랫폼도 늘어났다. K-팝 분야에서는 위버스 같은 대형 팬덤 플랫폼에서 이러한 통합적 접근을 시도했다. IP와 커머스의 연계 가능성에 대한 기대가 높아지면서, 이에 대한 투자와 합종연횡 사례도 늘어나고 있다. 특히 2022년에는 새롭게 부상하는 IP 커머스 플랫폼에 대한 투자가 이어졌다. 아티스트 IP 플랫폼 '원더월'이 투자를 유치하고, 위지윅이 IP 커머스 플랫폼에 투자했다.

원더월은 아티스트가 주도하는 강의를 제공하는 웹 서비스이자 협업 굿즈 판매로 연결하는 종합 셀러브리티 IP 플랫폼을 지향한다. 원더월을 운영하는 노머스는 2022년 5월 250억 원 규모의 시리즈C 투자를 유치했다. 아티스트가 참여하는 클래스를 출발점으로, 아티스트 IP를 활용한 종합 비즈니스 플랫폼으로 자리 잡고 있는 것이다.

크리에이터를 위한 커머스 플랫폼도 확장되고 있다. 마플샵, 오라운드, 젤리크루 같은 사업자는 크리에이터가 직접 굿즈를 만들어 유통할 수 있는 플랫폼이다. 이들은 다양한 아트워크를 주요 핵심 상품에 적용하는 상품화를 지원한다. 얼킨 캔버스도 유사한 전략을 구사한다. 확보된 아티스트 IP를 적극적으로 활용해 나만의 굿즈를 만들

기회를 제공한다.

비마이프렌즈가 운영하는 비스테이지는 크리에이터가 스스로 콘텐츠 유통과 상호작용, 굿즈 판매 등을 할 수 있는 '비스포크 플랫폼 빌더'를 표방한다. 2022년 최고의 화제작인 〈우영우〉가 비스테이지를 활용한 팬 플랫폼을 구축해서 화제를 모았다. 비스테이지에서는 커뮤니티를 구축하고, 굿즈 판매 쇼핑몰을 구축하며, 예고편 및 부가 영상 업로드 등 콘텐츠 공급도 이어나갈 수 있다. 비스테이지를 운영하는 비마이프렌즈는 지난 5월 CJ와 CJ올리브네트웍스로부터 총 224억 원 규모의 투자를 유치했다. 이 플랫폼들은 창작자가 자신의 창작물을 거래하고, 부가 활동을 연결하고, 구독과 소통, 커머스 등 상업적 성과를 하나의 채널에서 통합적으로 수행할 수 있게 해준다. 다만, 양면 시장의 관점에서 각자의 강점과 필요에 따라 조금씩 다른 위치를 점유한다. 예를 들어 비마이프렌즈는 IP와 팬덤의 소통에 먼저 중점을 둔다. 와디즈는 IP가 메이커와 소비자를 만나는 장을 제공한다. 원더월은 셀러브리티 IP에 특화해 굿즈 기획과 유통에 주력한다.

IP 비즈니스 모델 확장 과정에서 디지털 기술은 팬덤의 상호 소통과 결집을 가능하게 했고, 이러한 연결된 개인(networked individual)의 힘은 다시 IP 비즈니스의 성장성을 높이는 동력이 되었다. 그러나 다른 한편에서 이것은 양날의 검과 같다. 즉 IP의 진정성과 가치를 떨어뜨릴 수 있는 사업자의 선택에 대한 역풍 또한 강화될 수 있다. 콘텐츠 사업자는 IP 비즈니스를 확장하는 과정에서 팬덤과 연결성이 높아지는 만큼, 이에 대한 직접적인 커뮤니케이션 부담에 대한 대응 전략도 함께 고려해야 한다.

　팬덤 플랫폼은 팬덤과 IP가 연결되는 접점을 만들며 향후 다양한 방향으로 확장할 수 있다. 또 이들은 언제든지 기능과 특성을 변화시킬 수 있는 '액체 미디어'의 성격을 갖는다. 커뮤니티와 커머스, 콘텐츠 소비 유통 창구의 기능을 확장해나갈 수 있다. 개별 플랫폼에서 모든 기능을 수행하지 않더라도, 다른 플랫폼과 연결, 협력을 통해 비즈니스 확장에 기여할 수 있다.

　디지털 환경에서는 전통적인 브랜드의 지형에 양극화가 나타나고 있다. 개별 상품 브랜드는 생산 요소의 분할 활용을 가능하게 하는 플랫폼 역할을 하는 기업에 의해 해체되고 있다. 화장품에서는 코스맥스 같은 ODM 기업이 소규모 브랜드의 생산 비용을 낮추는 방식으로 영향력을 확장한다. 반도체에서 '파운드리'의 영향력이 확대되는 현상도 이와 비슷하다. 이때 브랜드의 힘은 상품 제조 역량을 갖춘 일부 기업을 제외하면, 소비자 접점 관계의 영역으로 축소된다.

　이런 환경에서 팬덤을 모을 수 있는 IP는 '브랜드'로서 가치를 지니게 된다. 브랜드 지위를 확보한 IP는 새로운 비즈니스 모델과 결합할 수 있다. 이 단계에서 IP는 다양한 브랜드와 경쟁한다. 브랜드의 힘은 다양한 비즈니스의 확장을 묶어준다는 점에서, 콘텐츠 IP는 팬덤의 연결을 기반으로 브랜드로서 사업적 영향력을 발휘해나갈 것이다.

변화 읽기: 콘텐츠 IP 산업의 변화 방향

글로벌 슈퍼 IP 확장의 본격화

2022년 상반기에 글로벌 시장에서 좋은 성과를 거둔 〈사내맞선〉은 카카오 엔터테인먼트의 '슈퍼 IP' 프로젝트였다. 〈사내맞선〉은 2022년 4월 6일 플릭스패트롤 기준 TV 쇼 부문 세계 2위를 기록하는 등 전 세계적으로 큰 성공을 거뒀다. 〈사내맞선〉은 본래 웹소설에서 출발해 웹툰을 거쳐 드라마로 확장되었다. 카카오엔터테인먼트에서 데이터를 분석한 결과, 작품 구매 전환율과 완결까지 독자를 유지하는 리텐션 항목 등에서 높은 성과를 냈고, 해외 인터뷰 등을 통해 '슈퍼 IP 프로젝트'의 대상으로 선정해 전략적으로 확장한 작품이다.

〈사내맞선〉을 통해 웹소설과 웹툰으로 이야기와 팬덤의 힘을 확인한 작품을 글로벌로 확장하는 전략이 성공 가능하다는 것을 확인했다. 앞으로 이런 전략적 확장은 계속될 것으로 보인다. 카카오엔터테인먼트는 2022년 슈퍼 웹툰 프로젝트를 통해 〈세이렌〉 등의 작품을 확장할 계획을 발표했다. 〈세이렌〉은 웹소설과 웹툰에서 약 5,000만 회에 달하는 조회 수를 기록한 작품으로, 2022년 4월부터 본격적으로 글로벌 확장을 시작했다.

슈퍼 IP가 가능한 이유는 이들 IP를 웹소설, 웹툰을 통해 유통할 수 있는 플랫폼 기반이 마련되었기 때문이다. 카카오엔터테인먼트는 2021년 태국과 대만에 카카오웹툰을 진출시켰고, 북미의 웹툰 플랫폼 타파스를 인수하는 등 웹툰의 글로벌 확장을 위한 기반을 구축했다. 일본 시장에서는 픽코마 앱이 웹툰 시장에서 1위를 유지하고 있으며, 프랑스에도 2022년 3월 서비스를 시작했다.

네이버 역시 라인 웹툰이 해외에서 높은 실적을 거두고 있다. 2022년 8월 2분기 실적 자료에 따르면 네이버의 1분기 글로벌 웹툰 사업[5] 매출은 2,323억 원에 달하며, 이중 한국은 919억 원, 일본 시장은 1,124억 원으로 높은 비중을 차지하고 있다. 아직 수익이 나지는 않았지만 미국에서의 성과도 확대되고 있으며, 왓패드 인수를 통해 보다 유기적인 시장 확대를 시도할 수 있는 기반을 마련했다. 즉 웹소설과 웹툰 시장에서 글로벌 팬덤 확보가 가능한 구조가 마련되었고, 이를 본격적으로 활용한 IP 확장이 시작된 것이다.

이야기 IP를 활용한 영상화 확장은 드라마에만 한정되는 것은 아니다. 특히 이미 글로벌 시장에서 많은 팬덤을 확보한 웹소설 〈나 혼자만 레벨업〉의 본격적인 IP 확장은 글로벌에서 한국 콘텐츠 IP의 영향력에 대한 인식을 새롭게 만들었다. 〈나 혼자만 레벨업〉은 2016년 웹소설로 시작해 2018년 웹툰화되었고, 2021년 12월 29일 웹툰이 완결되었다. 세계 누적 142억 뷰를 기록한 대표적인 슈퍼 IP다. 프랑스에서 2021년 단행본 매출 4위를 기록하고, 미국에서는 2022년 6월 아마존 오리지널 판매량 톱 20 중 1·2·3·6위를 〈나 혼자만 레벨업〉 단행본이 차지하는 등 해외 성과도 높다.

특히 2023년 공개를 목표로 하는 애니메이션에 대한 기대가 높

---

5. 한국, 일본, 미국, 기타.

다. 애니메이션 전문 OTT 플랫폼 크런치롤(Crunchroll)이 투자하고, 〈소드 아트 온라인〉, 〈일곱 개의 대죄〉, 〈나만이 없는 거리〉 등 작품을 만들어온 일본의 A-1 픽처스가 제작한다. 이미 웹툰이 글로벌 시장에서 인정받은 작품이기 때문에, 애니메이션화를 통해 더 큰 성과를 거둘 것으로 기대된다.

마이크로 IP의 성장에 대한 기대

크리에이터가 팬덤과 소통하고 자신의 콘텐츠를 사업으로 연결하는 것을 돕는 다양한 플랫폼 서비스는 과거보다 더 적은 자원으로 지속 가능한 창작 활동을 가능하게 만들었다. 이 점에서 소규모 IP, 즉 '마이크로 IP'의 성장에 대한 기대를 갖게 한다. 이미 인스타그램과 같은 소셜 미디어에서는 수많은 창작자가 자신의 IP를 기반으로 활동하고 있다. 소셜 미디어를 통해 팬덤을 모은 이들은 MD 굿즈를 만들어 판매하거나, 다양한 협찬 활동을 통해 수익 기회를 만들고 창작을 이어 나간다.

헤먼트 타네자(Hemant Taneja)와 케빈 매이니(Kevin Maney)의 《언스케일(Unscaled)》은 디지털 플랫폼 기술이 열어준 '탈규모의 경제'의 가능성에 대해 말한다. 플랫폼 기술은 과거에 대형화를 통해서만 얻을 수 있던 자원의 연계를 가능하게 해주며, 소규모 비즈니스도 지속 가능한 형태로 존재할 기회를 열어준다. 크리에이터-커머스-팬덤 플랫폼은 이런 기회를 열어주는 기반이다. 예를 들어 '빅크'는 크리에이터 스스로가 IP로 성장할 수 있는 기반을 제공한다. 크리에이터가 자신만의 브랜드 맴버십 페이지를 손쉽게 만들어 팬덤과 연결해주며, 데이터 분석을 통해 IP 수익을 확장할 수 있게 도와준다. '비스테이지'는 중소 규모 IP도 데이터 기반의 팬덤 연계 활동을 이어갈 수 있게 보다 팬덤 비즈니스 플랫폼을 맞춤형으로 제공해준다.

이 서비스들은 누구나 크리에이터로 성장하고, 자기만의 작은 IP를 지속 가능한 비즈니스로 이어갈 수 있도록 기술적 환경을 마련해주는 것을 목표로 한다.

사실 우리는 유튜브를 통해 이러한 변화를 경험한 바 있다. 유튜브는 다양한 크리에이터에게 수익을 창출하고 그들의 팬덤과 연결할 기회를 만들어주었다. 그 결과 다양한 창작자들이 콘텐츠를 통해 성장하고 공존할 수 있는 콘텐츠 생태계가 마련되었다. 디지털 기술의 발전과 더불어 다양한 마이크로 IP가 공존하며 성장하리라는 기대를 갖게 되는 것도 이 때문이다.

콘텐츠 산업의 성장은 늘 대형 콘텐츠로의 쏠림과 다양한 콘텐츠로의 분화라는 양방향이 교차하며 이루어진다. 단기적으로는 많은 이들이 소수의 대형 콘텐츠에 열광하지만, 팬덤의 취향은 빠르게 바뀐다. 변화가 빠른 지금의 미디어 콘텐츠 환경에서는 리스크 요인이다. 해결 전략 중 하나는 다양성을 위한 투자를 이어가는 것이다. 마이크로 IP는 '종 다양성'의 관점에서 콘텐츠 산업의 역동성을 만들어내는 소중한 존재다.

높은 '종 다양성'을 갖춘 생태계가 변화하는 환경에 적응하는 데 유리하듯, 마이크로 IP가 만들어내는 다양성은 빠른 변화에 대한 적응을 가능하게 해준다. 크고 작은 다양한 IP가 공존해야 다음 시대를 주도할 잠재적인 슈퍼 IP가 준비될 수 있다. 다양한 취향을 만족시키는 IP가 공존하는 환경은 새로운 시대의 슈퍼 IP 탄생을 위해 필수 조건이다.

마이크로 IP는 IP 비즈니스의 산업적 저변을 넓히는 데도 중요한 역할을 한다. 다양한 IP 기반의 비즈니스가 활성화되면서, IP에 대해 이해하는 인력이 성장할 수 있다. IP 비즈니스의 고도화를 위해선 IP 관련 법률 지식과 라이선싱 등에서 전문성을 갖춘 인적자원이 매우 중요하다. 이렇게 다양한 중소 IP가 공존하는 토대 위에서 콘텐츠 IP 산업의 지속 가능한 성장도 가능하다.

콘텐츠 IP 권리에 대한 민감성 확대

콘텐츠 IP의 산업적 중요성이 높아지고, 마이크로 IP같이 작은 규모의 크리에이터가 성장하는 과정에서 적지 않은 IP 관련 분쟁이 나타날 수 있다. 콘텐츠 IP를 통해 수익을 얻을 수 있는 기회와 방법이 늘어나다 보니, 과거보다 IP 확보를 위한 전략에 대한 고민도 늘어났다. 또 창작자와 플랫폼 및 스튜디오 등과의 적절한 권리 배분과 보상에 대한 서로 다른 기준으로 인한 갈등도 늘어날 가능성이 높다. 영상 IP 분야의 IP 권리 관계를 둘러싼 갈등도, 이종 장르 간의 융합이 이루어지는 과정에서 확대될 수 있다.

IP 권리 확보를 둘러싼 정책적 쟁점이 〈오징어 게임〉을 통해 촉발되었다는 점에서 영상 콘텐츠 분야에서 저작권 관련 제도 개선의 필요성은 앞으로 지속적으로 제기될 것이다. 글과 음악 같은 저작물과 달리, 복합 저작물로서 영상 콘텐츠는 권리 관계의 복잡성을 완화하기 위해 저작권법에 특례 조항을 두고 있다. 저작권법 100조(영상 저작물에 대한 권리)에서 '영상 제작자와 영상 저작물의 제작에 협력할 것을 약정한 자가 그 영상 저작물에 대하여 저작권을 취득한 경우 특약이 없는 한 그 영상 저작물의 이용을 위하여 필요한 권리는 영상 제작자가 이를 양도받은 것으로 추정한다'는 조항이 대표적이다.

OTT 사업자와 음악저작권협회가 2년째 이어온 저작권료 분쟁 사례도 미디어 환경의 변화 속에서 확대될 가능성이 있다. 해당 분쟁에서 쟁점이 되는 부분은 OTT를 방송과 어느 정도 구분되는 서비스로 볼 것인가의 문제다. 2021년에 발의된 저작권법 전부 개정안의 방송과 전송 개념 사이에 제시된 '디지털 동시 송신' 개념도 OTT 같은 온라인 기반의 동영상 서비스에서 저작권을 어떻게 다루어야 할지 고민한 결과라 할 수 있다. 미디어 환경 변화에 따라 제도 변화의 필요성은 제기되었지만, 실제 이를 제도화하는 과정에서는 이해관계자의 치열한 논의와 조율이 이루어져야 할 것으로 보인다.

제작사와 플랫폼 간의 권리 확보를 둘러싼 힘겨루기도 보다 다양한 양상으로 나타날 것이다. 제작사가 IP 권리를 확보한 〈우영우〉 같은 사례가 늘어나면서, 실제 어떤 권리를 어떤 보상에 기초해 양도하거나 이용 허락을 할지 보다 예민하게 따지는 상황도 늘어날 것이다. 어떤 경우든 계약 과정에서 콘텐츠 IP 권리의 요소와 범위에 대해 보다 정교한 지식이 필요하다. 특히 IP 권리를 둘러싼 계약 과정에서 다양

비공식 브리저튼 뮤지컬 라이브 콘서트 포스터. 출처: 케네디 센터 홈페이지

한 '권리'에 대한 이해를 높이는 작업은 크리에이터에게 귀중한 자산이 될 것이다.

　콘텐츠 IP의 가치에 대한 감각이 높아지면서, 과거에는 어느 정도 용인되던 IP 침해에 대해서도 더 적극적인 대응이 이루어질 것이다. 대표적인 사례가 '비공식 브리저튼 뮤지컬'에 대한 넷플릭스의 대응이다. 넷플릭스는 자사의 IP인 '브리저튼'의 노래를 허가 없이 뮤지컬로 만든 팬들을 저작권 침해로 고소했다. 애비게일 발로와 에밀리 베어는 넷플릭스 오리지널 시리즈 '브리저튼'에 영감받아 만든 뮤지컬 음악 관련 영상을 틱톡에 올려 큰 인기를 얻었다. 이들의 음악은 그래미상에서 '베스트 뮤지컬 앨범상'을 수상하기도 했다. 문제는 이들이 2022년 7월 26일 미국 워싱턴 DC 케네디 센터에서 첫 비공식 브리저튼 뮤지컬 콘서트를 개최하면서 시작되었다. 넷플릭스는 이들의 공연이 순수한 팬덤 활동의 단계를 넘어선, 상업적 이익을 위한 저작권 침해라고 보았다.

일반적으로 팬들의 '생산적인' 참여는 콘텐츠 IP의 가치를 높이는 '무불 노동(free labor)'의 성격을 갖는다. 특정 시점까지는 이러한 팬들의 활동을 장려하면 IP의 가치 제고에 도움을 얻을 수 있다. 국내 엔터테인먼트 기업은 팬들의 활동을 자사 플랫폼으로 끌어들이는 방식으로 이들의 노동을 전유(appropriate)하는 전략을 취한다. 다만, 상업적으로 공식적인 사업과 경쟁하는 위치에 놓인 팬덤의 활동에 대해서는 허용적인 태도를 취하기 어렵다. 문제는 그 경계를 어떻게 설정할 것이냐다.

크리에이터와 팬덤이 더 많은 접점을 갖게 되면서 발생하는 문제에 대한 고민도 필요하다. 크리에이터는 스스로의 IP를 지켜내면서도, 팬덤과 적절한 관계를 맺기 위한 방법을 함께 고민해야 한다.

나가며: 디지털 전환이 가져온 콘텐츠 IP 중심의 변화에 올라타기 위하여

지금까지 콘텐츠 IP를 둘러싼 환경 변화를 살펴보고, 미래 방향성을 읽을 수 있는 요소를 짚어보았다. 이야기 IP와 라이선싱 IP가 각각의 생태계를 확장하는 것 같지만 결국 둘은 만날 것이고, 이것이 글로벌 비즈니스로 확장되는 방식으로 발전할 것이라는 신호를 발견할 수 있었다. 콘텐츠와 커머스의 경계가 흐려지는 현상이 IP를 중심으로 나타나고 있다. 디지털 미디어 환경에서 콘텐츠는 커머스 영역으로 확장될 가능성을 얻었고, 디지털 커머스는 콘텐츠를 브랜드로 활용할 기회를 확대했다. 결국 콘텐츠 IP도 디지털 전환으로 산업의 경계가 흐려지는 양상 속에서 부상한 요소인 것이다.

콘텐츠 IP 분야와 가장 직접적으로 연결되는 산업 영역 중 하나가 디지털 마케팅이다. 이는 디지털 마케팅이 상품과 사람과 IP를 연결하는 접점에 있기 때문이다. 콘텐츠 기업이나 커머스 기업 모두 IP가 어떤 연결을 만들어낼지 고민을 지속해야 한다.

이때 콘텐츠 IP의 본질이 팬덤에 있다는 사실은 중요하다. 팬덤의 힘은 새로운 콘텐츠 산업을 이끄는 동력이 되고 있다. 또 미디어가 유동화되면서, 팬들을 모으는 구심점이 달라졌다. 미디어 콘텐츠 비즈니스의 출발점은 '모객'이다. 그런데 모객 전략이 바뀌었다. 사람이 모이는 곳에 변화가 나타난다. 콘텐츠 IP는 사람들을 모아주는 구심점이다.

특화된 집단과 연결된 작은 IP도 그 자체로 역할을 하고 있었다. 결국 기업은 이런 IP가 만들어내는 연결과 커뮤니티가 어떤 상품, 서비스와 연결될지 캐치하는 감각이 필요할 것이다. 사실 언제나 작은 규모의 작은 집단에서 선도적 IP가 등장하면서 성장하고, 이것이 트렌드를 만들어왔다는 점도 주목하자. '노티드 도넛'처럼 좁은 집단에서 인기를 얻은 브랜드가 이야기와 세계관을 확장하는 사례는 끊임없이 등장하고 있다.

결론적으로 '모든 것이 IP가 될 수 있다'라는 관점에서 더 열린 기회에 관심을 기울여야 한다. 특히 지금이 세대와 지역을 넘나드는 슈퍼 IP가 바로 한국을 출발점으로 탄생하는 국면이라는 점에 주목하자. 글로벌 슈퍼 IP의 성장 가도에 함께 협력하며 올라탈 수 있는 전략을 고민해야 할 때다.

아기 상어, 〈오징어 게임〉과 같은 IP의 글로벌 성공을 통해 앞으로 더 많은 한국의 IP가 글로벌 시장으로 확장될 기회가 늘어날 것이라는 기대를 해볼 수 있다. 이 시점에서 우리는 글로벌 시장에서 콘텐츠 확장과 커머스 확장을 할 수 있는 역량이 있는가, 하는 질문을 던져본다. 또 그런 역량은 어떻게 키워나가야 하는가에 대한 고민도 필요하다. 우연한 기회에 폭발적으로 성장한 IP도 있지만 전략적으로 준비된 IP도 있다는 점에서 이러한 성장 가능성이 있는 IP에 선제적 접근을 할 수 있는 시야도 필요하다.

더핑크퐁컴퍼니의 아기 상어가 2023년에 니켈로디온과 함께 극장판 애니메이션으로 만들어진다는 사실에서 우리는 어떤 교훈을 얻어야 할까? 아기상어는 글로벌 IP로 성장하는 과정에서 글로벌 파트너와 협력하며 더 큰 확장의 기회를 얻었다. IP의 성장을 위해선 이러한 좋은 협력을 만들기 위한 노력이 필요하다. 협력의 대상 역시 국내 사업자 뿐 아니라 보다 넓은 글로벌 사업자로 확장해 나가야 한다.

콘텐츠 IP의 확장은 우연한 기회에 찾아오기도 한다. 이때 중요한 것은 기회를 성장의 계기로 만들어내는 전략적 노력이다. 잔망루피도 자신에게 온 기회를 적극적인 마케팅과 협력, 콘텐츠 확장을 통해서 사업적 성공으로 이어나갔다. 콘텐츠 IP를 성공시키려면 일단 발견한 성장의 기회를 놓치지 않고 '물고 늘어지는' 전략이 중요하다.

또한 글로벌 시장에서 한국 콘텐츠에 대한 접근성이 높아진 상황임을 고려할 때, 이러한 기회가 글로벌 시장에서 찾아올 가능성도 염두에 두는 것이 좋다. 즉, 우리는 글로벌 시장으로 확장 잠재력을 가진 IP에 대해 시야를 넓혀야 한다.

국내 시장에서는 콘텐츠 자체보다 커머스나 작은 개인 단위 크리에이터의 브랜드가 조금 더 확장될 가능성이 생길 것이다. 또 이들은 특정 집단에 타기팅된 마케팅과 커머스 영역에서 가치를 지닐 것으로 보인다.

결국 우리는 IP가 무엇인지에 대한 생각을 조금 더 정교화해야 한다. IP가 콘텐츠를 통해서 형성되든 다양한 브랜드 경험을 통해서 형성되든, 결국은 팬덤과의 연결점에 있다는 걸 고려해야 한다. 그리고 디지털 미디어를 기반으로 팬들과의 접점을 관리하고 확장할 수 있는 기술이 탄생했다는 점에 주목해야 한다. 앞으로 우리는 이러한 기술과 콘텐츠 각각의 IP가 만들어낸 집단의 성격에 대해 조금 더 긴밀히 탐구하고 이해해야 할 것이다.

DIGITAL
MEDIA
INSIGHT
2023

앞으로 모든 산업은 플랫폼과 콘텐츠로 융합된다!
디지털 미디어 인사이트 2023

초판 1쇄 인쇄	2022년 10월 11일
초판 1쇄 발행	2022년 10월 15일

지은이	김경달, 황성연, 강정수, 한정훈, 임상훈, 이성민
펴낸이	황윤정
펴낸곳	이은북
출판등록	2015년 12월 14일 제2015-000363호
주소	서울 마포구 동교로12안길 16, 삼성빌딩B 4층
전화	02-338-1201
팩스	02-338-1401
이메일	book@eeuncontents.com
홈페이지	www.eeuncontents.com
인스타그램	@eeunbook

책임편집	황윤정
교정	김한주
디자인	이미경
마케팅	황세정, 윤유정, 박보은
인쇄	스크린그래픽

ⓒ 김경달 외, 2022
ISBN 979-11-91053-18-0 (13320)

- 이은북은 이은콘텐츠주식회사의 출판브랜드입니다.
- 이 책에 실린 글과 이미지의 무단전재 및 복제를 금합니다.
- 이 책 내용의 전부 또는 일부를 재사용하려면 반드시 출판사의 동의를 받아야 합니다.
- 책 값은 뒤표지에 있습니다.
- 잘못된 책은 구입하신 서점에서 바꾸어 드립니다.